U0138934

教育概論

吳清山　著

五南圖書出版公司 印行

六版序

　　《教育概論》五版於 2015 年發行以來，至今已達 6 年之久，而這 7 年期間，無論在國際局勢或臺灣的政治、經濟、社會、人口結構都有很大的改變。

　　國內教育為因應內外在環境的變化，進行一些政策的變革，例如：教育實驗三法（學校型態實驗教育實施條例、公立高級中等以下學校委託私人辦理條例、高級中等以下教育階段非學校型態實驗教育實施條例）於 2014 年 11 月公布施行，在 2018 年又加以修正公布；《偏遠地區學校教育發展條例》於 2017 年 12 月公布施行，而十二年國民基本教育課程也於 2019 年 8 月起正式實施，這些法令的公布或課程政策的推動，都將帶給國內教育發展深遠的影響。因此，針對此依教育局勢的轉變，《教育概論》內容的確需要再修正的必要。

　　本書在修正過程中，始終秉持審慎嚴謹的態度，讓本書更具可讀性與實用性，希望讀者能從本書中理解到教育的重要理論與實務；同時也能激發讀者對教育分析和批判思考的能力。因此，此次修正遵循下列的原則：第一，架構變動性不宜太大，仍然維持本書十四章的架構，但部分節有進行微調，章與節更能緊密結合在一起；第二，擷取重要的教育訊息或新知，以利讀者能掌握教育脈動與趨勢；第三，增加更多的教育時事議題，扣緊教育實務，以符應學習者需求；第四，重新檢視書中的案例，並大幅更新，讓內容更貼近教育現場的情境。因此，從本書內容中，可閱讀到十二年國民基本教育制度、十二年國民基本教育課程、雙語教育、中小學國際化、偏鄉教育、第七版 APA 寫作格式等議題，而

這些內容並不是每本《教育概論》書籍都會加以介紹。

2020年適逢庚子年，爆發新冠肺炎疫情，對於教育衝擊相當大，部分國家採取封校停課作法，避免師生處於高風險的傳染中，以確保師生健康。所幸臺灣只有零星學校短暫停課，對學生學習影響較有限，但卻大大增加學校人員工作的負擔。俗語說：「危機就是轉機」，面對這一波疫情，學校教師的心態已有所轉變，對於資訊科技的充電比以往更為熱絡，提升教學專業知能的動機亦較過去強烈。這種現象持續一段時間之後，亦可能造成教學典範的轉移，透過資訊科技的便利，深信有助於適性教學和適性學習的推動。

2020年過去了，且讓我們以正向樂觀的心情迎接2021年的到來，它象徵著新的未來和新的希望，這也是本書第六版選在2021年發行的原因所在。時間過得很快，稍微不留意，一轉眼，2030年隨即而來，而目前修習教育學程的師資生，將成為2030年到2050年中小學師資的主力，我們所關心的是：您們做好準備了嗎？您們有信心培育下一代孩子具備核心素養的現代化公民嗎？期盼從本書中可以找到一些線索，提供您們思考的課題。

本書第六版能夠順利出版，特別感謝國家教育研究院王令宜博士協助校閱和居中聯繫五南圖書出版公司；同時也要謝謝五南圖書出版公司編輯同仁的辛勞。最後，敬請教育先進和朋友們惠予指正是幸。

謹識

臺北市立大學

2021年1月

目　次

六版序　i

第一章　教育的基本概念　1

第一節　教育意義與類型 ……………………………………… 2
第二節　教育目的與功能 ……………………………………… 8
第三節　教育特性與要素 ……………………………………… 17

第二章　教育的理論基礎　25

第一節　教育的哲學基礎 ……………………………………… 26
第二節　教育的心理學基礎 …………………………………… 38
第三節　教育的社會學基礎 …………………………………… 43

第三章　教育的歷史發展　55

第一節　我國的教育發展 ……………………………………… 56
第二節　西洋的教育發展 ……………………………………… 61

第四章　教育的對象─學生　75

第一節　學生的生理發展 ……………………………………… 76
第二節　學生的心理發展 ……………………………………… 84
第三節　學生的權利和義務 …………………………………… 96

第五章　教育的施教者─教師　105

第一節　教師的角色和任務 ································· 106
第二節　教師的工作特性 ··································· 111
第三節　教師的能力和修養 ································· 115
第四節　教師的權利和義務 ································· 128
第五節　教師的專業發展 ··································· 133
第六節　教師和學生的關係 ································· 137

第六章　教育的場所─學校　149

第一節　學校的行政組織 ··································· 150
第二節　學校教職員額編制 ································· 159
第三節　學校的建築 ······································· 164
第四節　有效能的學校 ····································· 171

第七章　教育的內容─課程　183

第一節　課程的基本概念 ··································· 184
第二節　課程、教材和教科書 ······························ 192
第三節　十二年國民基本教育課程綱要重要內涵 ·········· 196
第四節　有效的課程實施 ··································· 202

第八章　教育的方法─教學和評量　211

第一節　教學的基本概念 ··································· 212
第二節　教學常用的方法 ··································· 217
第三節　有效的教學途徑 ··································· 221
第四節　評量的基本概念 ··································· 225
第五節　增進評量效果的途徑 ······························ 229

第九章　教育的方法─學務和輔導　239

第一節　校園安全 …………………………………………… 241
第二節　生活教育 …………………………………………… 245
第三節　學生偏差行為的輔導 ……………………………… 248
第四節　身心障礙學生的輔導 ……………………………… 251
第五節　親師合作 …………………………………………… 253

第十章　教育行政的組織　261

第一節　教育行政的意義 …………………………………… 262
第二節　教育行政機關的角色和功能 ……………………… 264
第三節　教育行政機關的組織與運作 ……………………… 270
第四節　教育行政的發展趨勢 ……………………………… 278

第十一章　學校教育的制度　287

第一節　學校教育制度的基本概念 ………………………… 288
第二節　主要國家學校制度概述 …………………………… 290
第三節　我國學校制度的建立和發展 ……………………… 307
第四節　學校制度的發展趨勢 ……………………………… 312
第五節　十二年國民基本教育制度 ………………………… 316

第十二章　教育資源的運用　327

第一節　教育資源的意義和功能 …………………………… 328
第二節　教育經費的運用 …………………………………… 330
第三節　學校人力資源的運用 ……………………………… 334
第四節　學校社區資源的運用 ……………………………… 338
第五節　教育資訊資源的運用 ……………………………… 342

第十三章　教育的研究方法　351

第一節　教育研究法的基本概念 ……………………………………… 352
第二節　研究計畫內容和格式 …………………………………………… 361
第三節　參考文獻的寫作格式 …………………………………………… 364
第四節　研究報告的格式和撰寫 ……………………………………… 376

第十四章　教育的革新與展望　391

第一節　我國教育發展的挑戰 …………………………………………… 392
第二節　我國教育革新的途徑 …………………………………………… 398
第三節　我國教育的未來展望 …………………………………………… 401

附錄　413

附錄一　中華民國憲法（教育文化專章）……………………………… 414
附錄二　教育基本法 ……………………………………………………… 415
附錄三　教師法 …………………………………………………………… 418

參考文獻　429

索引　437

第一章

教育的基本概念

 學習目標

一、瞭解教育意義及類型。

二、認清教育目的及功能。

三、熟悉教育特性及要素。

自有人類的存在，就有教育活動的產生，教育可以說是人類特有的活動，一個人接受教育之後，得到良好的發展，就可習得生存知識和發揮個人潛能，成為社會有用之人。因此，各國紛紛致力於教育發展，以培育具有高素質人力、提升國家競爭力之人才。

教育的本質，涉及到教育的屬性、產生和發展，是教育最核心的概念，亦是教育探討的重點。為了釐清教育的本質，本章將分別從教育意義與類型、教育目的與功能、教育特性與要素等方面說明之。

第一節　教育意義與類型

教育是什麼？看起來可以很簡單地回答，但是又很難說清楚。古今中外的教育家，對於教育亦有不同的見解，加上現代社會中，每個人或多或少接受教育，對於教育亦有自己的看法，這些因素都增加解讀教育意義的難度和複雜度。

🌼 壹、教育的意義

教育意義的理解，是踏入教育工作的第一個步驟，為了有效和精確掌握教育的意義，可從其字義和範圍詮釋其意義，茲說明如下。

一、從字義而言

(一) 中文字義

「教育」一詞，分開而言，「教」字，依「辭海」解釋，具有多重意思，如《管子・弟子職》：「先生施教，弟子是則」，具有「訓誨」之意；又如《呂氏春秋・貴公》：「願仲尼之教寡人也」，則有「告」之意。因此，「教」字具有「訓誨」、「告訴」等含意。至於

「育」字，亦有多種意思，如《易‧蒙》：「君子以果行育德」，其中「育」字，有「養」之意；復如《詩‧大雅生民》：「載生載育」，則有「長」之意；又如《易‧漸》：「孕婦不育」，也有「生」之意。因此，「育」字具有「養」、「長」、「生」等的意思。若依《說文解字》：「教，上所施；下所效也；育，養子始作善也」而言，所謂「教」係指長輩教導，晚輩仿效學習，而「育」則指栽培子女使其能夠做善事。是故，依上述字義而言，「教育」兩字，合而言之，乃是長輩教導晚輩，晚輩從中仿效學習，並行善事。所以，我國古代教育的意義，偏重於學習和行善兩大主軸。至於最早出現「教育」二字連成一詞，首見於《孟子‧盡心篇》：「得天下英才而教育之，三樂也。」

(二) 西文字義

西洋「教育」一詞，英文為 Education，法文為 Education，德文為 Erziehung，皆由拉丁文 Educare 演變而來，而 Educare 係出於動詞 Educere，它是由 E 和 Ducere，E 在拉丁文的意思是指「出」，而 Ducere 則為「引」，兩字合起來，就是「引出」的意思。若依《韋氏新國際字典》（*Webster's Third New International Dictionary*）則將「教育」解釋為養育、發展等各種意思。依上述而言，教育乃是運用引導的方法，發展出學生的潛能。

從上述中西方的字義對於「教育」的看法，有同亦有異。共同之處，彼此都很重視學習的意涵，而差異之處，我國較重視行善的教育目的，而西方則較強調潛能開發的教育方法，此乃東西方不同的社會文化背景所造成。

二、從範圍而言

教育與人類社會生活，可說息息相關、密不可分，就其範圍來看，可以分為廣義和狹義兩方面說明之。

(一) 廣義的教育

人生下來所接受的各種教育，都可以說是廣義的教育，只要能夠發展人的知能活動、培養人的思想品德，例如：父母教養子女、師傅傳授技藝、學校教導學生、媒體教化民眾等，皆是屬於廣義的教育。因此，廣義的教育，不限於學校教育，一些屬於無固定場所、方式、內容、時間、人員，但具有教育的功能與價值，亦是廣義教育的一環。所以，廣義的教育，應該包括家庭教育、學校教育和社會教育三大部分。

(二) 狹義的教育

日常生活中，常聽到「受過教育的人」與「沒有受過教育的人」等語詞，其中「受過教育」與「沒有受過教育」，通常是指有沒有到學校接受教育，或者到學校有沒有學到東西，所以它是指一種學校教育。基本上，這是指一種施教者在一定的場所、內容、方式、時間傳授受教者各種德性陶冶、知能活動、體育活動、群性涵泳、美感薰陶、勞動技術。因此，這種「學校教育」是屬於有形的、正式的、有組織、有系統的教育方式。

雖然，廣義教育和狹義教育各有其教育功能，但兩者比較，仍有其差異之處，主要可以歸納如下：

第一，就其目標而言，廣義教育的目標，主要在於提升社會所有人的品質與水準；狹義教育則有其特定的目標，偏重於增進學生學習效果，開啟學生學習潛能，培養學生健全人格。

第二，就其組織而言，廣義教育並無一定的課程與教學、亦無一定的場所與時間，故不一定具有固定的組織；而狹義教育，則有嚴密的組織，在學校透過一定的教材、方式、時間來教育學生，學生並依照學校所定的規則和程序進行學習。

第三，就其師資而言，廣義教育的師資，其來源可能來自於父

母、年長者或其他有特殊才能的人，這些人不一定受過一定的專業訓練，可是狹義教育的師資，則必須接受一定的專業養成教育，具有一定的專業知能和素養；而且也需要不斷接受在職教育，促進專業的成長與發展。

不管從教育的字義或範圍而言，教育的意義應該不受時空的限制，它是可以融合東西方的看法，因此，「教育」可以定義如下：

教育是指施教者運用適當的課程與教學，引導受教者有效地學習，以發展受教者潛能、激發受教者行善意念與行為，並培育受教者健全人格為目的。

貳、教育的類型

教育的類型，具有不同的分法，若依場所來看，可分為家庭教育、學校教育和社會教育三大類，其中家庭教育中，部分家庭係實施在家自行教育（home schooling），兼顧家庭教育和學校教育功能。若依層級而言，則可區分為初等教育、中等教育、高等教育。若依性質來看，亦可分為普通教育、特殊教育、職業教育。若依型態而言，則可區分為正規教育、非正規教育和非正式教育。茲就層級、性質、型態三方面詳細說明如下：

一、初等教育、中等教育、高等教育

初等教育（elementary education），通常指學校制度中最初的教育階梯，係與中等教育和高等教育相對而言（註一），目前世界先進國家都以初等教育為全國人民須接受之義務教育，大都是國民從六歲開始為初等教育受教年齡。中等教育（secondary education）在學校制度中介於初等教育與高等教育之間，此階段的學生大都是為十二至

十八歲。它可分為前期中等教育和後期中等教育，前者即初級中學，類似國內的國民中學；後者為高級中學，包括普通高中、職業學校和綜合中學（註二）。高等教育（higher education）在學校制度中是最高的階梯，此階段學生受教年齡大都是在十八歲以後，廣義的高等教育包括專科教育、大學教育及研究所教育；狹義的高等教育則只包括大學教育及研究所教育，大學之興起是在中世紀的後半期，是一群學者為保障自身權益，自動結合而成的講學及研究集團，發展至今，已經成為學術研究的重鎮。

二、普通教育、特殊教育、職業教育

普通教育（general education）係以陶冶國民知德為主的教育。基本上，是屬於每個國民應該接受的基本教育。而特殊教育（special education）係針對特殊學生（包括資賦優異和身心障礙者）所提供的教育。至於職業教育（vocational education）係以專門技能習得為主的教育，特別重視職業技術能力的培養，這種教育大都是在後期中等教育階段以後才實施。

三、正規教育、非正規教育和非正式教育

正規教育（formal education）係指在學校型態下所接受的教育，是有系統、有組織，且在一定場所下接受教育，例如：在大學、中學、小學接受教育，以獲取文憑、學位或證書為目標。非正規教育（non-formal education）係指正規學校教育外所提供的有計畫、有組織的各類進修及補習教育，提供社區民眾學習機會，其場所不以學校為限，學習課程有彈性，例如：在社區大學或補習班接受教育，以提升社區民眾水準為目標。非正式教育（informal education）係指個人依其喜好和興趣，自行決定學習內容和方式，以提升個人素質為目標，例如：個人自我學習或參與民間團體或企業機構所提供的不定時進修機會，屬於較無系統、較無組織的學習活動。

❧ 教育小檔案

名師論教育

昆提連（Marcus Fabius Quintilian）係羅馬時代修辭學教師，認為好老師就是能夠分辨各個學生的能力，知悉學生個別的自然趨向。

柏拉圖（Plato）說：假如人類受過真正的教育，他就是全世界最文雅最高雅的人，但是假如沒有受教育，或是受一種假的教育，那麼他將是全世界最難應付的東西。

斯賓賽（Herbert Spencer）係十九世紀英國著名實用主義者，認為教育所關心的不是知識本身的內在價值，而是該知識對別人所能引起的外在影響。

湯恩比（Arnold J. Toynbee）係十九世紀英國著名歷史學家，認為教育是屬於人類的一活動，和其他動物不一樣，人類除了自然流傳下來的生理或心理遺傳之外，還繼承了一些更高超的東西，還繼承了前代興起中每一分子努力而得的文明，而且尤其較長者，將之引入這個文明，而不是與生俱來的。

資料來源：廖運範譯，柏拉圖等著（1975）。教育的藝術—名師論教育。
　　　　　志文。

❧ 教育補給站

教育的規準

教育與反教育之區辨，應以何者為準？國內歐陽教引用英國學者皮德思（R. S. Peters）的三大教育規準：合價值性（worthwhileness）、合認知性（congitiveness）、合自願性（voluntariness），具有其獨特見解，為教育界人士經常引述。

一、合價值性：教育必須符合一切正性的價值活動，才有教育意義。其價值活動的內涵及方式，不但是所欲得而且應是可欲的，亦即要顧及需欲的滿足，而且要合理的滿足。否則，扭曲或悖離真善美健等正性價值內容，或藉不合理的手段來滿足價值需求，這種反價值的活動，實在沒有教育意義。

二、合認知性：教育活動除了價值判斷的領域以外，還有各種事實分析的領域，這是屬於認知的活動，旨在求真，辨認事實為要務，應該是是非非，絕不可非是是非。把真當真，或把假當假來教學，都是教育；反之，把真當假，或把假當真來教，都是反教育。

三、合自願性：任何教育活動，必須配合學習者身心發展能力來實施。學習者的覺知意識必須清醒而且有學習意願，如此，學習效果較佳；反之，較差。

資料來源：歐陽教（1988）。教學的觀念分析。載於中國教育學會主編：
現代教育思潮。師大書苑，第 24-30 頁。

第二節　教育目的與功能

任何教育活動，為了確保功能的發揮，必須有目的作為指引，規範教育活動之教育方向，及推展教育活動的準繩。是故，確立明確的教育目的，乃是教育功能發揮的有效保證。

壹、教育目的之意義

教育目的，是指引教育發展方向和預期教育實現結果，是各級各類學校實施教育的重要依據。教育目標涉及到二個要素：培養怎樣的

人、如何培養人，「人」可以說是決定教育目標的主體，因此，離開以「人」為主體之教育目的，將失去其意義和價值。古今中外教育家倡導的教育目標，亦特別重視發展「人」的價值性，其理亦在於此。教育目的之所以受到重視，主要在於其體現下列的作用：

一、指引教育活動方向

教育工作是一項艱鉅和複雜的任務，必須先確立其教育目的，才能減少盲目與失誤，使教育活動可依一定方向，並且有組織、有系統、有計畫的向前進行，進而提升教育效果。因此，整個教育制度的建立、學校制度的確立或教育政策的訂定，都需要明確的教育目的作為指引，才能可大可久。是故，教育目的可以說是提供教育活動指導性的作用。

二、提供價值選擇依據

教育是一項價值性的活動，一旦確立教育目的之後，不管是教育活動的進行或課程內容、教學方法、形式等方面的決定，都有遵循的依據。若是教育活動偏離教育目的，則整個教育功能將難以發揮。依此而言，不管教育行政機關決策人員或學校教師決定教學活動，都應以教育目的為準繩。此外，不同的社會文化環境、具有不同的價值觀念，各有其教育目的，對於教育活動亦會產生不同價值選擇的傾向。

三、激發教育發展動力

教育目的是教育發展的核心，一切教育活動的努力，都是為實現教育目的。有了明確的教育目的，可以凝聚教育工作者和家長對於教育共同的認知，進而同心協力為達成共同教育目的而努力，才不會從事無效益的努力。所以，教育目的的建立，乃是激發教育發展的動力，對於教育活動的實施，亦可產生實質的作用，這也是教育人員特別重視教育目的的一大原因之一。

四、影響教育實施效果

　　教育目的是教育活動歷程的起點，正確和明確的教育目的，直接影響到教育實施效果。任何教育活動的實施，如果缺乏教育目的，將會增加摸索的時間，導致人力、物力、資源和時間的浪費，整個教育實施效果將大受影響。所以一個國家有其教育目的，一所學校亦有其教育目的，即使一位教師進行教學，亦有其教育目的，這些都會影響到教育的實施效果。

五、檢驗教育實施成果

　　教育目的偏重於理想性，其實施成效之檢驗，必須透過系統化的評鑑。為了檢驗教育實施成果，可依教育目的設計各種評鑑內容及項目，然後透過自我評鑑或專家小組方式進行評鑑，以瞭解其教育實施效果，並提供未來持續改進教育的參考。因此，教育目的決定教育評鑑的基準，也決定教育評鑑的內容和方式，提供教育評鑑實施的重要參考依據。

貳、教育目的訂定依據

　　教育目的不能無中生有，仍須在其所處的社會環境文化脈絡下形成。良好的教育目的，應該充分表現下列的特徵：㈠ 教育目的應能與實際的教育情境緊密相連；㈡ 教育目的的確立應能與社會所要求的人才培養標準緊密相聯；㈢ 教育目的要具有在教育活動中得到檢驗的可能性（註三）。基本上，教育目的有其指導性、理想性、抽象性和預期性，為使教育目的具有其可行性和價值性，教育目的的訂定，應該參考下列的原則，作為訂定的依據：

一、符應社會發展需求

　　教育目的可以說是社會的產物，不同的社會有不同的教育目的，例如：民主社會體制之教育目的，偏重於培育自由民主素養的現代公民；而共產社會體制的教育目的，則培養一位以勞動者爲榮的公民（註四）；即使不同時代亦有不同的教育目的，例如：二十世紀以前，教育目的強調培育維護傳統文化的國民；到了二十一世紀的教育目的則重視培養一位具有兼具人文與科技、本土意識與國際視野的現代化公民，所以適切的教育目的，應該隨著時代的變遷和社會發展而不斷地調整。因此，只有能夠符應社會發展需求的教育目的，才能具有實用性與可行性。

二、配合學生身心發展

　　學生是教育的主體。任何教育目的的訂定，不能違背學生身心發展的原則，否則將失去其教育的價值性。依據教育目的所設計的內容，如果未能考量學生的身心發展及生活需求，其效果將是相當有限。因爲教育目的根本前提，乃是我們要培養怎樣的人，以及透過怎樣的方法來培養，這就涉及教育目的的本質和主體性——學生，所以教育目的的訂定，要能夠顧及不同階段學生身心發展的個別性和獨特性。因此，各級學校教育目的應該有所不同，所以初等教育、中等教育和高等教育的目的，應該因學生身心特質而有所差異。

三、掌握教育發展思潮

　　教育發展隨著社會的變遷，一直向前邁進，加上中西教育思想家，經常提出新的教育理論，促使教育發展思潮不斷地更新。例如：十七世紀的教育思潮偏重於自然主義，盧梭（J. J. Rousseau）所倡導的教育目的在於使兒童的天賦能力能夠得到自然充分發展，其他如福祿貝爾（F. Fröbel）亦有類似的主張，此種理論有其價值，但可能忽略了社會適應能力的培養，所以到了二十世紀初期，杜威倡導實驗主

義，重視教育目的在於個體經驗不斷地改造，增強個體適應社會能力。如今二十一世紀，已進入知識經濟（knowledge-based economy）和終身學習（lifelong learning）的時代，教育發展思潮已經邁入新的紀元，教育目的不只是發展兒童天賦，強化社會適應；更在於培養具有終身學習素養的現代人。

🌸 *教育加油站*

教育的可能性

　　人接受教育的可能性，在於幼稚期較其他動物為長。二十世紀初，美國教育家杜威曾在《民主與教育》（*Democracy and Education*）一書中提及人類幼稚期具有兩大特性：一是「依賴性」（dependence），嬰兒出生時，自己無法飲食，有賴父母哺育；及其長時，懵懵懂懂，有賴長輩教導，始能明白事理，此乃顯示幼兒具有「生長可能」的性質；另一是「可塑性」（plasticity），人類不像其他低等動物的生活習慣，在出生後的短時間內，即已完成；完成之後，就不易改變；相反的，人類的生活和行為，最初是凌亂的、簡單的，然後才慢慢變成有系統的、複雜的，此印證了人類受教育的可能性。

資料來源：吳清山（2002）。初等教育。五南，第5頁。

🌸 *教育交流道*

教育內在目的與外在目的

　　教育目的，就其形式而言，可分為內在目的和外在目的。所謂內在目的（intrinsic aim）係以個體行動本身為目的所導引的結果，而外

在目的（extrinsic aim）則是以個體行動為手段所產生的結果。依此而言，教育的內在目的乃是開啟學習者潛能，培育學習者健全人格，可以說是一種非工具性的目的；至於教育的外在目的則是在於培養社會有用公民，提高國家人力素質，可以說是一種工具性的目的。進步主義大師杜威（J. Dewey）曾提出「教育無目的」，觀其字義，一般人誤解杜威主張教育沒有任何目的，其實不然，杜威本意乃是教育不必有任何外在目的，教育本身就是目的。至於實利主義大師斯賓賽（H. Spencer）倡導「生活預備說」，主張教育所習得之技能，是為將來美好生活做準備，則具有濃厚的教育外在目的。

參、我國教育目標的內涵

教育目的與教育目標，功用是大同小異，其差別在於教育目的較為抽象、較為籠統；而教育目標則較為具體，較為明確。我國各級學校教育法中，大都採教育目標，而不用教育目的，茲說明如下：

一、整體教育目標的內涵

(一) 中華民國憲法規定

《中華民國憲法》第一五八條規定：「教育文化，應發展國民之民族精神、自治精神、國民道德、健全體格、科學及生活智能。」此項規定，成為各級和各類教育法的重要依據。

(二) 教育基本法

《教育基本法》第二條規定：「教育之目的以培養人民健全人格、民主素養、法治觀念、人文涵養、愛國教育、鄉土關懷、資訊知能、強健體魄及思考、判斷與創造能力，並促進其對基本人權之尊

重、生態環境之保護及對不同國家、族群、性別、宗教、文化之瞭解與關懷，使其成為具有國家意識與國際視野之現代化國民。」其規定要比憲法和中華民國教育宗旨之規定更具宏觀，尤其培養個體具有國家意識與國際視野之現代化國民，更具有其時代價值。

二、各級學校教育目標的內涵

(一) 幼兒教育及照顧法

《幼兒教育及照顧法》第一條：「為保障幼兒接受適當教育及照顧之權利，確立幼兒教育及照顧方針，健全幼兒教育及照顧體系，以促進其身心健全發展，特制定本法。」對於幼兒教育目標規定明確，在於促進兒童身心健全發展。

(二) 國民教育法

《國民教育法》第一條：「國民教育依中華民國憲法第一五八條之規定，以養成德、智、體、群、美五育均衡發展之健全國民為宗旨。」所以德、智、體、群、美五育均衡發展之健全國民，為國民教育的主要目標。

(三) 高級中等教育法

《高級中等教育法》第一條：「高級中等教育，應接續九年國民教育，以陶冶青年身心，發展學生潛能，奠定學術研究或專業技術知能之基礎，培養五育均衡發展之優質公民為宗旨。」依此而言，高中中學教育目標在於陶冶青年身心，培養健全公民，奠定研究學術或學習專門知能之預備。

㈣ 專科學校法

《專科學校法》第一條：「專科學校，依中華民國憲法第一五八條之規定，以教授應用科學與技術，養成實用專業人才為宗旨。」依此而言，專科學校教育目標在於教授應用科學與技術，養成實用專業人才。

㈤ 大學法

《大學法》第一條：「大學以研究學術，培育人才，提升文化，服務社會，促進國家發展為宗旨。」說明大學教育的目標主要有五：1.研究學術；2.培育人才；3.提升文化；4.服務社會；5.促進國家發展。

肆、教育的功能

教育之所以有存在之必要，在於它能夠發揮一定的作用，展現出一定的功能，大至國家，小至個人，都很重視教育，其理在於此。

「教育的功能」（the function of education）一詞，就其「功能」而言，係指一個人或事務的特殊活動或目的，例如：心臟的功能專司血液循環、胃腸的功能專司吸收消化功能，因此，教育功能可以視為教育活動中所表現出的作用與價值。

教育的功能，不同學者有不同的看法，陳迺臣認為教育的功能可以分為五個功能（註五）：

一、幫助學生正確瞭解自己、他人以及生活環境。

二、啟發學生的潛能，提供其自我實現的機會。

三、培養學生謀生能力。

四、提供國家建設及社會發展所需要的各種人才。

五、傳遞文化財產，使人類的經驗得以累積；並進一步促發人類反省文明發展現況及未來方向，喚起他創新文化的意志。

甘治湘則將現代教育的功能，列舉為下列四項（註六）：

一、教育的經濟功能：培養勞動力、生產新的科學技術、提高生產管理水平。

二、教育的政治功能：服務社會政治目標、維護和發展社會政治體系、促進年輕一代社會政治社會化。

三、教育的文化功能：傳遞和繼承文化、創造和更新文化、吸收和融合文化。

四、教育促進人的發展的功能：促進人的身心多方面發展、促進人的身心和諧發展、促進人的身心潛力發展。

雖然教育功能會隨著不同時代發展而有所調整，然而整個教育功能的基本內涵，仍有其共通之處。基本上，教育有其個人功能、社會功能和國家功能，因此可以從這三方面說明教育的功能。茲說明如下：

一、教育的個人功能在於發展個人潛能，幫助個人自我實現

學生為教育的主體，捨棄學生，教育將失去意義。一個人接受教育之後，固有的稟賦將會慢慢開啟，教育本身就具有這股的力量，讓不同素質學生各朝向其最有利方向發展，一旦個人的潛能獲得有效開展，身心和諧全面發展，就會達到自我實現的目標。為了激發個人潛能發展，重視學生個別差異、採取適性教學，則是很重要的教育方式；換言之，「因材施教」是發展個人潛能的最有效教育方式，自古以來即受到相當的重視。此外，為了發展個體潛能，亦不能操之過急，需要循序漸進，「揠苗助長」的故事，就是最好的例子。

二、教育的社會功能在於促進社會流動，引領社會進步發展

教育不僅可使個體潛能獲得開展，透過教育的力量，使人人有機會接受教育機會，教育普及化，有助於社會流動，社會上、中、下階層人員因為接受不同的教育結果，而產生不同的流動。然而，萬一教

育政策執行不當，亦可能產生貧富階級子女接受教育的差距，造成「富者愈富，貧者愈貧」現象，這種階級的差異已經不是教育的社會功能，而是教育的負向功能。教育除了促成教育流動之外，在社會文化的傳遞、維護和更新，亦有其積極性的功能，而且教育也要隨著社會變遷不斷調適，成為帶領社會、向前進步的一股動力。

三、教育的國家功能在於培育國家人才，厚植國家競爭實力

　　一個人接受教育之後，從國家發展角度而言，未來他可能成為一位「教育人」、「文化人」、「經濟人」、「政治人」……，這些都是國家建設所需人才。「中興以人才為本」，一國要能強盛壯大，具有國際競爭力，絕對不能忽略教育的重要性，這也是世界各國紛紛致力教育普及和教育素質提升的原因所在。因此，「教育就是最好的投資」，「投資教育就是投資希望的未來」，的確有其道理。當然，就教育的國家功能而言，亦有其另一層意義，就是培養人民愛國意識、激發愛國思想、建立人民法治觀念，此乃具有政治功能的意味。

第三節　教育特性與要素

　　瞭解教育意義及類型、認清教育目的及功能之後，有必要更進一步理解教育特性及要素，才能掌握教育的本質精義。

壹、教育的特性

　　教育是人類特有的活動，而教育活動與其他社會政治、經濟、文化等活動之內在價值亦有所差異，主要在於教育展現出下列的特性：

一、發展性：發展個體潛能，培養健全人格

就教育本質而言，它具有「開啟」和「發展」的意義。任何一項教育活動，如果偏離發展個體潛能，將會喪失意義。一個人在既有的稟賦下，透過教育的力量，不斷地學習，逐步開展其潛能，進而在認知、情意和技能方面有所精進，成為一位人格健全的個體。事實上，個體的發展潛力無窮，具有無限發展可能的空間，正如裴斯塔洛齊（J. H. Pestalozzi）所言：「教育在使人類的各項能力，得到自然的、循序的、和諧的發展」（註七）。

二、價值性：啟發向上向善，追求真善美聖

教育是一項價值性的活動，鼓勵個體向上向善，朝向好的一方面發展，若是唆使個體從事奸犯科或為非作歹之事，導致個體向下沉淪，毫無價值可言，是一種反教育行為；此外，若是強迫或灌輸某一種思想或觀念，而不考慮個體的感受或接受程度，亦不是教育，可能是一種宣傳，對於個體發展亦無法看出其價值，一種教育活動能夠使個體致力追求真善美聖，可說是教育最高價值的展現。

三、永恆性：持續不斷精進，實現百年樹人

教育是一項永續發展的工作，亦是一代接一代的事業，古人有言：「十年樹木，百年樹人」，此明確指出了教育發展的永恆性。教育開啟了人類永恆不朽的偉業，人類有了教育，歷史綿延不斷；人類有了教育，科技推陳出新；人類有了教育，文明日益昌盛；人類有了教育，文化多元創新，教育是帶動人類追求永恆價值的一股動力，百年樹人的價值，體現教育存在的永恆意義。

四、個別性：倡導有教無類，實現因材施教

教育基本單位來自於個體，它是一個有機體，具有改善與調整的

空間。由於個體來自於不同的遺傳和環境等因素，其成長過程在此兩種因素的交互作用下，不論身體或心理的發展，都有其個別差異性，即使是遺傳基因極為接近的同卵雙生子，仍可以看出其差異的痕跡。其次，社會階層的存在，亦產生貧富差距，導致孩子出生的不平等，為彌補這些落差，教育具有縮小不平等的功能，同時讓孩子得到適性發展，因而形成「有教無類，因材施教」的教育觀。

五、社會性：適應社會生活，促進社會祥和

社會為個人所組成，個人是社會的一分子，處在當今社會，一個人生下來不接受任何學校教育，回到原始社會，脫離社會自行生活，是相當少見，除非是部分家長基於宗教因素，可能採取在家自行教育。其實，教育除了開啟個人潛能之外，因為孩子長大之後踏入社會工作，參與社會活動，必須有其社會適應能力，教育的本義亦在於從小培養適應社會能力，營造良好社會生活，進而促進社會祥和，除了宗教活動之外，教育活動亦具有其社會性之特徵。

貳、教育的要素

教育之能夠發揮作用，必須有其基本的要素，而這些要素之間構成一種系統，彼此具有密切的關係。教育活動不能脫離社會之外，有其社會發展脈絡，「怎樣的社會，就有怎樣的教育」，教育活動的進行，都會受到社會大環境各種因素所影響，例如：社會本身的結構和社會的變遷、傳統的歷史文化、政治和經濟發展、科技的進步等，對於教育發展都具有一定的影響力。

基本上，教育的基本要素是施教者與受教者，但為使兩者的活動順利有效進行，則必須考慮教育的輸入因素、過程因素和結果因素。如〔圖 1-1〕所示。

從〔圖 1-1〕所示，教育的要素可以說明如下：

圖 1-1　教育的要素

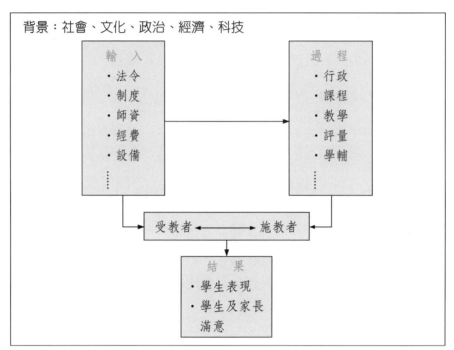

一、教育基本要素

㈠ 受教者

教育活動的對象是受教者，他是教育的主體，亦是教育的基本要素，如果缺乏此一要素，教育活動就無法進行。受教者在教育者引導下，從事有效學習，開啟個人潛能，身心得以健全發展。基本上，我們必須承認受教者接受教育的必要性和可能性，才更能彰顯教育的價值，依此而言，受教者是教育活動中基本要素之一。

(二)教育者

教育活動的執行人員是教育者，任何一項教育活動中，如果缺乏教育者的引領和指導，只靠受教者獨立學習，其效果將是相當有限。因為在教育活動中，教育者是從事一種有目的和有意義的教學活動，並且發揮其影響力，幫助學生有效學習，是故，教育者成為教育活動中不可或缺的要素之一。

這兩種基本要素——受教者與施教者彼此之間會產生交互作用，受教者從教育者身上得到知識，教育者亦可從受教者身上得到學習，一般所言的「師生互動」、「教學相長」，就是說明受教者與施教者之間關係最好的詮釋。

二、教育輸入要素

教育的推動，需要有一些資源的投入，這些資源包括制度、師資、經費、設備等，其中制度包括教育行政制度和學校制度，而師資包括教師的來源及素質，至於經費和設備涉及到投入的多寡，這些因素都會影響到教育實際的運作效果。

三、教育過程要素

教育是一種轉化的過程，不管輸入多少師資或經費，如果缺乏有效地轉化過程，其效果將是相當有限。這些轉化過程的要素，包括行政管理、教師教學、課程實施、評量方式、學生學務和輔導等。所以整個教育轉化過程涉及到教育的內容和教育方法等課題。

四、教育結果要素

教育結果就是一種教育的產生，亦是一種教育的表現。基本上，教育結果的好壞，要視學生學業成就和行為表現而定；其次，學生、家長及社區人士對於學校的滿意度，亦是判斷教育結果優劣的重要依據。

附　註

註一：楊亮功主編（1989）。教育學。臺灣商務印書館，第 61 頁。

註二：「綜合中學」（comprehensive high school），係指一所學校中具有
　　　普通課程和職業課程，學生可依自己的性向和興趣選修課程，以提
　　　供學生試探的機會。最初綜合中學的設立，是在英國，當時主要目
　　　的在於打破雙軌學制，充分實現民主主義教育，使人人有機會接受
　　　中等教育，並按其天賦才能能夠獲得最大發展，不分貧富、不分貴
　　　賤、不分智愚，共同接受教育生活，後來在美國發揚光大。

註三：鄭金洲（2000）。教育通論。華東師範大學出版社，第 168-169 頁。

註四：石佩臣主編（1996）。教育學基礎理論。東北師範大學出版社，第
　　　341 頁。

註五：陳迺臣（1996）。第二章教育的目的與功能。載於王家通主編：教
　　　育導論。麗文，第 29-31 頁。

註六：甘治湘主編（1997）。教育學。湖南師範大學出版社，第 31-47 頁。

註七：孫邦正（1989）。教育概論。臺灣商務印書館，第 21 頁。

💡 評量題目

一、從中英文字義而言，「教育」意義有何異同。

二、從範圍而言，廣義教育和狹義教育差異何在。

三、試比較普通教育和職業教育之差異。

四、請分析正規教育、非正規教育和非正式教育之意涵。

五、請說明教育目的的功能及制定依據。

六、請評析中華民國憲法和教育基本法對於教育目標之規定。

七、請比較高級中等教育法和專科學校法對於教育目標的規定。

八、請說明教育的功能及其特性。

九、教育的主體是學生還是老師，其理由何在？

◆ *教育小故事*

社會最有貢獻的人

古代有一位睿智的國王，為了選拔一位對社會最有貢獻的人，以茲鼓勵。就在選拔的這一天，各行各業的人齊聚在皇宮的花園裡。

國王在眾人歡呼下坐上寶座，指示各組推薦其候選人。首先出場的是一位大富翁，他樂善好施，財富不為己有，貧苦者都受其救濟，應是社會最有貢獻的人。

接著出場的是一位大法官，他公正廉明、伸張正義、嫉惡如仇，為人所敬佩，稱得上是一位對社會最有貢獻的人。

後來出場的一位醫生，他醫術精湛，醫德名聞遐邇，宛如華佗再世，為人所津津樂道，亦可說是一位對社會有貢獻的人。

最後一位年邁，步履蹣跚卻充滿著愛心，而由一位年輕人引領上臺的老者，國王看了很疑惑的問：「這個人是誰？」

「大王，他是他們的老師。」有人立刻回答著。

◆ *個案研討*

教育，各自表述

上「教育概論」課，王老師請同學們就其接受教育的經驗，說出對「教育」看法。

「教育就是把小孩子從不識字教到識字、從不清楚教到清楚的過程。」小文脫口而出。

「教育就是讓我活在痛苦的回憶中，記得念國三的時候，每天早上六點半出門，晚上十點鐘回到家，一天吃兩個便當，每天應付考試，簡直把我烤焦了。」志忠說出過去的經驗。

「我本來還知道教育的意思，經老師一問，我反而不知道教育是什麼？」明瑜話一出，全班哄堂大笑，好像是哲學家的話。

王老師打斷同學們發言：「可否請同學們寫出教育的意義？」

十分鐘之後，三十份的資料在手上，王老師一看：

「教育就像種子發芽。」

「教育是身心靈的結合。」

「教育是真善美聖的生命體。」

「教育是開啟人的智慧的鑰匙。」

「教育是脫離貧窮的大門。」

「教育是持續不斷地學習。」

還有其他形形色色的看法，真讓王老師眼花撩亂，看來這批年輕小伙子絕不是省油的燈。

思考問題

一、人人都有接受教育的機會，為什麼對於「教育」的看法會如此的不同？

二、你認為「教育的本質」是什麼？

三、從你的體驗中，你對於「教育」的定義是什麼？

第二章

教育的理論基礎

 學習目標

一、瞭解哲學的意義及功用。

二、認清教育與哲學的關係。

三、分析不同哲學派別對於教育的觀點及其影響。

四、知悉心理學的意義及研究主題。

五、剖析教育與心理學的關係。

六、描述不同心理學派別對於教育的觀點及其影響。

七、瞭解社會學的意義及功用。

八、認清教育與社會學的關係。

九、分析不同社會學派別對於教育的觀點及其影響。

教育是發展個人潛能的過程，必須有理論作為指引，方能發揮最大效果。教育理論基礎甚廣，舉凡哲學、心理學、社會學、生理學、生物學、人類學、文化學、政治學、經濟學、倫理學、法學等都包括在內。這些理論基礎豐富教育的內涵、擴大教育研究領域，各有其價值，但很難全部加以探究。因此，本章僅就教育三大理論基礎——哲學、心理學、社會學探討之。

第一節　教育的哲學基礎

壹、哲學的意義及功用

「哲學」（philosophy）一詞，係來自拉丁文 philosophia，由 philo 和 sophia 合組而成；前者的意思為「愛」，後者的意思為「智」，合起來就是「愛智」（love of wisdom）的意思。所以，哲學可簡視為「愛智之學」。羅素（B. Russell）曾說：「哲學，多少介於神學與科學之間，就像神學一樣，它包括對知識存在及不可確定事物的思索；但是它也像科學一樣，訴諸於人的理性，而不是權威，不管是傳統或神示。」（註一）葉學志根據納勒（G. F. Kneller）的說法，認為哲學具有三種性質：哲學是思辨的、哲學是規範的、哲學是批判或分析的（註二）。

「哲學」起源甚早，可以說有了人類就有了哲學的思索。所以，有些哲學家，如柏拉圖（Plato）、亞里士多德（Aristotle）等都認為哲學起源於驚奇（wonder）（註三）。由於人類對外在自然現象不斷地思索，哲學於是產生，後來逐漸轉變為對人事現象的各種反省。因此，乃有「形上學」（metaphysics）的理論發生，主要探究有兩方面：一為宇宙論（cosmology）：探討宇宙的性質、起源與發展；另一為本體論：探討存有（being）或實體（reality）的本質。隨後「知

識論」（epistemology）（研究知識的起源）、「倫理學」（ethics）
（研究道德價值與行爲規範的學問）、「美學」（esthetics）（研究
美與藝術價值的學問）等各種理論亦慢慢出現，形成了哲學研究的重
要範疇。

從哲學發展的過程中，可以瞭解哲學主要有下列的功用：

一、幫助人類瞭解宇宙的現象

宇宙現象極爲複雜，無論科技如何高度的發展，仍然無法一窺宇
宙的全貌；但是透過哲學的思維，則有助於人類慢慢瞭解宇宙的一些
現象，就整個人類發展而言，具有實質的價值。

二、培養人類敏銳判斷的能力

哲學的探究，有助於個人對事物的瞭解；亦有助於培養個人的分
析與推理能力，是毋庸置疑的。由於人類經常面對一個不可預測或掌
握的未來，所以面對各種情境時，需要做最有利的判斷與選擇，哲學
的探究與思考，正可培養人類良好及敏銳的判斷能力。

三、促進人類追求幸福的人生

幸福的人生必須以正確的人生觀與價值觀作爲基礎。在一個物慾
橫流的社會中，大多數人汲汲於追求物質的享受，忽略了精神的生
活，導致人與人之間感情的疏離；嚴重的話，也會造成人類的衝突與
戰爭。這些都是缺乏人文與哲學素養所致。透過對人類關懷的思考，
使個人具有正確的人生觀，對建立幸福人生有極大的助益。

貳、教育與哲學的關係

自古以來，哲學與教育關係極爲密切。吳俊升先生曾採用哲學
史和教育史來考察兩者的實在關係：㈠哲學的發生，由於教育的需

要：古希臘時代的哲人遊行各處，教導青年以道德、政治學、城市管理等技術，因教育上實際的需要，才把哲學的研究由自然轉到社會人生的研究。㈡ 教育的理論和實施，都隨著各時代的主要哲學思潮而變遷。㈢ 哲學家大多亦是教育家：如蘇格拉底（Socrates）、柏拉圖（Plato）、亞里士多德（Aristole）、盧梭（J. J. Rousseau）、康德（I. Kant）、杜威（J. Dewey）等（註四）。由此可知，教育與哲學關係也是相當密切。

一、哲學提供教育的實施方向

哲學不僅可培養個人推理、分析與批判能力；而且透過哲學的思辨，亦有助於實際問題與現象的釐清與瞭解。教育要發揮效果，必須有賴於在學校實際運作；這些作為就涉及到教育本質、目的、方法與內容等課題；透過哲學的思考，有助於對教育本質、目的、方法與內容做合理與正確的選擇及判斷，對於整個教育的實施，提供了明確的方向。

二、教育可作為哲學驗證的場所

哲學不能流於空談，它的論證需要檢證，才能發揮其功用。檢證哲學理論最重要的地方，就是透過教育的方式。歷來很多哲學家所提的理論，例如：盧梭在其大著《愛彌兒》（*Émile*）一書所提倡的自然主義，杜威在其鉅著《民主與教育》（*Democracy and Education*）一書倡導進步主義，兩位都很重視以兒童為中心的哲學理論，他們所提出的理論都須經由教育的實施，才能檢證其實用性與價值性，更可貴的是，杜威更是親自設立學校，推展其進步主義的教育理念。

總之，哲學對於教育理論及實施提供啟發與發展方向，而教育正是檢證哲學理論有效性與實用性之最佳場所。套用一句話：「沒有哲學的教育是瞎的，沒有教育的哲學是空的。」

✎ 教育小典故

愛彌兒：論教育

　　《愛彌兒：論教育》（*Émile: ou De l'éducation*）爲盧梭（Jean-Jacques Rousseau）於 1762 年所著，可說是教育哲學上劃時代的偉大作品，該書透過教育小說的形式闡發教育思想，書中提到三種教育：自然的教育、事物的教育、人的教育，認爲好的教育者必須要根據人的自然本性進行教育，設法使這三種教育和諧發展而不相互衝突，書中亦開始就敘及「天生萬物，一切皆善，一經人手，皆變壞了。」具有濃厚自然主義色彩，主張教育要讓孩子在自然環境正常發展。

　　據說德國哲學家康德（Immanuel Kant）每天下午有固定的散步時間，收到盧梭的《愛彌兒》，讀了入迷，竟然錯過了外出散步的時間，打破了當天固定散步的習慣。

❀ 參、不同哲學派別對教育的觀點

　　哲學對於理解存有及其價值的探究，一直是古今中外哲學家研究的課題。由於各哲學家對「存有」的看法不一，因而對教育所持的論點也不相同。茲從理想主義（idealism）、實在主義（realism）、實用主義（pragmatism）、存在主義（existentialism）、邏輯實證主義（logical positivism）等派別說明對教育的觀點：（註五）

一、理想主義

　　理想主義又稱觀念主義，其創始者可追溯到希臘時代的哲學家─柏拉圖，他不相信物質的世界，只相信物質世界是一種不斷變化的狀態，因爲物質會不斷的改變，所以無法測出精確的眞理（truth）。

因此，不能相信感官（senses），正如它會騙人一樣。柏拉圖所謂的「眞理」是完美和永恆的，所以無法在物質世界找到，只能透過我們的心靈（mind）加以理解。是故，理想主義認爲心靈、精神是最重要的實體。到了十六世紀之後，康德及黑格爾（G. W. F. Hegel）都可視爲理想主義的大師。

(一) 教育目標

幫助個體透過心靈來追求眞理。

(二) 教師角色

教師的責任在於協助學生分析與討論觀念，他在討論、發問、選擇材料和營造氣氛環境，都是扮演著主動者的角色；同時他也是學生的楷模。

(三) 教學方法

採用對話方式，透過學生的發問方式，激勵學生討論、分析、綜合和應用的能力。當然，也鼓勵學生從事小組或個人的口頭和書面的研究計畫。

(四) 教材內容

重視古典的教材，透過對它的理解，有助於認識當代社會中的問題，因爲很多問題的產生都有其歷史的根源。

二、實在主義

實在主義的根源，亦可追溯到希臘時代的哲學家——亞里士多德，他認爲只有透過物質的世界，才能使個體澄清或發展觀念，這種觀點，有異於理想主義的看法。在近代哲學史上，實在主義認爲物體存在於我們本身之外，且獨立於我們的感覺經驗。由於實在主義又有

許多派別，如理想實在主義、新實在主義等，故在形上學或知識論之看法，又有些不同。一般而言，實在主義者都認為物質是最重要的實體，所以相信世界的存在都有其獨立性，是可以驗證的。培根（F. Bacon）、洛克（J. Locke）、懷海德（A. N. Whitehead）、盧梭，都可說是實在主義的一代宗師。

(一) 教育目標

幫助個體經由物質世界的研究來理解心靈或觀念。

(二) 教師角色

教師本身必須具有深厚的數理和人文基礎，教師角色在於能使學生學到評量工作的客觀方法。

(三) 教學方法

重視演講法和問答法。前者有助於學生學到必要的知識；後者有助於學生對理念的掌握。

(四) 教材內容

課程內容應該包括科學、數學、閱讀和人文學科。

三、實用主義

實用主義一詞，係來自希臘文 Pragma 一字，該字有「工作」（work）之意。因此實用主義具有主動的取向，經常以「如何做，以達成我們想要的目標？」或「此項結果，能夠解決問題嗎？」為思考和行動的前提。一般而言，實用主義最早可追溯於培根所提倡的經驗說，其所倡導的歸納法（inductive），成為科學研究上的重要基礎；事實上，另一位哲學大師洛克提出心靈空白說，重視經驗世界對個體觀念的獲得，也深深影響到實用主義的看法；此外盧梭所強調環境和

經驗對兒童發展與成長的重要性，亦對實用主義的發展有所影響；是故，實用主義可說與實在主義關係極為密切。一般而言，實用主義者都相信宇宙的實體是多元的（pluralistic），世界是由各種東西所組成的。

到了十九世紀以後，實用主義才真正地形成，主要代表人物為皮爾斯（G. S. Pierce）、詹姆斯（W. James）、杜威，尤其杜威所提倡的進步主義教育（progressive education），重視個體和環境的互動關係，強調兒童學習的主體性，以及民主的重要性，影響教育極為深遠。

(一) 教育目標

幫助學生在民主社會中做好生活的準備。

(二) 教師角色

教師不再扮演著權威者角色；而是一位激勵者、協助者的角色，幫助學生學習，建立學生學習的興趣。

(三) 教學方法

揚棄傳統的講授法，主張採用個別化教學、問題解決法或探究法，讓學生主動發現問題與解決問題，以建構自己的知識。

(四) 教材內容

兼顧學術科目（數學、科學、歷史、閱讀、寫作、音樂、美術）和職業科目（木工、金工、烹飪、縫紉）。

四、存在主義

存在主義是近代相當重要的哲學之一。由於存在主義哲學家思想極為紛歧，故很難為存在主義一詞下定義。吳俊升先生曾為存在主義

下定義如下：「存在主義是一種注重個人自我存在的哲學思想。」
（註六）它的主要特徵乃是危機的哲學、存在的經驗、存在是探討的
對象、變異的觀念、境遇、主客體的關係（註七）。存在主義的代表
人物，如齊克果（S. Kierkegaard）、雅斯培（K. Jaspers）和沙特（J. P.
Sartre）等都是，尤其沙特提出「存在先於本質」（existence precedes
essence），意味著每個人必須創造自己，個人創造自己的經驗，這
種自我創造、自我選擇的觀點，可謂集存在主義理論之大成。

(一) 教育目標

幫助個人瞭解自己的存在，培養「人之所以爲人」的存在氣質。
是故，教育要能滿足個別主體性的需求。

(二) 教師角色

教師應該理解自我和學生的生活世界，幫助學生建立更好的自我
世界，所以教師應該勇於冒險。因此，教師應該是一位參與者、行動
冒險者。

(三) 教學方法

重視生動活潑、親自參與、發展個性的教學方法。教師要把學生
當作「人」，不要當作「物」看待，建立良好的師生關係。所以，一
位教師應利用問題討論、發展活動、個別獨立研究等方式幫助學生去
理解世界。

(四) 教材內容

藝術、文學和人文等教材，有助於提高學生的人性及人際互動。
所以，藝術、文學、音樂、歷史和宗教等科目，都是非常重要的
知識。

五、邏輯實證主義

邏輯實證主義，又稱爲分析哲學（analytic philosophy），起源於 1920 和 1930 年代，當時有一批數學家、科學家和哲學家於維也納（Vienna）進行科學的哲學之討論，因而形成維也納學派（Vienna Cir-cle）。後來，有一批青年哲學家也在牛津（Oxford）大學提倡語文分析（linguistic analysis）運動，也稱邏輯實證主義。這兩派在邏輯的分析都有共通之處，認爲哲學本身不應包括任何命題或陳述，它只是一種活動，它對於一切命題依語言邏輯的分析，來做批判的功夫或是一種澄清的作用，否認形上學和價值哲學的認知意義。簡言之，哲學只是一種分析、批判的活動，認識世界的實體在於能夠驗證。代表人物有維第根斯坦（L. Wittgenstein）、卡納博（R. Carnap）等人（註八）。由於邏輯實證主義認爲教育哲學無實質意義，只有方法，所以當然不能提示教育目的。所以對於教育目標看法加以省略。

(一) 教師角色

教師扮演澄清者的角色，用分析的方法澄清混淆的定義、口號和譬喻。

(二) 教學方法

重視科學探究和概念分析的方法，鼓勵學生遵守邏輯規則和講求證據，避免個人一切偏見。

(三) 教材內容

教材必須具有知識性、客觀性和合理性，所以科學、邏輯、數學和語言學都是重要的教材內容。

茲將不同哲學派別對教育的觀點，歸納如〔表 2-1〕所示。

表 2-1　不同哲學派別對教育的觀點

哲學派別	教育目標	教師角色	教學方法	教材內容
理想主義	幫助個體透過心理追求真理	主動者示範者	對話式獨立研究	古典教材
實在主義	幫助個體透過物質世界理解心靈	發展者提供者	演講法、問答法	科學、數學、閱讀、人文學科
實用主義	幫助學生在民主社會中作好生活準備	鼓勵者協助者	個別化教學、問題解決法、探究法	學術科目、職業科目
存在主義	滿足學生個別主動性需求	參與者行動者	問題討論法、獨立研究	藝術、文學、歷史、宗教
邏輯實證主義	──	分析者澄清者	科學探究、概念分析	科學、數學、邏輯、語言學

教育補給站

威權主義和非威權主義的教育理論

根據 J. A. Johnson, V. L. Dupuis, D. Musial, G. E. Hall, & D. M. Gollnick 等人的看法，威權主義的教育理論，包括永恆主義（perennialism）、精粹主義（essentialism）、行為主義（behaviorism）、實證主義（positivism），而非威權主義的教育理論，包括進步主義（progressivism）、重建主義（reconstructionism）、人文主義（humanism）、建構主義（constructivism）。茲簡述如下：

一、永恆主義：認為知識的原則是恆久的，重視個體心靈的訓練，課程應以數學、語言、邏輯、經典著作（great books）為主，以赫欽斯（R. M. Hutchins）和阿德勒（M. Adler）主張最力。

二、精粹主義：其思想係以理想主義（idealism）和唯實主義

（realism）為基礎。重視心智訓練、核心知識、教師為中心教學，主張教育作用在於傳遞人類社會文化遺產，培養良好社會公民。其課程應以文學、外語、歷史、宗教為主，教學方法注重講授、記憶、背誦、考試，訓練等，以柯南特（B. Conant）、布利克曼（W. W. Brickman）為代表。

三、行為主義：認為人類的行為可以外在刺激反應來解釋，與唯實主義具有密切關聯。特別重視環境、行為與反應的關係。所以一個人的行為不是天生的，而是由環境所決定。教育的任務是發展學生良好行為的學習環境，課程和教學應該以行為目標為依據，以史金納（B. F. Skinner）為代表。

四、實證主義：認為實際驗證是所有適當思考的核心，拒絕本質、直覺和無法測量的心靈，知識是來自於感官知覺和客觀實體調查，能夠觀察得到的事實，才是有價值。因此，應該鼓勵學生從觀察中學習，學校的課程內容亦是來自於專家從觀察和測量中所建構出的知識，以孔德（A. Comte）為代表。

五、進步主義：認為觀念應該經由實驗的測試而來，學習的基礎來自於學習者的懷疑態度，所以學校教育強調如何思考（how to think）而不是思考什麼（what to think），鼓勵擴散性思考，重視學習的過程而不是學習的結果，以經驗為中心的課程為主，杜威為其代表。

六、重建主義：起源於 1930 年代，它接近於實用主義和存在主義，主張重新建立新社會秩序有助於實現基本民主的理念，因此應該教導學生分析重要的世界事件，探究其爭論之處，進而發展未來美好新世界。以坎特（G. S. Counts）、布拉梅德（T. Brameld）為代表。

七、人文主義：認為每個人具有與生俱來的善良本性，而且是自由的，不為他人所宰制，教育應該發展一個自由、自我實現的個體，整個教育過程應以學生的感受為核心，重視自然，所以教育的起點在

於個體，不是來自於偉大的理想、外在的世界，或者整個人類，教學方法應該強調學生個別差異及個別需求，以盧梭爲代表。

八、建構主義：相當接近於存在主義思想，強調親自操作、活動爲基礎的教與學，以發展學生自己的思考架構，教師應該花時間在教學情境的設計，而不是知識的傳授，眞正的學習是來自於學習者主動建構其架構，而不是教師提供架構，因此鼓勵學生從事批判思考而不是精熟事實知識，以皮亞傑（J. Piaget）爲代表。

資料來源：1. Johnson, J. A., Dupuis, V. L., Musial, D., Hall, G. E. & Gollnick, D. M. (2002). *Introduction to the foundations of American education*. Allyn and Bacon.

2. 楊國賜（1977）。現代教育思潮。黎明。

◆ *教育加油站*

後現代主義教育觀

「後現代」（post-modern）並非在時間順序上的「在現代之後」，基本上，現代與後現代在時間上是重疊的。後現代所標榜的是對「現代性」的批評，概略之，現代性的特徵是「理性化」和主體性哲學。由於這是過於狹隘了的理性主體，因此造成現代社會只追求效率、秩序等，卻使得人與人之間漸漸疏離了、生活亦失去了自我觀照的省思。

「後現代主義」（post-modernism）這個名詞大約是在 60 年代中期正式啟用的，它出現於一個很特定的領域建築。70 年代牽引入攝影和後結構主義，80 年代再和女性主義、後殖民主義、文化研究產生論辯和交集，到今天它涵蓋之廣，由文學到法律、到大眾文化，由地理到科學無所不包。

　　後現代主義則是針對「理性、工具理性」所建構的那些僵化的、教條的、粗暴支配的優越結構、社會組織、意識形態、霸權，單一的、統一原則等，予以批判、「解構」和再建構。其目的是透過對人的感覺方式的革命，而對社會結構本身加以改革，以反文化的激進方式，使人對舊事物一律厭倦而達到文化革命的目的。哈伯瑪斯（Jurgen Habermas）、李歐塔（Jean-Francois Lyorard）、詹明信（Fredric Jame-son）、布希亞（Jean Baudrillard），以及羅提（Richard Rorty）等都是後現代主義大師。

　　後現代主義教育重視教育制度、方式和內容的多元化，教師要扮演去除不平等階級的複製，學校領導者應將權力支配者轉化為權力分享者，而且必須與社區建立良好關係，強調學生批判思考能力的培養，這種後現代教育觀是有其價值，但是這種教育理念是否因多元帶來教育混亂和失序、教育制度結構難以重新建構、教育主流價值難以建立，值得大家來思考。

第二節　教育的心理學基礎

🌻 壹、心理學的意義及研究主題

　　心理學（psychology）一詞，係由希臘文 psyche 與 logos 兩字演變而成，前者指「靈魂」之意，後者指「講述」之意，合之謂：闡述心靈的學問，頗具哲學意義。到了十九世紀末，科學心理學萌芽，才將心理學界定為：研究心理活動的科學（註九）。詳細而言：心理活動係指人類及其他動物的外顯行為和內隱的心理歷程；而科學則是指系統化、客觀化、驗證性的研究。因此，心理學可以界定為：運用系

統化、科學化和驗證性的方式去研究人類及其他動物外顯行爲和內隱心理歷程的一門學問。

　　由於人類及其他動物之心理發展極爲複雜，所以心理學之研究主題主要可歸納爲下列各項：

　　一、生長與發展：探究影響個體生長與發展因素及實際情形。

　　二、認知與學習：探究認知、學習與記憶的歷程，以及學習遷移現象。

　　三、語言與思考：探究語言與思考的歷程及彼此之間的關係。

　　四、感覺與知覺：探究感覺與知覺的歷程及其測量。

　　五、動機與情緒：探究動機與情緒的發展及表現。

　　六、人格與適應：探究人格發展、適應行爲及心理治療。

貳、教育與心理學的關係

　　心理學的目的主要在於瞭解、預測和控制個體的行爲（註十）；而教育的主體則在於教師的教學與學生的學習，有賴於心理學的協助。茲將兩者關係說明如下：

一、教育提供心理學研究對象

　　心理學研究的對象，以人及其他動物爲主。其中又以人占大部分，藉以詮釋人的行爲。由於初等教育的受教者，屬於未成熟的個體，具有相當大的研究價值。所以，很多心理學家，如皮亞傑、郭爾堡（L. Kohlberg）等從事認知的研究，也是以兒童爲對象，進而發展出一套心理學理論。

二、心理學研究有助於教育改進

　　心理學的原理及研究結果，可以應用到教育目標的訂定、教學模式的設計、教學內容的更新、教學方法的改進，以及教學評量的選

擇。尤其心理學所重視的個別差異的觀念，對於教師教學行為具有相當的啟發作用；此外，教育心理學家所提出的班級經營的策略，對於教師實際的教學，亦有極大的參考和應用價值。

因此，教育與心理學之關係，可謂相當密切，兩者可收到相輔相成之效。

參、不同心理學派別觀點對教育的影響

自從德國心理學家馮德（W. Wundt）於 1879 年在萊比錫大學（University of Leigzig）成立心理實驗室，科學心理學因而誕生，馮德乃被尊稱為「科學心理學之父」。一百多年以後，發展出各種心理學派，主要有：功能論（functionalism）、聯結論（associatioism）、行為論（behaviorism）、完形心理學（gestalt psychology）、精神分析論（psychoanalysis）、人本心理學（humanistic psychology）和認知心理學（cognitive psychology），這些派別理論都有其價值及貢獻；而且對教育的實施也有一定的影響。僅就影響最為深遠的三大派別說明之。

一、行為主義

行為主義又稱行為論，係由美國心理學家華森（J. B. Watson）於 1913 年所創，他強調心理學應該只處理可觀察、可測量的行為，所以採用內省法（introspective method）研究個體行為，既不客觀也不科學。後來，史金納（B. F. Skinner）更強烈主張心理學科學化，提出「操作制約理論」（operant conditional theory），認為操作（operant）或工具（instrumental）制約的主要特色，乃是個體操作要比獲得增強為早。換言之，個體在最初的特定情境的反應是隨機的，但以後某些操作式反應因受選擇增強而較其他反應占優勢，造成了增強的結果，史金納在其實驗室所設計的「史金納箱」（Skinner Box）

最爲著名，「增強理論」（theory of reinforcement）受到教育界所重視。

　　行爲主義的理論，對於教學及輔導的應用，具有一定的影響，在教學方面，提倡編序教學（programmed instruction），將教材內容的單元依難易和邏輯次序安排，學生由易而難逐步學習，獲得回饋與增強，進而學到知識；此外也倡導個別化教學（individualized instruction）和精熟學習（mastery learning）；至於在輔導方面，則主張採用行爲改變技術（behavior modification）來增強學生良好行爲或矯正其不良行爲。

二、人本心理學

　　人本心理學，係由美國心理學家馬斯洛（A. Maslow）和羅吉思（C. Rogers）於 1950 年代所創。人本主義心理學家主張心理學研究對象應以正常人爲主，強調人性的充分發展。因此，很重視個人的體驗和感受，從體驗和感受過程中，實現個人的自我潛能。此外，人本心理學家也強調個人都有自由選擇其行爲的能力，所以每個人都應爲自己的行爲負責。

　　人本心理學的觀點對教育影響頗大，例如：開放教育（open education）的倡導、主張以學生中心教育（learner-centered education）（教師教學必須配合學生能力、興趣和需求）、重視學生主動的學習，對於學生人性尊嚴與價值的提升，頗有助益；但是人本心理學家過分簡化人性的複雜性，以及未能重視個人的環境因素，則亦受到批評（註十一）。

三、認知心理學

　　認知心理學受完形心理學（以個體的知覺、思維和問題解決作爲研究主題）影響甚大，認爲個體並不只是被動的接受外來刺激，他會針對外來的刺激或訊息主動的處理。所以，認知心理學不贊成行爲主

義學派所主張的利用刺激反應模式來解釋人的學習、思考和知覺。皮亞傑和布魯納（J. S. Bruner）可說是認知心理學的代表人物。70 年代以後，電腦的應用加速認知心理學的研究。所以，現代認知心理學研究取向的基本特徵，乃是利用電腦模擬人的心理運作，以及個人如何偵測、轉化、儲存和載入訊息（註十二）。

認知心理學對於課程組織及學習影響甚大，特別強調要重視兒童認知發展水準；此外，也要重視學生有意義的學習與理解的學習，所以教師教學應該以探究法為主，這些都成為當前教育革新的重點。

教育新知

學習科學（Learning Sciences）是屬於一種跨領域的學科，係透過整合各領域有關的科學知識與方法，理解促進學習的教育環境和策略，致力於學習創新的設計和實施，以及教學方法的改進，以降低學生個別差異的學習結果落差，讓學生有更好的學習效果。

學習科學涉及的跨領域學科，包括了心理學、認知科學、神經科學、資訊科學、語言學、統計學、心理計量學、數據分析和等機器學習領域的知識，最主要的目標在於促進學習有意義的學習，幫助每一個學生的學習與成長。由於學習科學屬於新興的教育理論，仍需要更多的學理依據和實證資料支持，才能彰顯在教育應用的價值。

教育小辭典

後設認知

後設認知（metacognition）指個人對自己認知歷程的認知。具體一點說，每當個人經由認知思維從事求知活動時，個人自己既能明確

瞭解他所學知識的性質與內容，而且也能瞭解如何支配知識，以解決
問題。若從學習心理學而言，它包括兩種成分：一、後設認知知識：
個人對自己所學知識有明確的瞭解；而且也知道知識所蘊涵的意義及
原則；二、後設認知技能：求知學習時，實際行動與個人對自己行動
的監控歷程。

資料來源：張春興（1994）。教育心理學。東華書局，第 239-240 頁。

<h2>第三節　教育的社會學基礎</h2>

<h3>壹、社會學的意義及發展</h3>

「社會學」（sociology）一詞，是由孔德（A. Comte）在 1839
年首先提出（註十三）。所謂「社會學」，簡單的說：「係指研究社
會制度、系統及其運作之科學。」詳細言之，社會學是使用科學方
法，持守科學態度，以研究人類社會；主要論及社會之構成要素，其
起源、發展、成熟與變遷；論述諸社會現象如社會制度、社會系統、
社會活動、社會關係、社會運作程序、社會團體等；並企圖在諸社會
事象中尋求或建立普遍性公律、原則、原理等的科學（註十四）。

因此，社會學探討的對象，並不是集中於個人本身，而是個人所
隸屬的群體，以及個人與群體、群體與群體的互動關係。所以，凡是
人類生活的各種現象及層面，都是社會學研究的課題。在社會學發展
過程中，為了討論方便，常分為四種模型：演化論（evolution）、功
能論（functionalism）、衝突論（conflict）和符號互動論（symbolic
interactionism）（註十五）。茲分別說明如下：

一、演化論

它是以生物學發展爲基礎。認爲社會亦如生物有機體發展一樣，具有階段性，所以社會是經由一種固定的階段而產生變遷。演化的發生，是爲了適應一種自然法則。在社會的演化過程中，每一階段的社會組織都可按照前一階段的條件來解釋。

二、功能論

認爲社會如有機體一樣，爲了存在與發展，它具有自我維持系統、自我調解作用，使社會趨於穩定與均衡。因此，功能論係以系統觀爲其架構，當某個部分系統產生問題，其他系統也會產生問題，此時社會爲維持生存，就必須改變，使整個社會系統維持均衡狀態。

三、衝突論

衝突是社會生活的重要現象，社會發展是由於權力不斷鬥爭的結果，在社會變遷過程中，任何一個團體要取得優勢，必須採用強制手段，迫使另一方就範，於是乃取得暫時的穩定；惟受支配者逐漸壯大時，就會向支配者進行挑戰，因而社會始終處於永無休止的衝突之中，這種理論的主張，以馬克斯（K. Marx）爲代表。

四、符號互動論

社會不是一個實體，而是一種構造上的現象，只有個人才是眞實的，社會是由個人間的互動所產生的。人類的互動是透過象徵的符號，如語言、文字、手勢等，這些符號的意義是社會所賦予的。人們在接受符號刺激時，通常先對它的意義加以解釋分析，然後再設法反應（註十六）。這種理論的主張，以米德（G. H. Mead）、柯萊（C. H. Cooly）、布魯默（H. Blumer）爲代表。

社會化

　　社會化（socialization）係指社會與個人相互感應與學習模仿的歷程。個人因此而接受社會上各種知識、技能、行為模式與價值觀念，從而圓滿參與社會生活。社會化的方式可分為有意的社會化與無意的社會化，前者指透過安排的課程，直接教導學生有關的知識、技能，並使他們遵從某些規範與價值；後者則是在自然的人際交互關係中進行，例如：暗示與模仿即是。

資料來源：陳奎憙（1991）。教育社會學研究。師大書苑，第44-45頁。

一位野男孩的故事

　　西元1800年一個寒冷1月的早晨，在靠近法國南方村的森林中，發現了一個大約十三歲的男孩，沒有人知道這個男孩來自何處，由外觀看來，他似乎是獨立一個人生活的，自非常年幼時就在惡劣的山區氣候中，找尋食物和遮風避雨的場所，他不會說話，只能發出一些奇怪且無意義的聲音，這個「野孩子」是人類，只不過他的生活遠離了人類的文化和語言，而此時他走出了森林，進入了歷史，也進入了一個神秘的現代神話中。當一個人退化到動物的狀態中時，他將自然的本性都具體的表現出來，如果可以教會他溝通的話，那麼他的思考方式將可以證明「人類自然的狀態」。這個野孩子的生活方式正好提供了一個很好但是卻為人所禁忌的實驗機會，來實驗證實人類覆蓋在社會和文化之下真實的一面。

　　法國一個年輕的醫師（Jean-Marc-Gaspard Itard），將野孩子重新

命名為維多（Victor），開始了被人們所禁止的實驗，但是經過了七年不辭辛勞而有系統有計畫的教導，這個男孩仍未學會如何說話、讀和寫，他從不說出他知道了些什麼，或是他知道了也不說。

　　雖然這個研究並沒解決任何事，但是野孩子的故事仍有它的貢獻，這個實驗雖然沒有對自然和教育、天生和社會提供對立的觀點，但是它提供人們對這個問題的一個實際且具體的想像空間。在此不禁要問，人的本性是永久不變或是可以改變的，以往我們常常捫心自問：我是誰，現在由於這件事，強迫讓我們從頭到尾的去思考這個問題，這個故事直到現在都還值得我們一再的思考。

資料來源：尹玫君（1992）。電腦與人性。初等教育學報，第 **5** 期，第
24 頁。

🌼 貳、教育與社會的關係

　　教育階段所採用的學科、教材及教學方式，有其社會學的基礎。學校為教育最重要的實施場所，人類社會經驗的繼續傳遞與擴大，有賴於學校教育功能的發揮。是故，教育與社會的關係極為密切。

一、教育發展有助於社會進步

　　教育是為一種社會現象，從教育史上發展而言，中國周代的庠與序，希臘時代的雅典與斯巴達的教育，都很重視教育，降及近代，學校教育發展快速，教育更具有系統化，在培育社會人才、促進社會進步，貢獻甚鉅。因此，世界各國無不致力於教育的普及化，以提高國力。

二、社會發展革新教育的內涵

　　社會發展過程中，人民生活水準提高了，其對教育的需求也隨之增加，為了滿足人民的需求，初等教育的目標、功能和課程，也必須不斷的加以修正和調整。因此，不同國家和不同時代都會根據其社會進步及發展情形，逐步修正其教育內涵，活化教育的功效。所以，社會發展提供教育革新的條件。

　　總之，教育帶動了社會發展；社會進展提供教育革新的動力，兩者可說是一種相互影響的夥伴關係。

參、社會變遷中的教育課題

　　社會發展，是繼續不斷的往前進。在發展的過程中，各種社會思想、社會制度、社會行為，以及整個社會文化，都會隨著時代的不同而有所差異。一旦社會產生了改變，就會發展出新的價值觀，這種價值觀也會衝擊到教育的發展。目前臺灣可說是處於一個社會變遷非常迅速的社會，無論在經濟的成長、人口的增減、社會的流動和政治的改革，都異於往常，也使得臺灣逐漸走向民主、開放和多元的社會。

　　在這種社會變遷的環境下，教育值得探討的重要課題如下：

一、教育機會均等

　　自從十九世紀以後，人民受到民主思潮的激盪，受教育不再是貴族的專利品，一般人民也要求有接受教育的機會。國父曾說：「圓顱方趾，同為社會之人，生於富貴之家，即能受教育，生於貧賤之家，即不能受教育，此不平之甚也。」可謂指出教育機會均等精神之所在。所謂「教育機會均等」，主要有兩個基本的概念：第一，每一個人具有相等機會接受最基本的教育，這種教育是共同性、強迫性的教育，也可稱為國民教育。第二，人人具有相等機會接受符合其能力發

展的教育，這種教育是分化的教育，雖非強迫性，但含有適應個性發展的意義，也可以說是人才的教育（註十七）。基於此項概念，教育機會均等的內涵可歸納為下列三項：㈠學生的就讀機會均等，使不同性別背景、階層，及地區的學生，均有接受與其能力相當的教育機會。㈡學校之中的課程、教育內容以及教育資源平等，使學生在公平的環境中成長與發展。㈢教育過程的均等，使學生在接受教育的過程中，不會受到任何不利的影響，在接受教育之後，都能施展長才（註十八）。觀諸臺灣城鄉地區之教育發展，雖然政府正努力縮短彼此之間的差距，但由於受到經濟、文化和歷史的限制，致使在師資、資源等方面，差距依然存在。是故，目前教育機會均等之實施，仍有待努力。

二、多元文化教育

多元文化教育（multicultural education）意指學校提供學生各種機會，讓學生瞭解各種不同族群文化內涵，培養學生欣賞其他族群文化的積極態度，避免種族的衝突與對立的一種教育。近年來，臺灣社會更趨民主、自由和開放，加上臺灣本身是由四大族群所組成：原住民、閩南人、客家人和外省人等，後來又增加新住民，彼此之文化和語言具有很大的差異；此外，其他弱勢族群，如：女性團體、殘障團體、文化不利群體等族群，也開始發出聲音，使得多元文化之問題逐漸浮顯出來，尤其各族群對自己之權益意識開始覺醒，各族群之互動關係日趨複雜，如何促進族群的瞭解，避免族群間的對立與衝突，以及重視社會各族群的權益，成為當前一項重要教育課題，因此多元文化教育呼聲隨之提高。目前國內多元文化教育實施，偏重於融入課程內，由於國情及文化背景不同，所以外國所實施的多元文化教育模式，不一定適用我國，但可作為實施借鏡。

教育加油站

多元文化教育的目標

多元文化教育的目標主要有五：一、建立對其他族群文化的容忍；二、消除種族的偏見與歧視；三、教導不同族群文化的內涵；四、教導學生從各種不同族群文化觀點看世界；五、幫助弱勢族群學生發展其學習及對社會貢獻的信心。這種教育目標正異於種族優越感教育（ethnocentric education），它不是要使學生認為自己種族最優秀，而排斥其他族群文化；相反的，而是要讓學生學會對不同族群欣賞、接納與容忍的態度。

三、家長教育選擇權

在民主化的社會中，人民都希望有更多的選擇自由與機會，尤其與人民關係最為密切的教育，更為大家所關注。目前國民小學入學方式，係採學區制，學生依戶口設籍入學，家長毫無機會為自己子女福祉選擇最佳的教育場所或方式，這項學區制的規定，在未來的社會中，可能會受到相當大的挑戰；換言之，家長將會不斷的向政府施壓，爭取更多的教育選擇機會。因此，政府必須加以正視，並儘早研擬對策，讓政府的管制與家長的選擇，能夠找到一個平衡點，使學生成為最大的受益者，這有賴於政府、學校和家長一起努力。

四、青少年偏差行為

近年來，臺灣社會快速的工業化與都市化，導致家庭結構的重組，家庭教育功能的式微，學生偏差行為有日漸增多的現象。這些偏差行為，包括有：㈠一般偏差行為：逃學、逃家、抽菸、賭博、打架；㈡破壞偏差行為：毀損學校設備、破壞汽（機）車；㈢性偏差

行為：閱讀黃色書刊或觀看色情錄影帶、與異性發生關係；㈣偷竊偏差行為：偷竊汽（機）車、偷人財物；㈤暴力偏差行為：攜帶刀械或其他危險物品、參加幫派、恐嚇取財；㈥藥物偏差行為：吸食強力膠、安非他命或其他麻醉藥品（註十九）。以上這些偏差行為，並不是在國中階段才發現，其實在國小階段也逐漸浮顯出來。因此如何有效加以防治，避免問題繼續惡化，恐怕是一項重要的課題。

附　註

註一：Schofield, H. (1990). *The philosophy of education: An introduction.* Unwin Hyman, p. 1.

註二：葉學志（1985）。教育哲學。三民，第 4-6 頁。

註三：陳迺臣（1990）。教育哲學。心理，第 7 頁。

註四：吳俊升（1985）。教育哲學大綱。臺灣商務印書館，第 16-20 頁。

註五：Sadovnik, A. R., Cookson, P. W., Jr., & Semel, S. F. (1994). *Exploring education: An introduction to the foundations of education.* Allyn & Bacon, pp. 199-213.
Rich, J. M. (1992). *Foundations of education: Perspectives on a American education.* Merrill. pp. 204-219.

註六：同註四，第 218 頁。

註七：歐陽教（1973）。教育哲學。文景，第 160-162 頁。

註八：同註四，第 238 頁。

註九：張春興（1990）。現代心理學。東華，第 3 頁。

註十：溫世頌（1978）。教育心理學。三民，第 1 頁。

註十一：朱敬先（1987）。教學心理學。五南，第 316 頁。

註十二：Notterman, J. M., & Drewry, H. N. (1993). *Psychology and education.* Plenum, p. 144.

註十三：謝高橋（1985）。社會學。巨流，第 4 頁。

註十四：楊懋春（1985）。社會學。臺灣商務印書館，第 16-20 頁。

註十五：同註十三，第 27-34 頁。

註十六：陳奎憙（1991）。教育社會學研究。師大書苑，第 24 頁。

註十七：同註十六，第 66 頁。

註十八：林清江（1986）。教育的未來導向。臺灣書店，第 24 頁。

註十九：許春金和周文勇（1986）。男性與女性少年偏差行為及成因差異
　　　　之實證研究。解構青春少年時：1996 年臺灣青少年犯罪與矯治
　　　　問題研討會。臺北市立師範學院，9 月 21 日。

摘　要

- 哲學可簡單視為「愛智之學」，它具有思辨、規範和分析的性質，其源
  於驚奇，主要探究有兩方面：宇宙論和本體論。

- 哲學主要功用有三：幫助人類瞭解宇宙的現象、培養人類敏銳判斷的能
  力和促進人類追求幸福的人生。

- 教育與哲學的關係相當密切，哲學提供教育的實施方向，而教育可作
  為哲學驗證的場所。

- 不同哲學派別對於教育觀點不太一致，理想主義注重個體心靈的啟發；
  實在主義強調透過物質世界來理解心靈；實用主義注重個體學習的實用
  性；存在主義重視個體的經驗和創造；邏輯實證主義關心個體概念分析
  和科學探究能力的培養。

- 心理學指運用系統化、科學化和驗證性的方式去研究人類及其他動物
  外顯行為和內隱心理歷程的一門學問，研究主題包括：生長與發展、學
  習與記憶、語言與思考、感覺與知覺、動機與情緒、人格與適應。

- 教育與心理學關係密切，教育提供心理學研究對象；而心理學研究有助
  於教育改進。

- 不同心理學派別對初等教育發展影響深遠，例如：行為主義提倡編序教
  學和行為改變技術；人本心理學重視學生人性尊嚴與自我實現；認知心
  理學關心學生認知發展與理解學習等，有助於初等教育目標、內容和
  方法的革新。

- 社會學係指研究社會制度、系統及其運作的科學。在社會學發展過程
  中，常分演化論、功能論、衝突論和符號互動論說明之。

・初等教育與社會的關係很密切，初等教育發展有助於社會進步；而社會發展則革新了初等教育的內涵。

・當前社會變遷的環境下，我國教育遭遇重要課題為：教育機會均等、多元文化教育、家長教育選擇權和青少年偏差行為。

評量題目

一、請說明哲學的意義及功用。

二、請說明哲學與教育之間的關係。

三、請比較理想主義和實在主義對於教育的觀點。

四、請比較實用主義和存在主義對於教育的觀點。

五、請說明心理學與教育之間的關係。

六、請比較行為主義心理學、人本心理學和認知心理學對於教育觀點的異同。

七、請說明社會學與教育之間的關係。

八、我國社會變遷過程中，有哪些值得探究的教育課題？

九、家長教育選擇權和校務參與權的呼聲愈來愈高，對於學校發展有哪些衝擊？

教育小故事

揠苗助長

從前宋國有個急性子農夫，有事沒事，每天就喜歡跑到自己的田裡，去看看禾苗長高了多少；可是看了又看，禾苗總是沒有長高的跡象。

有一天這位農夫又跑到田裡去看，眼睜睜的看著自己田裡的禾苗還是沒有長高，心裡急了，就把禾苗一根根地拔高。

禾苗拔完之後，便拖著疲憊的身子茫茫回家，對家人說：「今天

可把身體累壞了，我把禾苗全部拔高了。」

他的兒子聽了大吃一驚，趕快到田裡看個究竟。結果看到田裡的禾苗全部枯死了。（取自《孟子‧公孫丑篇》）

◆ 個案研討

臺灣的多元文化

據官方估計，從印尼、越南等國移民臺灣的「新住民」已逾 54 萬人，超越臺灣原住民人數，並孕育了 41 萬名後代，「新住民」總數已占臺灣總人口 3% 以上。

十二年國教新課程，國小新增越語、泰語、印尼語等 7 國東南亞語為必修課，學生須從這七個語種及本土語言（臺語、客語或原住民語）選一門必修，此舉受到許多新住民歡迎，認為這是政府對他們身分的認可，且有助於消弭歧視，不過，卻此舉也引發部分人士和家長擔憂，新課綱會使本土語言教育受到影響及排擠英文學習。

隨著臺灣民主化後，逐漸重視母語和多元文化，如今在國民教育課程納入新住民語言，就是一種接納多元文化的展現，對各種文化給予基本尊重。

資料來源：李宗憲（2019 年 7 月 4 日）。台灣多元文化：小學多語教學引發對英語教育衝擊的擔心。https://www.bbc.com/zhongwen/trad/chinese-news-48798125

思考問題

一、臺灣已經進入多元文化社會，如何培養學生尊重多元文化的態度？

二、新住民語言納入國民教育課程，有助於降低新住民二代被歧視或社會壓力嗎？

第三章

教育的歷史發展

 學習目標

一、熟悉我國教育歷史（自夏商
　　周時期至清代）的演進。

二、瞭解西洋教育歷史（自希臘
　　時期至近代）的演進。

教育可說起源於人類生活需要，在原始社會中，教育、政治、宗教和藝術等活動是分不開的；但隨著社會進步及工商業的發展，需要一批有才幹的知識份子來處理社會和國家事務，而如何來培養這些知識份子，則有賴於學校教育。因此，從歷史發展角度來看教育，將有助於對教育有更深入、清晰的瞭解。所以，本章乃分成我國教育的發展沿革和歐美教育發展沿革等兩部分說明之。

第一節　我國的教育發展

我國制度化的教育起源於何時，根據古籍的記載，可能出現於夏朝。因此，為便於說明我國教育的發展沿革，乃分夏商周時期、春秋戰國時代、秦漢時期、魏晉南北朝時期、隋唐時期、宋元明清時期說明之。

壹、夏商周時期

我國最早教育制度，見於《尚書・舜典》。《尚書・舜典》曰：「帝曰：『契，百姓不親，五品不遜，汝作司徒，敬敷五教，在寬，……夔，命汝典樂，教冑子，直而溫，寬而栗，剛而無虐，簡而無傲，詩言志，歌而言，聲依永，律和聲，八音克諧，無相奪倫，神人以和。』所謂「五教」，是「父義、母慈、兄友、弟恭、子孝。」那時的教育內容是倫理和音樂，司徒和典樂便是最早的教育官（註一）。

根據《禮記・王制》說：「有虞氏養國老於上庠，養庶老於下庠，夏后氏養國老於東序，養庶老於西序。殷人，養國老於右學，養庶老於左學。」《孟子・滕文公》：「設為庠、序、學校以教之；庠者，養也；校者，教也；序者，射也。夏曰校，殷曰序，周曰庠，學

則三代共之，皆所以明人倫也。」朱熹註：「校序，皆是鄉學，而學則爲國學。」由此可知，虞夏商時期的學校有兩類：一爲國學，有大學、小學之分，爲貴族而設；另一爲小學，屬於鄉學，爲一般平民而設；而教育目的在於明人倫，亦即瞭解人與人之間的關係。

至於西周之教育，也是承襲夏商時期的制度，有國學、鄉學之分，課程內容要比夏商更爲豐富。根據《周禮・地官》：「大司徒……，以鄉三物教萬民而賓興之。一曰六德：知仁聖義忠和；二曰六行：孝友睦婣任恤；三曰六藝：禮樂射御書數。」所以，鄉三物（德行藝），便是周代學校教育課程的重要內容，其中禮樂更受重視。

貳、春秋戰國時代

春秋戰國時代是中國歷史上的最大變動時期。由於舊社會制度紛紛遭到破壞，導致教育制度也隨之改變。「官學」日趨沒落，「私學」大爲興起，樹立中國數千年來私學的基礎。

由於私學的興起，開創了春秋戰國時代新的學術風氣。首先辦理私學者，有人謂儒家的孔子；此外，墨家、法家、名家，亦聚眾講學，形成「百家爭鳴」的現象。因此，春秋戰國時代，設立學校，來教化人民，已不復見，史冊亦無記載。由此可知，春秋戰國時代的教育重心在私學；而不是官學。

參、秦漢時期

秦始皇統一中國之後，致力維持統一局面的政治制度。爲了統一學術思想，敢於焚書、坑儒，故在教育方面，未有多大的建樹。尤其採用李斯的建議，實行「以吏爲師」的制度，藉以統一法令，並設置博士的官職，專門負責教育、學術的工作，但這些人只限於極少數人，在國民教育方面，並未加以注意，古代鄉學那種觀念，已經完全

失去（註二）。由此可知，秦朝對於教育，並無多大的重視。

降及漢朝，學校教育成爲教育活動的重要部分，分爲官學和私學兩種。官學由中央政府辦理者，稱爲「太學」，除「太學」以外，上有鴻都門學、四姓小侯學等特殊學校（註三）。官學由地方政府辦理者，稱爲「郡國鄉黨之學」，計分四類：郡國曰「學」、縣曰「校」、鄉曰「庠」、聚曰「序」。至於私學，亦分爲兩種：一爲「書館」，屬私塾性質，爲小學程度；二爲名經師設帳之所，生徒極多，爲大學程度（註四）。由此可知，兩漢的官學，在中央和地方似乎只是兩級，約略於現代的中等學校和專科以上學校（註五）。其中官學部分，凡是「庠」和「序」者，屬於小學性質，但東漢只注重郡國兩級，而「庠」和「序」並未長期設立（註六）。

因此，在漢朝的教育，仍是私學的「書館」爲主，主要以傳授經書（七字和三字）及《論語》、《孝經》爲內容。

🏵 肆、魏晉南北朝時期

魏晉南北朝時期，始於魏文帝（曹丕），止於隋文帝（楊堅），此時期仍是處於長期紛亂的局勢，可謂「戎馬倥傯，犬馬不安」的時代。因此，學校教育大受影響。魏雖設「太學」，有名無實。東吳只有學官，而無學校；西蜀則國小民貧，年年用兵，更談不到學校的設置（註七）。所以，三國時代，教育可說頗爲不盛。

晉代學校教育較三國時代繁榮，設立兩種學校：一爲國子學（爲貴族子弟而設）；另一爲太學（爲平民子弟而設），但由於君權薄弱，內爭紛起，初等教育亦無成效可言。至於南朝教育也衰弱，但宋文帝所創立的「四學制」（註八），在中國教育史上，則是一項很大的進步。梁武帝時，亦曾分遣博士祭酒到州郡立學，可說是南朝學校教育較爲興盛時期。到了北朝時，政局較爲安定，獻文帝時，曾規定州郡學校制度，遍設鄉學，每郡設鄉學一所。學生限於「高門」弟

子，具有階級意味。由此可知，南北朝的教育亦不足觀。

伍、隋唐時期

隋唐爲漢族文化極盛時代，期間長達三百多年，隋文帝統一中國之後，在中央和地方，都設立了一些學校，可謂自漢魏以後，是學校教育最發達的時代，但由於喜好刑名之學，後來學校幾乎都停辦了。雖然隋煬帝又把學校恢復起來，但由於隋代政權不到三十年，故學校亦無可稱道之處。

唐代知道教育和學術的重要，就在禮部（註九）下設國子監（原稱國子寺）負責學校行政事務。故唐代學校制度要較過去完備，可分爲中央之學和地方之學兩種：

一、中央之學

　　㈠正系：即六學—國子學、太學、四門學（以上三學似爲普通大學）、律學、書學、算學（以上三學似爲專科學校）。

　　㈡旁系：崇文館、弘文館（以上似近於大學性質）、醫學、崇玄館（似近於專科學校）、小學（係小學性質）。

二、地方之學

唐代地方政府，分別爲京都、府、州、縣四級。故唐代地方之學主要爲京都學、都督府學、州學、縣學爲主（註十），且按府、州、縣的人口多少劃分等級，規定教師和學生名額。

隋唐時代除官學外，還有私學。當時名師大儒，多聚徒講學、傳授經業，鄉村亦設有私立小學，主要以傳授經典科目爲主。

總之，隋唐時期的教育，仍具有強烈的封建意味，偏重於貴族教育，平民教育成效有限；此外，私學在教育中仍然扮演著重要的角色。

陸、宋元明清時期

唐代末年，在中央是宦官專權，在地方是藩鎮割據，最後造成五代十國的混亂局勢，至宋太宗趙匡胤才又統一起來。

宋代的學校制度，可分為官學和私學兩類，官學又可分為中央和地方兩種。但在宋代占有重要地位者，實為書院，最初是私學，後來也有中央和地方所辦。

宋代中央所設的學校有三大類：第一，相當於大學性質的學校，有太學（宋朝初年，也叫國子監）、有辟雍（創立於徽宗，也叫外學）、有四門學（收納八品以下至庶人的子弟）、有廣文館（哲宗時最為發達）；第二，相當於專科性質的學校：有律學、算學、書學、醫學、道學、武學、畫學七種。第三，宋代新設立的學校：有小學（招收八至十二歲的學生）、內小學（招收宗室子弟）、宗學、諸王宮學；後兩者乃是綜合大學和小學的貴族學校（註十一）。宋代的行政區，分為三級：路，府、軍、監，縣。因此，地方學校也依行政區設有「州學」、「縣學」，其種類亦可分為三類：程度較低的大學、專科學校和小學，小學入學年齡則在十歲以上（註十二）。雖然宋代地方學校規劃詳細，但至南宋時便衰弱了。

元代教育，一方面承襲宋代教育；一方面沿襲遼金教育政策，在中央設立國子學（係漢文學校）、蒙古國子學、回回國子學。至於地方學校，仍是依地方行政區域組織的區域，如路、府、州、縣，各設立學校，教學科目不外乎四書、五經。此外，在地方還設立蒙古子學、醫學、陰陽學等特殊學校。

明代學校制度，亦承襲宋元學制。可分為中央學校和地方學校，中央學校設有國子監和宗學兩種，國子監的入學對象，不限於貴族，可由地方學校選送，亦可捐貲入監就學，教育對象擴大，主要課程有四書、五經、書、易、禮、春秋、律令、御制大誥等科，宗學則只限於十歲以上的宗室子弟，注重文字教育和道德教育。至於地方學

校，則有府州縣學。值得一提的是，明代在鄉村設「社學」，創始於洪武 8 年，令民間子弟，兼讀御制大誥和明朝律令。孝宗弘治 17 年令各府州縣學建立社學，選擇名師，民間十五歲以下者送入塾就讀，講習冠婚喪祭之禮（註十三）。可惜行之未久，就被停廢，但就我國教育史上發展而言，社學因非全爲了升學，頗有現代小學的意味（註十四）。

清代教育，俱沿襲前代之舊，在中央設國子監，在地方設府州縣學，規制較前代周詳。清代的社學及義學，屬於初等教育範圍，較明代更爲普遍。此外，尚有「義塾」、「家塾」，前者有：「族塾」由宗族財產共同經營者、「義塾」由社團樂捐經營者、「官塾」由地方官吏捐貲經營者；後者含：「家塾」由個人或數人所經營延師教育其子弟者、「村塾」由教師個人所經營而教育其鄰近子弟者（註十五）。這些學塾入學年齡從五、六歲至二十五、六歲都有，學習識字、四書、五經等課程。光緒 20 年，甲午戰敗以後，朝野要求廢除科舉，興辦學校呼聲甚高，光緒 21 年，盛宣懷於天津創設頭等學堂、二等學堂，前者相當於現在的專門學校；後者即小學，收十三至十五歲學生，光緒 28 年，張百熙奏擬「欽定學堂章程」；光緒 29 年公布「奏定學堂章程」，這些內容將於第十一章詳細說明之，逐漸建立我國現代化教育制度的雛型。

第二節　西洋的教育發展

一般的西洋教育史，常依年代而做適當的區分。因此，本節所介紹西洋教育發展沿革，乃分爲希臘時期、羅馬時期、中世紀時期、文藝復興時期、宗教改革時期、啟蒙運動時期、十九世紀以後時期說明之。

壹、希臘時期

希臘人原為不完全遊牧的雅利安民族之一。大約遠在西元前1,100年之前，他們才安居在希臘半島上。其政治係採市府制度，每一市府，皆有其獨立的地位及性質。因此，雅典代表民主政治形式，斯巴達代表專制政治形式（註十六），所發展出來的教育形式亦有所不同。茲將兩者之教育說明如下：

一、雅典的教育

雅典人熱愛自由，故其所表現的教育形式是為和平而教育孩子，以培養一位文雅的公民為目的，教育方式較重個人自由權力。雅典的教育階段作法，主要為：

㈠出生至七歲接受家庭教育，以身體的陶冶為主。其保育方法，是讓兒童在自然狀態下，使身體得到完全的發育。

㈡兒童七歲以後，則選擇一位有學問的奴隸作為導師，即「教僕」，由教僕陪兒童至學校受教，當時主要學校有二：音樂學校和體操學校，兒童可以同時進入這兩所學校受教，以圖身心健全發展（註十七）。

二、斯巴達的教育

斯巴達人的特性注重質樸剛健，重視身體強壯，故其教育目的是為了造就軍人，所以斯巴達教育須經：

㈠生兒檢查：斯巴達的男子出生，經檢查發育完全者，始命其父母養之；否則，棄諸山麓洞穴。

㈡母養時代：健全男兒，自出生到七歲，在家有保姆撫養，特別注重養護、體育、鍛鍊膽力、尊敬長者等。

㈢共同教育時代：分為少年組（八至十七歲）、青年組（十八至三十歲），集中一個共同的地方接受教育，旨在鍛鍊青少

年的身體和意志。

　　由此可知，雅典和斯巴達的教育方式和目的極為不同，前者重視啟發，培養有教養的公民；後者強調身體和意志的鍛鍊，培養強壯的軍人。

貳、羅馬時期

　　羅馬人與希臘人在人格特質上有些差異，前者重實際，尚權威，乏幻想，具有行政與組織天分；後者重理想，好藝術，富幻想，欠缺行政與組織才能。由於人格特質、生活方式和文化環境的差異，導致羅馬教育設施與希臘時代不太相同。茲分羅馬早期的教育和希臘化的羅馬教育說明之。

一、羅馬早期的教育

　　羅馬早期的教育係指從建立邦國至西元前 146 年為止。此時期的教育以家庭為中心，內容單純，父教其子讀書、寫字、習算、唱歌、聽頌英雄歷史故事等，母教其女習織、操持家務等，大都針對生活需要，故此時期國家並無教育制度，亦無學校教育可言。到了西元前450 年，十二銅表法典公布，才傳授兒童法典內容，使其明瞭律文的意義（註十八）。由此可知，此時期並無正式教育制度。

二、希臘化的羅馬教育

　　自西元前 146 年希臘被羅馬人征服之後，希臘固有的優美文化，影響到羅馬整個社會，從文學、藝術、宗教和教育等方面，多多少少受到希臘的影響，希臘淪亡之後，很多知識分子大量分布到羅馬，為了應付羅馬國家當前的需要，希臘的教育制度，被全盤的移植過來─希臘語文、希臘教師、高級詩詞和哲學學校，這些希臘的東西只是稍加修正，便足於應付羅馬的需要。由於羅馬人的民族驕傲和實用觀

念，促使羅馬人自己也開始創設了模仿希臘型式的所謂「文化學校」（culture school），雖然希臘語文仍然是大量研讀，但在教學上卻用拉丁文而不用希臘語文（註十九），所以此時期教育被稱為希臘化的羅馬教育。

希臘化羅馬教育時期的初等教育，其所設的小學，稱為 Ludus，是為一種私立學校，通常由一個自由人主持，招收六、七歲至十二歲止的學童，男女兼收，課程內容包括讀、寫、算等，教學方法側重記憶，有時還會施之體罰。由於教師多半是奴隸和希臘難民，故教師社會地位低，加上學生是志願入學，而且學校設備簡陋，可知當時的教育並不普及。

參、中世紀時期

中古世紀為期甚長；若自五至十五世紀計算，有一千年之久。大約九至十三世紀可稱為純粹的中古。此一時期之思想中心，為宗教而非政治，乃教會而非國家（註二十）。故整個中世紀之文化與教育活動，可說是以基督教會為重心。

早期的基督教教育，旨在培養教會的教士，著重於基督教義的傳授，宗教的教導，乃是全部教育的基礎。所以中世紀時期的教育制度，主要為修院學校，教學的基本性質，由宗教觀念所支配，是故修院學校成為中世紀最重要的教育機構。約自第九世紀中期起，修院學校分為小的或初等的與大的或高等的，較大的修道院，則設有較大的學校。

修院學校學生分為兩種：一為內學生：即宣誓參加修道院生活者；另一為外學生：即俗人學生，不願成為修士者。學童約由七歲入學，開始學習聖詩，為教育本身的功課，熟習之後，再進而修習世俗的學問，包括讀寫及七藝（文法、修辭、倫理學、算術、幾何、天文和音樂），課程所講的語言為拉丁文，希臘語文較少修習。學童修業

直到十四歲，然後離校，各操其業，若願意爲修士者，則留住修道院繼續學習，至十八歲方得成爲修士（註二十一）。此一時期，也出現所謂宮廷學校，學生來源主要爲皇室及其親戚、朝臣等之子弟，課程仍以七藝、文學、語言和宗教教導爲主。因此，中世紀教育的實施，重心仍在修院學校；而且也出現貴族子弟學校。

中世紀教育的貢獻不在於初等教育，而是大學教育。十字軍東征之後，帶給歐洲文化及教育活動極大的震撼，當時商人爲求自保所形成的自願性組織，就是所稱的「行會」，於是學者們也仿效「行會」的組織，作爲師生活動的場所，由於這種組織的成立，助長大學成立的重要因素，中世紀的大學，可說是西洋建立正式教育機構之始。

肆、文藝復興時期

中世紀時期，時人大都在研讀宗教教義，追求天國與永生，充滿著神本的思想，時間一久，人民對僵化的神本思想，難免產生質疑和反動。於是約在十四世紀以義大利爲中心，掀起了歐洲新文化運動，就是所謂「文藝復興」（Renaissance），具有「新生」或「再生」之意，亦即，讓古希臘羅馬文化能夠再生，回復到以「人」爲本的社會。

文藝復興時期約自十四至十六世紀末，此時期的教育要比中世紀時期教育更爲興盛，更具影響；尤其此時期的中等教育最具成就，從義大利到法蘭西、日耳曼、英格蘭等紛紛設立中等學校，重視拉丁語文教學，開創學校教育新紀元，也奠定後來歐洲中等教育的基礎。

此時期的初等教育發展要比中等教育較不受重視，其中可能部分中等學校已招收九歲或十歲學童，剛好與初等教育階段重疊，所以此階段初等教育的實施情形，文獻也較少。本時期教育重視古典語文的學習，強調人文主義的精神，應該是課程實施一大特色。

伍、宗教改革時期

十六世紀以後，由於神職人員不稱職、教宗聲望低落、國家主義增長、教會苛捐雜稅名目繁多、人文主義興起新的理性批評等各種宗教、政治、經濟和思想等各種錯綜複雜因素的影響，導致了宗教改革。

此時期最有名的兩位宗教改革學者，一是日耳曼人路德（Martin Luther, 1483-1546）；另一是法國人喀爾文（John Calvin, 1509-1524）；前者可謂宗教改革運動的先驅；後者可謂宗教改革運動的實現者，兩位對於教育相當重視；尤其是在初等教育方面。1524 年，路德發表「為建立基督學校致日耳曼所有市長及長老書」，要求建立一種免費且不受任何入學限制的學校體系，以便使所有兒童都能聆聽福音，都能接受教育，不因性別或社會階級而影響其就學權利（註二十二）。所以力主設立本國語文初級學校，男女兼收，課程包括閱讀、書寫、體育、歌唱、宗教，並實施職業或家政課，奠定了日耳曼初等教育在學制上的地位。此外，喀爾文教派也在日內瓦推動各種改革計畫，尤其得到瑞士政府的協助，實行強迫教育辦法，可說是中外教育史上的大事。

所以，宗教改革時期最大的貢獻在於發展初等教育成為學制的一部分，讓一般平民子弟有接受教育的機會，不僅有助於研讀聖經，更能提升一般百姓知識水準。

陸、啟蒙運動時期

十七、八世紀由於自然科學的進步、理性主義的興起、個人主義的流行以及對宗教固執的反感，歐洲各國不論在知識、宗教、政治和社會等各方面都產生新的改革運動。因此，一般都將此時期稱之為「啟蒙運動時期」。

此時期各國對於教育組織的建立，相當的重視，更奠定教育穩固的基礎。在近代國家中，從教會收回管理教育的實權，使教育能夠增進國家利益者，首推德意志。1763 年，德意志頒布普通鄉村學校法，規定五至十三歲或十四歲爲強迫就學年齡，而且也規定家長未送其子女入學需受懲處，德國可謂開啟強迫入學之先鋒；而法國的義務教育發展，要比德國爲晚，在 1789 至 1791 年的制憲會議期，才有彌拉波伯爵（The Count de Midabeau）提出全國各地實施免費的初等學校，因此，在 1791 年的憲法規定初等教育免費入學；至於英國十七、八世紀的初等教育發展，不像德法兩國有法律的保障，此時期的初等教育大都屬自願性質學校負責，因此慈善學校、主日學校、貧民學校可謂相當發達，但就全民接受教育效果而言，仍屬不足。

柒、十九世紀以後

　　十九世紀是民族主義和民主政治的時代，1806 年普魯士戰敗，全國上下認爲欲洗雪國恥、復興民族，必須從教育著手。大哲學家菲希特（Johann Gottlieb Fichte）於 1807 年發表《告德意志國民書》，強調國民教育的重要性，所以改進與發展國民教育成爲政府首要任務，因而形成德意志小學教育的全盛時期；德國雖早在 1763 年實施免費小學教育，但 1920 年的柏林教育會議便廢除雙軌制，將義務教育延長爲八年；而法國的初等教育制度也在十九世紀之後，1833 年當時的教育部長基佐（H. Guizot）爲了普及初等教育，乃訂定法案並獲通過，確立法國初等教育系統，奠定法國初等教育的基礎，使得法國初等教育蓬勃發展，1881 年開始，公立學校一律免費；1882 年，實施強迫義務教育制度；1889 年，國家負擔教師薪俸；1944 年，法國臨時政府委託物理學家朗之萬（P. Langevin）主持一個委員會進行教育改革計畫，於 1947 年提出改革法案，其中建議建立單一的學校制度，規定六至十八歲爲義務教育時期，但由於政局不穩，導致功

敗垂成；至於英國的初等教育制度之萌芽，在 1870 年後，該年國會通過法案，由國家補助初等教育經費，1876 年，國會通過強迫入學法案，規定五至十歲的兒童一律接受義務教育，1893 年提高至十一歲，1899 年提高至十二歲，一直到 1918 年才實施全部初等教育免費。美國的初等教育發展要比德、法、英為遲，到 1852 年，麻州（Massachusetts）才通過全國第一個義務教育法，但只是強迫學生部分時間入學，1865 年以後，提供兒童免費的學校教育才普遍獲得承認，各州陸陸續續通過義務教育法，至 1928 年，美國各州的義務教育才完全實施。

◆ 教育小辭典

雙軌制與單軌制

　　雙軌制與單軌制都是屬於學校制度的一種。在十九世紀時，德國、法國和英國等國實施義務教育制度，其學校制度，設有兩套學校系統，一套專為貴族子弟設立，另一套為平民子弟而設，兩套系統如同雙軌，互不相通，此即所謂的「雙軌制」。這種制度，階級觀念過於濃厚，且不符合平等的理念，到了二十世紀初以後已慢慢消除。

　　至於「單軌制」指學校制度只有一套系統，不分貴族或平民子弟均可進入同樣學校接受教育的學校制度，此種制度可以美國為代表。美國開始實施義務教育制度，即採取「單軌制」，目前「單軌制」的學校制度已成為各國所採用的學校制度。

附　註

註一：王鳳喈（1986）。中國教育史。正中，第 27 頁。
註二：田培林（1981）。教育史。正中，第 55-56 頁。

註三：鴻都門學係因其校址設於鴻都門而命之，東漢靈帝喜好書畫詞賦，
　　　招收一批學生去學習書畫詞賦，即現代所謂的「藝術學校」。
　　　四姓小侯學為東漢明帝所設的一種貴族學校，後漢的外戚，有樊
　　　氏、陰氏、郭氏和馬氏四大族，四姓小侯學就是專門為四姓的子弟
　　　而設。

註四：同註一，第 84 頁。

註五：同註二，第 60 頁。

註六：陳青之（1963）。中國教育史。臺灣商務印書館，第 111 頁。

註七：同註六，第 156 頁。

註八：所謂「四學制」即分科設立四個大學。研究佛老學說，叫「玄學」；
　　　研究古今歷史，叫「史學」；研究詞章，叫「文學」；研究經術，
　　　叫「儒學」。

註九：唐代中央政府實施三省制—尚書省、中書省和門下省。尚書省下
　　　設吏、戶、禮、兵、刑、工等六部，負責國家軍政之執行（行政
　　　權）。中書省負責草擬國家軍政。門下省負責審訂中書省所諮送的
　　　詔令策敕（有駁議權）。

註十：毛禮銳、邵鶴亭和瞿菊農（1989）。中國教育史。五南，第 273-
　　　274 頁。

註十一：同註二，第 86-87 頁。

註十二：同註一，第 138 頁。

註十三：陳東原（1980）。中國教育史。臺灣商務印書館，第 355-356 頁。

註十四：同註一，第 152 頁。

註十五：余書麟（1960）。中國教育史。國立臺灣師範大學出版組，第
　　　　852 頁。

註十六：臺灣中華書局編輯部（1984）。西洋教育史。臺灣中華書局，第
　　　　3-4 頁。

註十七：雷通群（1980）。西洋教育史。臺灣商務印書館，第 19-20 頁。

註十八：同註十六，第 53 頁。

註十九：楊亮功譯，克伯萊著（1980）。西洋教育史（上冊）。協志工業
　　　　叢書出版股份有限公司，第 53 頁。

註二十：浦薛鳳（1979）。西洋近代政治思潮。臺灣商務印書館，第77頁。

註二十一：劉伯驥（1979）。西洋教育史。臺灣中華書局，第106頁。

註二十二：林玉体（1980）。西洋教育史。文景，第198頁。

摘　要

- 我國教育的起源，根據古籍記載，可能出現於夏朝。

- 夏商周時代，教育內容為倫理和音樂為主，教育目的在於明人倫。

- 春秋戰國時代「官學」沒落，「私學」興起，初等教育重心在於「私學」。

- 漢朝的初等教育，以私學的「書館」為主，主要傳授經書（七字和三字）及論語、孝經為內容。

- 魏晉南北朝由於君權薄弱，內爭紛起，初等教育並無多大成效可言，北朝時代，遍設「鄉學」，但學生限於「高門」弟子，具有階級意味。

- 唐代學校制度較過去完備，分為中央之學與地方之學，但在教育則過於偏重於貴族教育，平民教育成效有限，私學仍扮演著重要角色。

- 宋代教育居於重要地位為書院，最初屬於私學，後來中央和地方也辦理。其學校制度之規劃也比過去完備，元代教育一方面承襲宋代教育；一方面沿襲遼金教育政策。

- 明代學校制度，亦承襲宋元學制，值得一提的是，洪武8年在鄉村設「社學」，令民間子弟，兼讀御制大誥和明朝律令，並非全為了升學，具有現代小學的意味。

- 清代的社學及義學要比明代普遍，光緒21年，盛宣懷於天津創設二等學堂，相當於現代小學，至光緒29年公布「奏定學堂章程」，我國教育制度之雛型才逐漸建立。

- 希臘時期教育可分為雅典教育和斯巴達教育，前者重啟發，培養有教養的公民；後者強調身體和意志的鍛鍊，培養強壯的軍人。

- 羅馬早期並無正式教育制度，希臘化羅馬時期所設小學，稱之為Ludus，招收六、七歲至十二歲止的學童，男女兼收，課程內容包括讀、寫、算等，教學方法側重記憶，有時還會施之體罰。由於教師多半是奴隸和希臘難民，故教師社會地位低，加上學生是志願的，初等教育並不普及。

- 早期的基督教教育，旨在培養教會的教士，著重於基督教義的傳授、宗教的教導，乃是全部教育的基礎。所以中世紀時期的教育制度，主要為修院學校，其實中世紀教育的貢獻不在於小學教育，而是在大學教育，中世紀所創設的大學，可說是西洋建立正式教育機構之始。
- 文藝復興時期較注重中等教育的實施，奠定歐洲中等教育的基礎，至於小學教育則不如中等教育的興盛。
- 宗教改革時期可說是建立初等教育在學制地位的關鍵期，特別歸功於路德和喀爾文兩位要求政府應提供一般平民接受義務教育的倡導。
- 啟蒙運動時期初等教育基礎逐漸穩固，在近代國家中，從教會收回管理教育的實權，使教育能夠增進國家利益者，首推德意志。1763 年，德意志頒布普通鄉村學校法，1791年法國憲法規定初等教育免費入學；至於英國十七、八世紀的初等教育發展，不像德法兩國有立法保障。
- 十九世紀以後，德、法、英、美等國致力於初等教育成為強迫的、義務的和免費的教育。

評量題目

一、綜觀我國的歷史發展，哪一個時期對初等教育較為重視，理由何在？

二、請說明唐代學校制度中央之學和地方之學的內涵。

三、明代的「社學」，對於教育發展有何意義？

四、從教育歷史發展，我國何時才建立現代化正式學制的雛型？原因何在？

五、請比較希臘時期，雅典和斯巴達教育的異同。

六、請說明中世紀宗教改革時期，初等教育成為義務教育原因之所在。

七、西洋教育歷史發展中，為何德國對初等教育的實施要比其他各國重視？

🔷 教育小故事

一樣的問題，兩樣的回答

孔子是一位中國古代的大教育家。他的教學法，是很重視每位學生的個性。

有一天，他的學生子路向他問道，說：「老師！我們聽到一件合於義理的事，就應該立即去做嗎？」孔子回答說：「還有父親哥哥在，怎麼可以聽到了就去做呢？」

後來，他的學生冉有也向他問道，說：「我們聽到一件合於義理的事，就應該立即去做嗎？」孔子回答說：「聽到了就應該立即去做！」

他的學生公西華聽到了這件事，覺得很奇怪，就問孔子說：「子路問：『聽到一件合於義理的事，就應該立即去做嗎？』你回答說：『還有父親哥哥在。』可是冉有也是問同樣的問題，你卻回答說：『聽到了就應該立即去做！』我大膽地請問其中道理何在？」

孔子說：「冉有個性畏縮，所以鼓勵他進取；子路個性急躁，所以抑制他謙讓些。」（《論語・先進第十一》）

◆ 教育補給站

最古老的大學

世界第一所大學—義大利波隆那大學（Universitas Bononiensis），建立於西元 1088 年神聖羅馬帝國時期，屬於公立大學。

英國第一所大學—牛津大學（University of Oxford），建立於西元 1096 年，屬於公立大學。

法國第一所大學—巴黎大學（Université de Paris），其前身是索

邦神學院，建立於西元 1200 年，1261 年正式使用巴黎大學名稱，屬於公立大學。

德國第一所大學—海德堡大學（Ruprecht-Karls-Universität Heidelberg），建立於西元 1386 年，屬於公立大學。

美國第一所大學—哈佛大學（Harvard University），建立於西元 1636 年，屬於私立大學。

亞洲第一所大學—菲律賓聖托馬斯大學（The University of San Tomas），創立於西元 1611 年，屬於私立大學。

臺灣第一所大學—臺灣大學，其前身為臺北帝國大學，建立於西元 1928 年，屬於公立大學。

◆ 個案研討

美國校園種族隔離現象依舊

1954 年美國最高法院判訂種族隔離的法律違憲，裁定「隔離但平等」的法律原則本質上就是一種不平等，史稱「布朗訴托皮卡教育局案」（Brown v. Board of Education of Topeka），此判決在美國民權史上具有指標性意義，促成種族融合學校的實施。

然而，當時許多美國人，包括政府官員，拒絕廢除制度化的種族隔離，有的甚至為了不招收有色人種學生，寧可關閉學校。直到 1964 年民權法案通過，聯邦政府在 K-12 義務教育（註：美國幼兒園到十二年級為義務教育）的種族融合執行上方較為徹底。

目前在現實生活中，種族隔離的情形依舊存在。相關資料顯示，有色人種學生跟白人同儕相比，仍面臨資源分配不均的問題，例如：學校設備、教室大小、課程等等。種族差異的問題也可從行為規範懲處和畢業率看出端倪。

資料來源：教育部電子報（2014 年 5 月 29 日）。**布朗案 60 年 美國校園種族隔離現象依舊**。https://epaper.edu.tw/windows.aspx?windows_sn=15373

思考問題

一、美國積極倡導種族融合教育政策，您認為實現的可能性為何？原因何在？

二、依臺灣教育發展現況而言，是否出現類似美國有色人種學生在學校受到歧視的現象呢？

第四章

教育的對象—學生

學習目標

一、熟悉學生的生理發展。

二、瞭解學生的心理發展。

三、熟知學生的權利和義務。

　　學生是教育的對象，亦是教育過程中最重要的因素之一，如果沒有學生，成立學校就無此必要；當然，學生也是學習的主體，需要在教師教導下，慢慢由不成熟走向成熟階段。由於學生在整個教育過程中的重要性是毋庸置疑的，因此身為一位教師，對於教育階段中學生生理、心理發展、學生的權利和義務等方面有所瞭解，才能勝任其教學工作。

　　因此，本章乃分學生生理發展、學生心理發展及學生權利和義務等三部分說明之。

···············　第一節　學生的生理發展　···············

　　「發展」（development）一詞，主要是指個體從受孕到死亡的整個生命過程中，身心各方面功能的成長與改變。影響個體發展因素甚多，一般常歸納為遺傳和環境兩大因素，目前很多心理學家都同意個體的發展是由遺傳和環境交互作用（interaction）過程中所形成的。遺傳設定個人發展潛能的極限，而環境則是影響個人潛能發揮的程度。是故，「發展」與「教育」之關係極為密切。

　　由於個體發展受到遺傳和環境交互的影響，因此個體在生理的發展上具有很大的個別差異存在。在兒童後期階段（六至十二歲），有些由於早熟關係，生理已進入青春期階段，所以在此階段的學生，其生理變化相當大，而青春期階段學生身心發展又有很大的個別差異，身為教師，應該有一定的認識。茲分身高的變化、體重發展和體位趨勢三部分說明之。

🌼　壹、身高的變化

　　身高，是指一個人從頭頂到腳底的身體長度，係由先天遺傳（例

如：基因）和後天環境（例如：飲食習慣、營養、運動）因素所決定。一個人的身高會隨著年齡增長而有所改變，其中比較明顯的變化，大約在三個階段：㈠ 出生至一歲；㈡ 青春期期間；㈢ 青春期後期至二十歲左右，但仍有其個別差異存在。一般而言，六至十五歲是屬於國小到國中教育階段，其身高之平均值，如〔表 4-1〕所示。

表 4-1　107 學年度六歲至十五歲學生身高平均值

單位：公分

年紀	總計	男	女
六歲	116.9	117.4	116.3
七歲	121.2	121.7	120.6
八歲	127.1	127.6	126.6
九歲	133.1	133.4	132.9
十歲	139.0	138.8	139.2
十一歲	145.4	144.7	146.1
十二歲	151.8	151.8	151.9
十三歲	157.6	159.3	155.8
十四歲	161.7	165.3	157.7
十五歲	164.1	168.8	158.6

資料來源：教育部統計處（無日期）。學生平均身高、體重、體適能。https://depart.moe.edu.tw/ed4500/cp.aspx?n=DCD2BE18CFAF30D0

　　從〔表 4-1〕資料來看，國小到國中學生的身高變化，可以歸納如下的重點：

　　一、學生的身高是隨著其年齡增加而逐漸拉高。

　　二、男女生的身高變化會隨著年齡增長有所差異，其中男生在十至十三歲最爲明顯，平均每年拉高 6 至 7 公分，而女生則是在九至十一歲最爲明顯，平均每年拉高 6 至 7 公分，大約在

青春前期，而女生要比男生早熟。

三、男女生的身高變化，到了十四歲以後就趨於緩慢，女生更爲明顯，大約只拉高 1 公分左右。

四、男生到了十五歲，平均要比女生高出 10 公分。

🌸 貳、體重發展

體重，是指一個人身體的重量，亦如身高一樣，受到先天遺傳和後天環境因素所決定。一個人的體重會隨著年齡增長而有所改變，六至十五歲是屬於國小到國中教育階段，其體重之平均值，如〔表4-2〕所示。

🌸 表 4-2　107 學年度六歲至十五歲學生體重平均值

單位：公斤

年紀	總計	男	女
六歲	21.8	22.3	21.3
七歲	24.0	24.6	23.3
八歲	27.5	28.3	26.6
九歲	31.6	32.6	30.6
十歲	36.0	37.0	34.9
十一歲	40.9	41.8	40.0
十二歲	46.2	47.4	45.0
十三歲	51.4	53.5	49.1
十四歲	55.1	58.3	51.4
十五歲	58.0	62.2	53.1

資料來源：教育部統計處（無日期）。學生平均身高、體重、體適能。https://depart.moe.edu.tw/ed4500/cp.aspx?n=DCD2BE18CFAF30D0

從〔表4-2〕資料來看，國小到國中學生的體重發展，可以歸納如下的重點：

一、學生的體重是隨著其年齡增加而逐漸重量。

二、男女生的體重變化會隨著年齡增長有所差異，在十至十三歲最為明顯，平均每年增加約5公斤。

三、男生在十二至十三歲體重增加最為明顯，平均每年增加5至6公斤，而女生則是在十至十二歲最為明顯，平均每年增加5公斤。

四、男女生的體重變化，到了十四歲以後就趨於緩慢，女生更為明顯，大約只增加2公斤左右。

五、男生到了十五歲，平均要比女生增加約9公斤。

參、體位趨勢

體位，一般分為：過重、適中、過輕，後來又增加肥胖，其計算方是如下：理想體重之計算方法：BMI（Body Mass Index，身體質量數）＝體重（公斤）÷身高^2（公尺^2），正常範圍 $18.5 \leq BMI < 24$，過重 $24 \leq BMI < 27$，輕度肥胖 $27 \leq BMI < 30$，中度肥胖 $30 \leq BMI < 35$。〔表4-3〕和〔表4-4〕分別為國小學生體位趨勢和國中學生體位趨勢。

表 4-3　國小學生體位趨勢

單位：%

類別		104	105	106	107
適中	全國	63.8	64.0	64.2	64.6
	男	60.6	60.7	60.9	61.2
	女	67.4	67.5	67.8	68.3

類別		104	105	106	107
過輕	全國	7.4	7.9	8.2	7.9
	男	7.0	7.5	7.8	7.5
	女	7.9	8.4	8.6	8.3
過重	全國	13.5	13.2	13.0	12.9
	男	14.7	14.5	14.3	14.2
	女	12.2	11.9	11.6	11.6
肥胖	全國	15.2	14.9	14.6	14.6
	男	17.7	17.4	17.0	17.1
	女	12.5	12.2	12.0	11.9

資料來源：教育部統計處（無日期）。學生平均身高、體重、體適能。https://depart.moe.edu.tw/ed4500/cp.aspx?n=DCD2BE18CFAF30D0

　　從〔表 4-3〕資料來看，國小學生體位趨勢歸納如下：

一、國小學生體位適中，從 104 到 107 學年度，大約占 64%。

二、從 104 到 107 學年度，女生體位適中的比率要比男生為高出 7%。

三、從 104 到 107 學年度，女生體位過輕的比率要比男生為高出 1%。

四、從 104 到 107 學年度，男生體位過重和肥胖的比率要比女生為高出 8%。

　　基於以上資料說明，男女學生身體價值觀念和飲食習慣可能不同，女學生怕胖，希望維持苗條身材，不敢多吃，導致體重過輕，而男生則吃太多，倘若缺乏運動，則將體重過重，都不是好現象，因而國小學生的健康教育和預防肥胖教育，可能需要針對學生需求進行個別指導。

表 4-4　國中學生體位趨勢

單位：%

類別		104	105	106	107
適中	全國	64.2	63.9	63.7	62.8
	男	59.8	59.6	59.4	58.4
	女	69.0	68.6	68.4	67.7
過輕	全國	6.5	6.7	6.9	6.5
	男	6.8	7.1	7.4	7.0
	女	6.1	6.2	6.3	5.9
過重	全國	12.6	12.7	12.6	12.9
	男	13.4	13.3	13.2	13.5
	女	11.8	12.0	11.9	12.3
肥胖	全國	16.6	16.8	16.9	17.7
	男	19.9	20.0	20.0	21.1
	女	13.0	13.2	13.4	14.0

資料來源：教育部統計處（無日期）。學生平均身高、體重、體適能。https://depart.moe.edu.tw/ed4500/cp.aspx?n=DCD2BE18CFAF30D0

從〔表4-4〕資料來看，國中學生體位趨勢歸納如下：

一、國中學生體位適中，從 104 到 107 學年度，大約占 63% 至 64%。

二、從 104 到 107 學年度，女生體位適中的比率要比男生為高出 9%。

三、從 104 到 107 學年度，女生體位過輕的比率要比男生為高出 1%。

四、從 104 到 107 學年度，男生體位過重和肥胖的比率要比女生為高出 8%。

基於以上資料說明，國中學生的體位與國小大致呈現同樣的趨

勢，男生體位過重和肥胖症，以及女生體位過輕的現象，應該加以正視，並尋求改善之道，才能確保學生健康。

◆ 教育小辭典

體適能

體適能（physical fitness）係指身體系統有效運作以使健康並進行日常生活活動的能力。通常體適能較好的人在日常生活或工作中，從事體力性活動都有較佳的活力，而不會容易產生疲倦或力不從心的感覺。一般而言，體適能檢測的評估指標有下列四大項：肌耐力（一分鐘屈膝仰臥起坐）、柔軟度（坐姿體前彎）、瞬發力（立定跳遠）、心肺耐力（800/1600 公尺跑走）等四項。

隨著學生生理發展的改變，對於從事教育工作的教師而言，應該有如下的體認：

一、重視學生身體安全的維護

國民中小學教育階段，學生隨著體格的變化，活動力加大特別顯著，尤其喜歡戶外的活動，這種好動的行為，常常由於疏於防患，造成不必要的生理或運動傷害，影響到爾後的生理發展。因此，教師在教學時或上體育課時，應時時提醒身體安全的重要性，以及身體安全的維護，使學生的肌肉、牙齒、骨骼等發展，都不會受到傷害。

二、適時給予正確性教育知識

在小學高年級或國中階段，部分學生隨著身體的早熟，對異性同學逐漸感到好奇，有時還會出現不雅或不規矩之行為，這可能是生理和心理發展不協調所致，或者對性知識認識不清，或者是受到同儕團

體或不良大眾傳播媒體、書刊誤導所致，所以給予正確性教育知識可能是很重要的，所謂「性教育」並不是性行為教導的教育，它是一種兩性教育，也是一種生活教育，教導大家如何扮演自己的性別角色，如何認識自己及異性，學習和異性相處之道及建立一個幸福美滿的家，它除了包括生理層面，還包括心理及社會層面（註一）。

三、指導學生從事適當休閒活動

青少年階段學生好動好玩的現象，是一種很正常的事情，由於學童課業壓力大，好學者埋首於書堆之中，好動者無處發洩，常常會惹事生非。其中原因，乃是學生休閒活動受到忽視，體能大受影響，近視比例偏高；此外，部分學生流連往返於網咖或在家裡打電動玩具，有些著迷於電視，這些都不是正常現象，有待導正。所以教師應多指導學生如何有效利用休閒活動及從事正當休閒活動，實屬相當重要。

四、培養學生良好的運動習慣

運動是增進體能，促進健康體魄的良方，從小培養學生良好的運動習慣，對於爾後的健康幸福都有其助益。因此，不管是學校體育課，或者是在家裡，老師或家長都要鼓勵孩子主動參與各項遊戲與體育活動，一則可以磨練其人際關係技巧，一則養成其運動的良好習慣，有助於強化其身體保健知能和體能，以發展其健康的身體。處在學生學習壓力和聲色活動場所誘惑極大的今天，培養學生良好的運動習慣，乃是教育的重要課題。

教育語粹

在知識中長大的孩子，明白事理。
在誠實中長大的孩子，樂以助人。

> 在團體中長大的孩子，愛人如己。
>
> 在讚美中長大的孩子，懂得感激。
>
> 在鼓勵中長大的孩子，滿懷信心。
>
> 在忍耐中長大的孩子，泱泱大度。
>
> 在寬容中長大的孩子，學會忍耐。
>
> 在親熱中長大的孩子，宅心仁厚。

·············· 第二節　學生的心理發展 ··················

　　學生的心理發展，涵蓋範圍甚廣，舉凡認知、語言、人格、情緒、道德、社會行為等方面都包括在內。僅就認知、道德和人格發展等扼要說明之。

🌻 壹、認知發展理論與教育

一、認知發展理論

　　「認知」（cognition）一詞，簡而言之，即從知到懂事的歷程，故所謂「認知發展」（cognitive development），是指個體自出生後在適應環境的活動中，對事物的認識以及面對問題時的思維方式與能力表現，隨年齡增長而逐漸改變的歷程（註二）。

　　在研究認知發展理論中，以瑞士兒童心理學家皮亞傑最具影響力，特別致力於研究兒童如何主動與外界接觸而獲得知識的歷程。此外，俄國心理學家維高斯基（Les Semenovich Vygotsky, 1896-1934）在研究認知發展論中，認為高階心智功能乃是兒童在文化生活中所形

成的。個體在出生之時即具備生物結構，透過文化的內化，個體逐漸成為社會人（註三），但以皮亞傑認知發展理論較為教育界所熟悉。

在皮亞傑認知發展理論中，常用組織（organization）、適應（adaptation）、同化（assimilation）、調適（accommodation）、平衡（equilibration）、基模（schema）、運作（operation）等名詞，茲稍加說明，以利瞭解：

㈠組織：係指個體在處理周圍事情時，能統合運用其身體與心智的各種功能，進而達到目的的一種身心活動歷程，例如，小孩配合感覺與動作抓取物品的能力。

㈡適應：係指個體與環境的交互影響，經由此一歷程，去認識或控制環境，因此它包含同化和調適兩個歷程。

㈢同化：係指融合新的經驗到已經建立認知結構中，例如：個體看到小汽車的經驗已在其認知結構，以後看到不同顏色小汽車時，也會知道它是「小汽車」。

㈣調適：係指個體改變或調整自己的認知結構去適應新環境的需要，例如：幼兒用手抓小球；若遇大球時，用雙手抱。

㈤平衡：係指個體在同化與調適之間取得一種波動的心理狀態。個體能夠同化新環境之經驗，即取得平衡狀態；反之將成失衡狀態，就必須加以調適，才能再維持平衡狀態，也才能獲得較複雜、較高層次的經驗。

㈥基模：當個體在某一環境下，遭遇某種事物時，用自己的認知結構去處理，此認知結構即為基模。

㈦運作：係指個體心智操弄的一種過程。

基於這些理念，皮亞傑提出「認知發展」理論，主要內容如下：

㈠感覺動作期（sensorimotor stage）：出生到二歲

此時期幼兒靠感覺和動作來認知外界事物；換言之，透過手腳及五官的直接動作經驗，來對外界事物的瞭解。此時期幼兒會慢慢瞭解

物體恆存（物體不見時，並不意味著物體已經不存在）的觀念，但是仍缺乏以語言或抽象符號為其命名的能力。

(二) 準備運思期（preoperational stage）：二至七歲

此時期的兒童開始以語言或符號來認知他們所代表經驗的事物，其認知動作逐漸脫離以感覺與動作為主。此時期的思考方式，仍十分幼稚，以自我為中心，缺乏質量保存概念（物體形狀改變，可是質量未改變）及思考不可逆性（所謂可逆性，即個體思考時，可以從正面想，亦可從反面推論，例如：張二是張三的哥哥，張三是張二的什麼人？）。

(三) 具體運思期（concrete operational stage）：七至十一歲

此時期兒童係從具體的經驗或事物所獲得的心像做合乎邏輯的思考，不能完全憑抽象思考去推理。這時期的思考方式，已具有相當彈性及思考可逆性，亦具有序列觀念（甲大於乙，乙大於丙，因此甲大於丙）。

(四) 形式運思期（formal operational stage）：十一歲以上

此時期思考方式不再依賴具體的事物，抽象性、符號性的概念會成為思考與推理的主要依據。遇到問題時，能夠自己提出可能解決的假設，並從假設中加以驗證。

二、認知發展理論在教育上的啟示

皮亞傑認知發展理論具有整體性和連續性，這種認知發展階段理論，至少對教育有下列啟示作用：

(一) 課程設計與安排，宜配合兒童認知發展的順序

國小階段兒童屬於具體運思期，有關課程設計與安排，宜配合兒

童興趣及認知發展順序，才能收到學習效果。詳而言之，課程的難度，宜顧及學生心智能力；此外，採用直觀教學或以實物呈現教材，對於低年級學習將會有所助益，若是遇到推理性思考時，亦能舉實例呈現之。

(二) 提供適宜學習環境，刺激兒童心智發展

皮亞傑認為認知乃是個體與環境交互作用的結果。因此，愈簡陋的學習環境，對學生心智發展愈不利。所以，教師應好好進行教室布置，並善於利用教具，透過學習環境的耳濡目染，刺激學生學習動機，進而啟發其心智。

(三) 善用活動教學方式，培養兒童主動學習能力

皮亞傑認為透過活動的方式，有助於兒童知識的獲得，所以應讓兒童能在遊戲、操弄、實驗、表演、發表等各種活動中進行學習，因此不能過於偏重傳統講授方式。惟有如此，才能培養兒童主動探究、觀察事物的能力。

◆ 教育小辭典

智力商數

智力商數（intelligence quotient，簡稱IQ）是在 1916 年由美國史丹福大學教授推孟（Lewis Madison Terman, 1877-1956）根據比西量表而加以修訂出來的，用來表示個別智力的指標。

智商原本的定義係以心理年齡（mental age, MA）除以實足年齡（chronological age, CA），再乘以 100，所得的比值，即為智商，其計算公式如下：

$$IQ = \frac{MA}{CA} \times 100$$

貳、道德認知發展理論與教育

一、道德認知發展理論

道德發展是道德教育研究的重要課題；而在道德發展研究中，首推美國哈佛大學教授郭爾堡最富盛名，他採用縱貫研究法，以七十二位十至十六歲男生為研究對象，進行為期長達十年之久的道德判斷研究，並於 1969 年出版《道德思想和行動發展階段》（*Stages in Development of Moral Thought and Action*），提出了著名的三期六階段道德發展理論。

郭爾堡三期六階段道德發展理論，主要內容如下：

(一) 道德循規前期（preconventional level）：出生至九歲

行為的後果及權威者的力量決定好壞，可分為二階段：

1. 階段一：服從和懲罰導向階段（punishment-obedience orientation）

以行為的身體後果來決定好壞。服從規則，才能避免處罰，兒童會盲從權威。

2. 階段二：工具性的相對論導向階段（instrumental-relative orientation）

講求互惠的原則進行道德判斷，通常以物質條件交換的觀點來衡量人際關係——「你對我好，我也要對你好」。

(二) 道德循規期（conventional level）：九至二十歲

個體關心社會和秩序。

1. 階段三：人際關係和諧導向階段或好孩子導向階段（good boy/nice girl orientation）

關心他人的讚許，故行為判斷以附和大多數意見為標準。

2. 階段四：法律和秩序導向階段（law and order orientation）

關心的是權威、固定不變的法規及社會秩序。人民必須遵守法律的規定，才能維持良好社會秩序。

(三) 道德循規後期（postconventional level）：二十歲以後

自行確定行為的道德價值與原則，這些道德價值與原則之效能與應用，不受權威與個人關係的影響。

1. 階段五：遵守社會規約導向階段（social-contract legalistic orientation）

尊重個人的權利與行為標準，這些權利與標準乃經整個社會所檢驗與同意，重視達成協議之程序。

法理觀點甚為重要，但法律可根據大眾利益經由理智考慮而予以修改，有時亦考慮到社會倫常關係，故偏重於公約與法理。

2. 階段六：普遍倫理導向階段（universal-ethical-principle orientation）

是非善惡之判斷，決之於良心，此一良心的決定，又根據自擇的道德原則，此原則具有普遍性、一致性，故其原則是相當抽象的，如儒家的恕道。故此階段特別尊重人權之平等互惠，強調個人之尊嚴。

二、道德認知發展理論在教育上的啟示

郭爾堡道德認知發展理論，特別重視道德推理，他認為道德教育的方法，在於刺激學生邁向更成熟的道德認知與推理發展，然後引導學生更清晰瞭解普遍性正義原則。

因此，其理論對於教育，至少有下列的啟示：

(一)道德教育內容應該配合學生道德的認知發展

基本上，道德教育實施的教材，必須顧及學生道德認知發展階段的特徵，才能符合學生身心發展之所需。例如：在小學階段，可說尚未達到道德循規後期階段，如果所呈現教材偏重於普遍性道德抽象原則，學生可能無法瞭解，教學效果就無法發揮。因此，未來道德教育教材的選擇，宜配合學童道德認知發展。

(二)道德教育方法側重討論方法，激勵學生高層次推理

依照郭爾堡道德認知發展理論的看法，道德教育方法不宜採用灌輸的方法，應著重道德推理，所以他乃設計道德兩難（moral dilemmas）問題情境，提供學生相互討論，從討論中發展較高層次道德能力。所以，教師實施道德教育時，應避免教條式訓誡，否則將流於反效果。

(三)教師在道德教育過程中，宜扮演激勵者角色

道德教育可以像知識一樣加以傳授，但是過去道德教育偏重教師為主體，亦即教師扮演一位傳道者角色，忽視學生心理感受，致使道德教育成效甚為有限。為矯正此一缺失，教師必須調整其在道德教育中角色，應該積極扮演發問者、激勵者、觀察者、傾聽者和支持者角色，使學生主動去思考道德的價值，而不是被動地接受。

參、人格發展理論與教育

人格（personality）是極其複雜的概念，它係指個體面對各種情境時，所表現出來的獨特心理特質，至今仍無一種理論可以完全解釋人格發展。一般而言，有關人格發展理論之研究，以佛洛伊

德（Sigmund Freud, 1856-1936）的心理分析理論（psychoanalytic theory）和艾力肯遜（Erik H. Erikson）的心理社會發展理論（psychosocial developmental theory）最富盛名，茲分別說明如下：

一、佛洛伊德的心理分析理論

佛洛伊德是一位奧國精神病科醫生，他運用自由聯想（free association）與夢的解析（dream analysis）等方法來研究精神病患者，結果發現患者的症狀與早期生活不愉快的經驗有關，於是乃對人類的潛意識和性衝動詳加研究，進而建立其心理分析理論，主要在探討人格結構和人格發展兩個部分。

(一)人格結構

依佛洛伊德的看法，人格主要是由本我（id）、自我（ego）與超我（super-ego）三部分所組成。

1. 本我

它是人格結構中最原始的部分，包括生物性和本能性的衝動，如性衝動和破壞慾，佛氏用「慾力」（libido）來稱呼。本我具有滿足原始慾望的傾向，受「唯樂原則」（pleasure principle）所支配。它會隨著年齡的增長而遞減，大部分屬於潛意識範疇內。

2. 自我

它係由本我分化出來，為了調節本我原始需求而符合現實環境的條件而產生，受「現實原則」（reality principle）所支配，大部分屬於意識範疇內。

3. 超我

它是人格結構最高層的部分，包含了個人習得的道德和倫理觀念，可視為經過道德內化過程所建立的行為準則，平常所說的「良

知」、「良心」、「理性」，屬於此類。

(二)人格發展

依佛洛伊德的看法，人格發展可分爲五個時期：

1. 口腔期（oral stage）：出生至一歲

在此階段，獲得快感的方式，是吃、喝、吸吮等，所以快樂的途徑來自於口腔；在此階段的口腔活動若受到過分限制，導致發展不順利，將會影響以後各時期的發展而產生「滯留現象」（fixation）；若是滯留在口腔期，則不論個體已是兒童、青少年，甚至成年，他的行爲仍然停留在滿足口腔活動上。

2. 肛門期（anal stage）：一至三歲

在此階段，嬰幼兒藉由排泄糞便而獲得快感。這時期，嬰幼兒開始學習控制肛門肌肉活動，父母就必須訓練小孩的排泄衛生習慣。在此階段的肛門活動若訓練不當，則會產生滯留現象，長大以後則會有頑固、吝嗇、潔癖、衝動等行爲表現。

3. 性器期（phallic stage）：三至六歲

在此階段的兒童開始玩弄自己的性器官獲得快感，並以父母中之異性爲「性愛」對象。男生接近母親以取代父親的慾望，稱爲「戀母情結」（oedipus complex）；女生接近父親的慾望，稱爲「戀父情結」（electra complex），以上兩種情形，又稱戀親情結。男孩由於愛戀母親，結果產生對父親憎恨的潛意識傾向，這種傾向可能因害怕被父親割掉性器官的「閹割恐懼」（fear of castration），使男孩抑制了自己對母親的占有慾，轉而對父親產生了認同作用，學習到男生的行爲方式，女性亦是如此。此時期若不能有效處理性器官的衝突問題，則將產生滯留現象，未來可能會導致人格異常。

4. 潛伏期（latent stage）：六至十一歲

在此階段的兒童對於自己性器官的興趣逐漸消失了。對自己周圍環境中的事物具有很大的興趣，漸漸擴大其生活圈。但在此一時期，兒童與異性間的關係較疏遠，團體活動男女壁壘分明。此時期若有滯留現象，會產生潔癖，有的過分恭順；有的異常老成。

5. 兩性期（genital stage）：十一歲以後

在此階段個體已進入青春期，由於生理逐漸成熟，已具有生育能力，對異性開始感到興趣，喜歡參加兩性活動；若不能順利度過性器官期，則會有暴露狂或同性戀人格。

二、艾力肯遜的心理社會發展理論

艾力肯遜是一位兒童精神病學家，特別強調社會環境對個人人格具有重大的影響，他將人生分為八個階段，每個階段都會遭遇適應上的困難，如果個人行為表現能符合社會文化的要求，則可順利通過發展關鍵；否則就會出現心理發展危機（developmental crisis），這種危機可能有負面作用，亦可能有正面作用，有助個體自我調適，增進個體自我成長。

㈠ 信任對不信任（trust vs. mistrust）：出生至一歲

出生嬰兒需要他人照顧而生存，如果能夠獲得一種內在的確切感（inner certainty），則將會覺得環境是為安全而可信賴的地方，進而發展出對他人信任的人格；反之，如果照顧不佳，無法獲得內在確切感，將會發展出不信任的人格。

㈡ 自動自發對羞恥懷疑（autonomy vs. shame and doubt）：二至三歲

此時期幼兒開始試探自己的能力，對外界事物感到好奇，而且喜

歡自己動手。在試探過程中，父母能夠鼓勵幼兒依其能力做事，體會自己的能力，則將可培養自動自發的人格；反之，如果在試探過程中，遭遇挫折或失敗，將會失去對自己能力的信心，導致羞恥與懷疑的人格。

(三)積極對愧疚（initiative vs. guilt）：三至六歲

在此時期的兒童開始發展其參與活動的興趣，如果父母或教師能夠鼓勵兒童參與各種活動，並耐心聽取兒童的意見，他將會有嘗試新事物的勇氣；反之，如果父母或教師過分限制小孩的行動，或對小孩不屑一顧，將會壓抑小孩的人格發展，成為消極、內疚退縮的人格。

(四)勤奮對自卑（industry vs. inferiority）：六至十一歲

此時期之兒童所追求的成就，如果能夠獲得他人的讚賞和認可，則將可培養樂觀進取的人格。反之，如果在學習過程中，屢遭挫折，或努力得不到鼓勵，則會產生無力感，導致自卑人格。

(五)自我統整對角色混淆（identity vs. role confusion）：十二至十八歲

此時期的小孩子已進入青春期，由於生理上的變化，開始有追求異性的念頭；而且在社會上也會想要自我獨立。如果家庭和學校在此時期能夠提供明確的角色供其參考，則能夠自我瞭解、自我接納、自我肯定，培養自我統整人格；反之，如果提供不當，則會產生自我角色混淆。

(六)親密對孤獨（intimacy vs. isolation）：青年期

在此時期的發展，已具有與人共處的能力。如果具有清楚而統一的自我，則將樂於與人交往，產生親密關係；反之，如果自我混淆不清，不易與他人相處，則將產生孤獨的心理。

(七) 繁衍對停滯（generativity vs. stagnation）：壯年期

在此時期的發展，如果能夠擴張自己的興趣，並關懷社會，生產、照顧和指導下一代，將可為社會造福；反之，如果只顧自己興趣，無視於生命延續，則將會有「靜止不前」的感覺。

(八) 圓滿對失望（integrity vs. despair）：老年期

個體經歷了信任、自動自發、積極、勤奮、自我統整、親密、繁衍等階段，建立了健全的人格，進入老年期，則將有充實與圓滿的感覺；反之，個人無法順利通過上述階段，老年時，必是心灰意冷、悔恨交加，對人生充滿無奈與失望。

三、人格發展理論在教育上的啟示

教育的主要目的，在促進個體人格健全發展，經由人格發展理論的瞭解，有助於提出更有效的教育方法，來幫助個體人格的成長，人格發展理論至少提供下列在教育上的啟示：

(一) 從佛洛伊德觀點而言

1. 注重兒童早期的養育和教育，以奠定其未來良好人格的發展基礎。

2. 重視家庭教育對兒童人格發展的重要性，家庭破壞或失和，將會導致兒童認同的困難，這對目前日益增多的單親家庭，應有一些警惕之效。

3. 強調情緒教育的重要性，一個人的情緒會影響自己的生活方式和心理健康，所以要使個體有健全的人格，基本條件就是要給予兒童適當的情緒教育。

㈡淀艾力肯遜觀點而言

1. 提供兒童一個安全而適宜的物理和社會環境，以培養兒童信賴、自助、積極和勤奮的人格。

2. 鼓勵兒童主動與外界社會環境接觸，學校亦應提供兒童各種嘗試和練習機會，俾讓兒童有效度過各階段人格發展的危機。

⋯⋯⋯⋯⋯ 第三節　學生的權利和義務 ⋯⋯⋯⋯⋯

在一個民主開放的社會裡，人人依法享有其應有的權利，任何人都不得加以摧殘或剝奪；學生為社會中的一分子，其權利應為法律所保障。

權利和義務是相對的，學生不能只享權利而不盡義務。尤其是學生的身分異於一般人，其應盡的義務亦值得加以探討。

◆ 教育小辭典

情緒智力

情緒智力（emotional intelligence）一詞係由耶魯大學心理學家沙洛維（Peter Salovey）和新罕布夏大學心理學教授梅耶（John Mayer）所創。意旨說明人類心理某些特性，例如：瞭解自己感受、體會別人情感、控制自我情緒等，這些能力不是在智力測驗上表現出來。

隨後，時代專欄作家高曼（Daniel Goleman）出版《情緒智力》一書（簡稱「EQ」），將情緒智力分為五要素：

一、認識自身的情緒：某種感覺一產生，就能覺察到；較能瞭解

自己情緒的人，較能駕馭自己人生。

　　二、妥善管理情緒：情緒激動時，能夠自制；用積極角度看事情、冷靜清醒、深呼吸和冥想都是駕馭心情的利器。

　　三、自我激發：激發自己，苦練不已；建立明確目標和積極樂觀，都是激發自己追求成就的動力。

　　四、認知他人的情緒：迅速覺察他人的感受及需求，具有利他精神與同理心。

　　五、人際關係的管理：善解人意，與人相處良好；建立良好關係網路，幫助自己成功。

資料來源：張美惠譯，丹尼爾·高曼著（1996）。**EQ**。時報文化，第
　　　　58-59頁。

壹、學生的權利

　　權利（rights）主要有兩種基本的功能：一是它給予我們從事某種事情的自由；另一是它保護我們避免遭受他人干擾。所以，權利具有自由與保護的功能（註四）。

　　學生（特別是未成年的兒童）是否有權利？實在是一個見仁見智的問題。基本上，我們應該承認兒童是一個獨立存在的個體，與成人並無兩樣，只是身分不同而已。因此，我們可以肯定學生是有其權利，但是他們的權利內涵應該與成人有所區隔。

一、受教權

　　學生受教權為《憲法》所保障，各級學校學生基於學生身分所享之學習權及受教育權，如因學校之教育或管理等公權力措施而受不當或違法之侵害，應允許學生提起行政爭訟，以尋求救濟，不因其學生

身分而有不同。司法院釋字第 784 號解釋（中華民國 108 年 10 月 25 日院臺大二字第 1080029189 號），有如下的解釋文：

> 本於憲法第 16 條保障人民訴訟權之意旨，各級學校學生認其權利因學校之教育或管理等公權力措施而遭受侵害時，即使非屬退學或類此之處分，亦得按相關措施之性質，依法提起相應之行政爭訟程序以為救濟，無特別限制之必要。

基於上開解釋，學生因學校之退學或開除學籍類似之處分行為，已構成改變學生身分，且損及學生受教育之機會，係屬於對學生受教育權利有重大影響，倘若學生透過校內申訴途徑後，未能得到妥善解決，得依法提起訴願及行政訴訟，不因其學生身分而受影響。此外，學校為維持學校秩序、實現教育目的所必要，且未侵害其受教育之權利者，例如記過、申誡等處分，過去僅能循學校內部申訴途徑謀求救濟，不許其提起行政爭訟，學生仍可依法提起相應之行政爭訟程序以為救濟，不應受到限制。

二、參與校務權

隨著民主化思潮的激盪，學生要求參與校務權利呼聲日高，依大學法之規定，學生是有權參與校務；但在《高級中等教育法》或《國民教育法》並無明文規定。在國外（尤其是美國），高中生參與校務已行之多年，但小學生則較不常見。到底學生是否有權參與校務會議？爭議相當大，有人認為國中以下學生心智尚未成熟，經驗不足；熱衷校務會影響其學習和課業；但有人認為學生為學校的一分子，認為校務會議與涉及學生權益的會議，應該有學生代表參加；學生的意見，可作為決定學校行政方針的參考。因而在學校獎懲委員會、申訴評議委員會或影響學生畢業條件之會議，都要有學生代表出席；此外，《大學法》特別規定校務會議，要有學生代表參加。

三、言論自由權

　　學生在學習過程中，應該享有言論自由權（freedom of expression），使其有充分表達意見的機會，除非是干擾到其他同學學習或學校秩序，否則學校行政人員或教師不能剝奪學生發問或表達意見的權利；對於學生刊物的出版，學校或教師宜居於輔導者角色，使學生能夠正確表達其言論自由，以確保學生在校學習之權利。

四、免受歧視權

　　學生在學校中，不能因性別、種族、宗教、黨派、居住地區、家庭社經地位或身心殘疾而遭受歧視（discrimination）之待遇。換言之，學生應有免受歧視之權利。在《教育基本法》第四條亦明定：「人民無分性別、年齡、能力、地域、族群、宗教信仰、政治理念、社經地位及其他條件，接受教育之機會一律平等。對於原住民、身心障礙者及其他弱勢族群之教育，應考慮其自主性及特殊性，依法令予以特別保障，並扶助其發展。」確保學生受教育的積極性平等。

五、申訴救濟權

　　學生之權益遭受學校違法或不當侵害時，得提起申訴。學生之父母、監護人或其受託人，得為學生之代理人提起申訴。是故，教育部特定《教育部主管高級中等以下學校處理學生申訴案件實施辦法》，提供學生申訴救濟之法源依據。

六、資料保護權

　　學生之學籍及其他相關個人在校資料依法應予保護，以保障學生隱私及人格權。在《電腦處理個人資料保護法》中亦明定，公務機關、非公務機關對個人資料之蒐集或電腦處理，非有特定目的，不得任意利用電腦處理個人資料，以避免人格權受侵害。學校之學生，依

法亦應受此保障。

　　以上係就學生受教權、參與校務權、言論自由權、免受歧視權、申訴救濟權和資料保護權等方面說明之。此外，學生不得受虐權、享有自治權，亦是學生權利的重要課題之一。

貳、學生的義務

　　權利和義務是息息相關的。自己不能因享有權利卻妨害他人行動。所以不管是責任或義務，我們在行使權利時，不能侵害或限制他人的權利。例如：學生有上課的權利，其他同學不得侵害到他上課的權利。

　　義務的承擔，有助於規範個體的行為，使其行為具有適當性。所以在提倡重視學生權利時，千萬不能忽視學生該盡的義務，才能避免「只重權利，不盡義務」的不良後果。

　　基本上，學生的義務，主要可歸納為下列三項：

一、按時上課義務

　　學生上課不僅是一種權利；而且亦是一種義務。因為學生具有「學習者」的身分，就應該善盡自己的義務，所以不得任意翹課、曠課或無故缺席。當然，部分學生可能疑惑的是，萬一遇到不適任教師，難道就沒有不上課的自由嗎？這些老師都在浪費學生的時間和生命，我們只能默默承受嗎？是不是影響到我們的受教權？這的確是一個嚴肅的課題，除了希望不適任教師自動辦理資遣外，也期盼政府拿出魄力來，早日解決問題。我們不希望學生藉各種理由，規避上課的責任。這不僅涉及到法律的問題，同時也是倫理道德的問題。

二、遵守校規義務

　　學校或班級是大家生活在一起的場所，不能沒有任何規範，否則將會造成無政府狀態，最後造成「人人沒自由，個個無權利」。所以適當的校規有其必要性，如此才能使學校在一種系統下運作，教師安心教學、學生安心學習。是故，身爲學生，應該把遵守校規視爲其應盡的義務之一，若是違反校規，亦應心平氣和地接受合理的制裁。

三、接受評量義務

　　學校或教師爲瞭解學生學習效果，都會利用平時或定期舉行各種形成性評量或總結性評量。形成性評量主要在瞭解學生於學習過程中的學習效果，有助於教師進行補救教學；而總結性評量通常於某一段學習期間或學期末舉行，以瞭解學生學習成效，例如：每月定考或期末考，均屬之。既然學生到校接受教育，則有義務參加學校或教師舉行的各種評量，不得無故拒絕。

　　基本上，上課義務可說屬於學生個人的一種義務；而遵守校規不僅是個人自己的義務，而且也是個人對團體的義務。身爲學生，應該履行個人和團體的義務，才可算是盡了自己的本分。

附　註

註一：秦玉梅（1996）。談學校性教育。現代教育論壇研討會。臺北市立
　　　師範學院，5 月 1 日。
註二：張春興（1994）。教育心理學三化取向的理論與實踐。東華書局，
　　　第 84 頁。
註三：臺北市兒童發展中心（1996）。維高斯基生平簡介。「皮亞傑與維
　　　高斯基的對話」學術研討會。臺北市立師範學院，1 月 25-26 日，
　　　第 VII 頁。
註四：Rich, J. M. (1992). *Foundations of education*. Maxwell Macmillan, p.84.

摘　要

- 學生身心發展受到遺傳和環境的交互影響，因此具有很大的個別差異存在。國民小學學童身體隨著年齡的增加，在身高、體重和胸圍均有顯著的變化，尤其七歲至十二歲之間更是顯著。

- 隨著學生生理發展的改變，身為教師應該有下列的體認：重視學生身體安全的維護、適時給予正確性教育知識、指導學生從事良好的休閒活動，以及善用體育活動、強化學生體能。

- 瑞士心理學家皮亞傑將兒童認知發展分為四個時期：一、感覺動作期、二、準備運思期、三、具體運思期和四、形式運思期。國小學童大都處於具體運思期階段。皮亞傑認知發展理論對教育的啟示如下：課程設計與安排宜配合兒童認知發展的順序；提供適宜學習環境，刺激兒童心智發展；善用活動教學方式，培養兒童主動學習能力。

- 美國心理學家郭爾堡提出道德認知發展理論，將道德發展理論分為三期六階段，主要內容如下：一、道德循規前期：服從和懲罰導向階段及工具性的相對論導向階段；二、道德循規期：人際關係和諧導向階段及法律和秩序導向階段；三、道德循規後期：遵守社會規約導向階段及普遍倫理導向階段。對於教育上的啟示計有：道德教育內容應該配合學生道德的認知發展；道德教育方法側重討論方法，激勵學生高層次推理；教師在道德教育過程中，宜扮演激勵者角色。

- 人格發展理論研究以佛洛伊德的心理分析理論和艾力肯遜的心理社會發展理論為主；前者將人格發展分為五期：口腔期、肛門期、性器期、潛伏期和兩性期；後者將人格發展分為八個階段：信任對不信任、自動自發對羞恥懷疑、積極對愧疚、勤奮對自卑、自我統整對角色混淆、親密對孤獨、繁衍對停滯、圓滿對失望。他們重視兒童人格發展，提供了幫助個體人格成長一個很好的方向。

- 學生的權利是一個獨立存在的個體，與成人並無兩樣，只是身分不同而已。就其身分應享有受教權、參與校務權、言論自由權、免受歧視權、申訴救濟權、資料保護權。

- 學生的義務，主要可歸納為三項：一、按時上課義務；二、遵守校規義務；三、接受評量義務。

評量題目

一、何謂「發展」？請說明發展與教育之關係。

二、隨著青少年生理發展的改變，身為一位教師應該有哪些體認？

三、請說明皮亞傑的認知發展理論的重要內涵及其對於教育上的啟示。

四、請說明郭爾堡道德認知發展理論的重要內涵及其對於教育上的啟示。

五、請說明佛洛伊德心理分析理論在教育上的意義。

六、請說明艾力肯遜的心理社會發展理論在教育上的意義。

七、何謂「權利」？一位中小學生享有哪些權利？

八、何謂「義務」？一位中小學生應盡哪些義務？

教育小故事

學生的心事

上作文課。

作文題目：「我的母親」。

這時班上鴉雀無聲，同學們振筆疾書，寫出對母親的感受。

二十分鐘後，老師看到一位同學低著頭，筆連動都不動，再觀察個十分鐘，看看有無動靜。

過了三十分鐘，還是沒有動。這時老師耐不住心中的火，指著這位學生鼻子說：「你到底要不要寫，連母親都不會寫，不寫就到後面站。」這位同學只好乖乖的到後面站著。

下課後，班長偷偷的告訴老師：「我們這位同學從小就沒有母親，所以不曉得怎麼寫。」

事後，老師深感內疚，為什麼沒有好好去瞭解學生呢？

◈ 個案研討

跨越障礙　勇於築夢

　　凱文‧勞伊（Kevin Laue）是美國大學籃球聯盟（NCAA）史上首位獨臂球員，出生時即失去左手臂，小時候對籃球有興趣，七年級時教練說他不適合打籃球，但靠著「不服輸」和「永不放棄」的精神，努力練習加上天生球感，在籃球殿堂中屢創佳績，高三畢業前還是全加州最佳防守球員，籃板、勾射、灌籃樣樣精通，他的生命成長與奮鬥故事，相當激勵人心。

　　菲力斯‧克立澤（Felix Klieser）是世界最優秀的法國號演奏家之一，出生時就沒有雙臂，四歲那年聽到法國號聲音，就告訴家人要學法國號，沒有雙臂，怎麼學法國號？家人都被嚇了一大跳，但是意志堅定的他，用腳代替雙手苦練法國號，從此踏上了追求音樂夢想之旅，不僅奏出動人樂音，而且看他的生命故事，更加激勵人心。他特別提到「是音樂帶給我力量，幫助我跨越身體殘缺，我可以很驕傲地告訴大家，我的專業不是一個無臂人，我是一位法國號演奏家。」即使是開車，也難不倒他，用腳開車，就像用手臂開車一樣自如。

　　凱文‧勞伊和菲力斯‧克立澤分別於 2016 年 5 月和 6 月先後來到臺灣訪問和演出，國人看到這兩位跨越身體障礙、勇敢追求夢想的生命鬥士，都給予高度的讚賞，對於國內青少年學子具有相當的啟發作用。

資料來源：吳清山（2016）。教育的正向力量。高等教育，第 71-72 頁。

思考問題

一、請提出您對「凱文‧勞伊和菲力斯‧克立澤」的生命勵志故事的啟示。

二、學生遭遇逆境時，如何激勵學生突破困境，力爭上游？

第五章

教育的施教者－教師

學習目標

一、知悉教師的角色和任務。

二、熟悉教師的工作特性。

三、認清教師的能力和修養。

四、瞭解教師的權利和義務。

五、明白教師專業發展的內容及方式。

六、理解教師和學生的關係。

教師是教育工作的實踐者，在教學過程中，他（她）是居於主導的地位，故學校教育的效果常常取決於教師素質的良窳。有了優良的教師，才能培養出優秀的學生，此已是社會上公認的事實，所以，身為一位教師，應當深切體會自己所肩負的使命。

本章乃從教師的角色和任務、教師的工作特性、教師的能力和修養、教師的權利和義務、教師的專業發展，以及教師和學生的關係等方面說明之。

⋯⋯⋯⋯⋯ 第一節　教師的角色和任務 ⋯⋯⋯⋯⋯

教師是促進教育事業健全發展的原動力，故每位教師對自己所扮演的角色宜有充分的認識與瞭解，方足以負起應盡的責任。

🌼 壹、教師的角色

教師所扮演的角色，也許每個人的看法不盡一致，但絕非只是「教書」的單一角色而已。隨之社會的變遷和時代的發展，教師的角色將愈趨於多元性。基本上，一位教師所扮演的角色，至少有下列六種：

一、知識傳遞者角色

教師具有「啟蒙」的功能，韓愈於〈師說〉一文曾謂：「古之學者必有師，師者，所以傳道授業解惑也。」此乃明確指出教師是扮演一位知識傳遞者角色，教師將其所學所知，運用適當的方法傳授給學生，所以學生可從教師的教學，得到學科的知識和生活的體驗。一位教師要扮好知識傳遞者並非易事，他（她）必須像一位精彩的演說家一樣，能夠打動聽眾的心坎，藉以傳遞其演講內容。同樣地，教師要

使學生樂於求知，必須先開啟學生學習心理的需求；換言之，教師於教學過程中，對於學生心理特質的瞭解是相當必要的，就像一位演說家一樣，在演講之前，也必須對聽眾背景有所瞭解，才不致於使演講內容過於艱深或簡單，因而無法激起聽眾的興趣。

二、人格陶冶者角色

教師是從事一件「塑人」的工作。因此，除了知識傳授之外，更要致力培養學生高尚的品德，所以一位教師應該具有宗教家的精神，施予學生人格陶冶，進而變化其氣質。在中小學階段的學生，可塑性相當大，學好或變壞有時在一念之間，如果教師未能加強其生活教育和品德教育，可能會產生青少年問題行為；尤其處在「智育掛帥」瀰漫的社會，青少年問題層出不窮，教師更應扮好人格陶冶者角色，一方面從言教著手，告知學生各種行為規範和法律規範；另一方面發揮身教示範作用，讓學生耳濡目染，進而收到潛移默化的功效。

三、心理輔導者角色

學生在求學過程中，不論在生活適應或學習適應方面，都可能會遭遇一些困擾或問題，有待教師給予協助，以幫助其學習與成長，進而培養學生人格健全的發展。所以，教師必須隨時注意學生情緒發展、社會行為發展、人格發展及道德發展；必要時，給予適當的輔導，讓學生充分發展其心智、迎向積極光明的未來。是故，身為一位教師，應多吸取和充實一些輔導知識，使自己能夠具備知能和技巧，以利扮好心理輔導者的角色。基本上，一位教師能夠做好初級預防工作，將有助於避免不良行為的產生，進而培養良好的適應行為。

四、終身學習者角色

在過去，一位教師只要嫻熟教材內容和懂得教學方法，也許就是一位稱職的教師；然而面對即將來臨的二十一世紀，社會急遽變遷和

科技高度發達，各種教學理論和方法，推陳出新，教師光憑過去所學的知識和經驗，實在很難勝任未來的教學工作。因此，身負教育重責的教師，不能墨守成規，必須不斷地研究與進修，以促進自我專業的成長，並帶動教育和文化的進步。所以，一位教師不僅對學生要扮演好知識傳遞者、人格陶冶者和心理輔導者角色，更要使自己成為有效終身學習者的角色。

五、協助校務推動者角色

一位教師教好學生，固然是份內之事，但不能視「教書」為唯一的工作。因為學校是師生和行政人員共同組成的綜合體，學校各種教學和行政工作的推動，必須同心協力，才能發揮眾志成城的力量。是故，學校校務推動，只賴行政人員拚命地工作，其成效仍是相當有限，必須有賴教師發揮團體一分子的力量，共同協助各種教務、訓導、輔導和總務工作，則學校校務績效將可發揮「一加一大於二」的作用。因此，每位教師對於學校需要協助之事項，凡屬合理且在能力所及範圍之內，應該與學校同仁相互合作，以謀校務健全發展。

🌼 貳、教師的任務

基於以上對教師角色的認知及其工作，教師任務可歸納為下列五項：

一、擔任教學工作

在教學活動中，教師是「教」的主體。因此，提供適當的教材和採用適當的方法，激發學生學習的興趣和能力，乃是教師最重要的職責之一。一般而言，小學教師在教學工作的項目，不外乎指導學生學習、批閱學生作業、評量學生成績、運用教學媒體、有效班級經營、補充教學內容等，為了要勝任這些工作，教師必須隨時充實基本知識

和教學技能。

二、幫助學務工作

　　教育的內容，包括德育、智育、體育、群育和美育。為了落實德育工作，只靠訓導行政人員是不夠的，必須教師的配合，才會有成效。依《國民教育法施行細則》第十三條之規定：「校長及全體教師均負學生事務及其輔導責任。」教師所負責的訓導工作中，主要是建立學生良好生活習慣、培養學生良好行為規範、協助推展親職教育、協助學校實施導護工作、協助推動民族精神教育，以及維護學生安全等。所以，教師需要與學校學務人員共同擔負學生事務工作，以協助學生人格的健全發展，進而成為一位健全的國民。

三、協助輔導工作

　　輔導活動的實施是全體教師的責任，而非僅是少數輔導教師的工作，學生求學期間，部分學生在生活、學習和生涯難免遇到困難，需要教師的協助與輔導，使其有效適應學校生活。因此，國民教育法施行細則第十三條有全體教師均負學生輔導責任之規定，其理亦在於此。一位教師為負起輔導之責，需協助學生瞭解自己所具條件並適應環境，使其具有自我指導之能力，俾發展學生潛能，以達人盡其才及促進社會進步之目的。因此，教師協助輔導工作推動，也是自我職責所在。

四、不斷研究進修

　　一位優良的教師，不能只靠職前養成教育，更需要加強教師在職進修，因為這是一個變動頻繁的時代，各種教育新知隨時出現，如果不能時時研究進修，很容易成為時代落伍者。因此，教師進修不僅有益於提高專業知識；而且更有益於教學的改進。所以，不斷研究進修，也應該視為自己的職責所在。每位教師有此體驗，相信必能增進

教師教學能力、提升教師專業精神，進而塑造優良的教育風氣。是故，教師應把研究進修視爲一種權利，也是一種義務。

五、配合校務推動

學校業務，千頭萬緒，只賴行政人員推動，很難見其成效，舉凡教務工作的註冊、圖書管理、設備、獎助學金；學務工作的民族精神教育、生活教育、體育活動、衛生教育、安全教育、保防教育、團體活動、訓育及平安保險；總務工作的文書、事務、營繕工程、採購、財物管理、出納等，都需要教師配合辦理，故目前很多國小行政工作都由教師兼辦。即使未兼辦行政工作之教師，也有責任配合各種校務推動，使校務能夠順利推展，以提供學生一個良好的學習環境。

◆ 教育語粹

· 得天下英才而教育之，三樂也。—孟子《孟子·盡心上》
· 是故善爲師者，旣美其道，有愼其行。—董仲舒《春秋繁露·卷一》
· 務學不如務求師。師者，人之模範。—揚雄《法言·學行》
· 教也者，長善而救其失者也。—《學記》

◆ 教育加油站

理性、記性、感性

有位員外爲三個兒子請了一位教師，有一天這位老師請學生作對聯，上聯是「東邊一棵樹」，老大馬上對「西邊一棵樹」，老師很高興的說：「很好！有理性！」

這時，老二搔搔頭也對了一句：「東邊一棵樹」，老師也很和悅的說：「不錯！有記性！」

　　輪到老三作對時，卻低頭不語，對不出來，情急之下，臉上淚水一滴滴流下來，老師趕忙安慰的說：「還不錯！雖然不會，但很有感性！」

第二節　教師的工作特性

　　教師工作可說是人類社會中相當古老的職業之一，在鄭玄註師氏說（《周禮·地官司傳序》）就有：「師者，教人以道者稱之。」隨之社會的變遷和職業分工愈來愈細，教師工作和其他行業工作相比，愈來愈凸顯其具有不同的工作特性。

壹、專業性

　　教師工作是否為一種專業，常有不同的看法，但是教師需要具備專門的知識與能力，則為大家所公認的事實。因為一位教師只懂學科內容知識是不夠的，他（她）還須瞭解各種教育理論和各科教材教法，並經過一定時間的見習和實習，始能成為一位優秀而合格的教師。所以，要成為一位教師，均須接受一段時間的養成教育，藉以發展出專業的知能。因此，教師工作和其他行業相比，仍可看出其獨特的專業特性。

🌼 教育小檔案

教書匠與教育家

做教育家困難，做教書匠亦不易。一個人要做教書匠或教育家，只在內心一念之間的抉擇而已。

我國教育家劉真先生曾指出良好教書匠的條件有四：一、法定的教師資格，二、豐富的教材知識，三、純熟的教學方法，四、專業的服務精神；而被稱為教育家者，則須具備下列精神：一、慈母般的愛心，二、園丁般的耐性，三、教士般的熱忱，四、聖哲般的懷抱。

至於教書匠和教育家在實際教育工作方面的差異有：

一、教書匠的對象是以「書」為重心的；而教育家的對象是以「人」為重心的。

二、教書匠是以言教為主；而教育家則是於言教之外更重身教的。

三、教書匠對教育工作不一定是視為樂事；而教育家則對教育工作總是內心感到非常快樂的。

四、教書匠所發生的影響是短暫的；而教育家所發生的影響是久遠的。

資料來源：司琦編（1989）。劉真先生文集（第一冊）。臺灣商務印書館，第307-321頁。

🌸 貳、服務性

教師工作，本身具有相當濃厚社會服務的性質，這種工作是為社會、學校、家長、學生服務。自古以來，社會大都強調教師不應過於重視或計較待遇的高低，應該任勞任怨地教導學生，即使是面對問題

學生,也能耐心予以開導,以導正其觀念與行為。教師有此工作體認,才能堅定奉獻教育的信念、激發服務的精神,為國家造就優秀人才。否則,在面對功利主義盛行的社會,教師難免受到影響,無法堅持自己理想;嚴重的話,教師隨波逐流,一切唯利是圖,教育風氣將因而敗壞,試想,一位「急公好利」的教師,怎能培養一位「急公好義」的學生呢?

參、創造性

兒童來自不同的遺傳和環境,無論在興趣、性向、需求、氣質等方面,都具有相當大的個別差異。因此,教師若採用千篇一律固定的教材教法教導學生,可能得不到良好的教學效果。所以,教師在教導學生時,必須配合學生身心發展,運用適當的教學方法,施予學生有效的教學。依此而言,教師工作具有相當大的挑戰性和創造性,面對各種不同的教學情境或突發狀況,就要發揮自己的創造力,隨機應變,故教師實際上是從事一種創造性的工作。

肆、複雜性

教師是從事育人的工作,每位學生都是複雜的個體。所以,教師工作不像一位生產線的人員,從事單純的產品製造,只要把具有品質的產品送到顧客手中,可說已完成任務,他(她)除了開啟個體的智慧之外,亦要對個體進行人格陶冶,並培養個體適應社會的生活能力,這些工作在在證明身為教師是一件相當複雜的工作,為了精心設計課程,把一節課上好,可能要耗費不少時間和精力,絕非一般人所持刻板印象——教師工作是一件容易而輕鬆的事,此即對教師工作本質可說不太瞭解。

伍、長期性

培養一位學生，不是一朝一夕即可完成，必須經過一段相當長的時間，才可造就出一位學生。《管子·權修篇》曾謂：「一年之計，莫如樹谷；十年之計，莫如樹木；終身之計，莫如樹人。」正印證「十年樹木，百年樹人」的精義所在。教師所從事的教育工作，常常不是短時間內就可彰顯出眞正的效果，因爲教育功效本身即具有緩慢性之特質，所以人才的培育，需要長時間的教導，故教師的工作，需要耗費相當多的時間和精力，日復一日、年復一年，諄諄教誨學生，讓每位學生將來個個成大器，造福社會。由此可知，就時間而言，教育工作具有長期的特性。

陸、示範性

學校教育中，學生人格的形成和發展，受到教師的影響很大，教育家劉眞在其〈教學的樂趣〉一文曾明確指出：「我們欲做一個優良的教師，不僅要學識豐富，而且要品德高尚。尤其教師的品德，對學生的影響最大。」（註一）在〈學記〉亦謂：「記問之學，不足以人師。」故身爲一位教師，只有言教是不足的，還必須發揮身教的功能，處處爲學生的楷模和表率。讓學生收到耳濡目染、潛移默化之效。在其他行業中，很少像教師一樣，經常與受教者產生互動作用，而且是直接影響到受教者人格成長，在在證明教師工作示範的重要性。是故，每位教師應隨時注意自己的言行和修養，誠心誠意去感化和教導學生。

······················ **第三節　教師的能力和修養** ······················

有能力的老師，能夠教好學生；有修養的老師，能夠教出好學生。是故，一位教師，必須具備各種教學能力和良好的修養，才能使教育工作發揮更好的成效。

壹、教師的能力

一位國民小學教師應該具有哪些基本的能力，常常是受到教育界關切的課題。龔寶善在〈構成優良教師因素的分析〉一文中，曾提出一位優良教師應具有的能力包括教導能力和行政能力兩大類，其中教導能力包括有：編訂教學計畫（教案）的能力；運用教科書及編輯補充教材的能力；運用及製作教具的能力；熟練各種教學方法的能力；指導各種實用技藝的能力；維持教室常規的能力；實施學習指導、升學與就業指導的能力；領導學生參加各項集會及各項活動的能力；指導學生服務處世的能力。至於行政能力則包括有：處理各項教學事務的能力；處理擔任某一學級級務的能力；處理文書及各項事務的能力；保管教具、圖書、器材的能力；處理偶發事項及臨時工作的能力；代表出席各項會議的能力（註二）。

然而國內最早有系統從事國民小學教師基本能力的研究，始於1975年5月教育部委託臺灣省國民學校教師研習會進行研究，至1976年10月止完成研究報告，結果分析一位國民小學教師應該具備四百七十八項能力，主要可歸納為四大類（註三）：

一、**基本學科能力**：含語文學科能力、數學學科能力、社會學科能力、自然學科能力、音樂學科能力、體育學科能力、美勞學科能力。

二、**教學能力**：含教學計畫、教材選編、普通教學法的運用、教學技

術、教具應用、教學評量、教學研究與創新。

三、**輔導能力**：一般輔導能力、專項輔導能力。

四、**兼辦學校行政業務能力**：基本辦事能力、專項業務處理能力。

　　二十年後，由張玉成主持一項「迎向二十一世紀國民小學教師應具備之基本能力和素養」的研究結果發現：在所列舉三十五項基本能力中，其中排名前五項分別是：具備國語科教學的基本能力；與學生保持良好互動關係的基本能力；具備數學科教學的基本能力；具備處理班級事務之基本能力（註四）；具備偶發事件之處理能力，與前述之研究並無太大的差異。

　　由此可知，身為一位教師，至少應具備下列的基本能力：

一、**學科教學能力**：不管是擔任級任或科任，都能勝任自己的教學工作，例如：級任教師至少要有語文學科、數學學科、社會學科的能力；而科任教師則必須就其所擔任學科（如自然科、音樂學科、體育學科、美勞學科）的能力。

二、**班級經營能力**：班級是一個小團體，要帶好一個班級，教師除了學科教學能力，也必須具有確定班級目標的能力、計畫的能力、組織的能力，以及領導的能力。

三、**輔導學生能力**：教師經常要協助學生解決各種困難，故必須具有瞭解和觀察學生的能力，以及一般輔導學生的能力。

四、**兼辦行政能力**：部分教師可能兼辦學校行政，故有時必須具有基本行政管理能力（計畫能力、執行能力和評鑑能力），以及熟悉兼辦業務處理能力（如教務、訓導、輔導和總務工作等）。

　　基於以上的說明，為培養教師具有基本的能力，在師資培育機構階段的學生，應該傳授下列知識：

一、**學科內容知識**：各學科的內容及知識結構。

二、**學科教學知識**：各學科的教學方法及評量方式。

三、**班級經營知識**：經營班級的目標、內容、方法等知識。

四、**輔導學生知識**：瞭解學生特性及輔導內容、方式、技巧等知識。

五、**處理行政知識**：計畫、組織、溝通、協調、作決定、評鑑等知識。

六、**教育基礎知識**：有關教育哲學、教育社會學和教育心理學的基礎知識。

◆ **教育相對論**

教學是一種專業嗎？

〔贊成〕

・專業引導研究到實務的改進，教學亦不例外。

・師資培育一段專業化智能訓練的時間。

・教師工作就像醫生、律師或工程師一樣，本質上是合於專業智能的。

・教師是一種相當重要的社會服務提供者。

・利用入學和畢業考試，以及加強資格標準，提高了教學能力水準。

・專業倫理的信條已經發展出來，廣泛的傳播和定期的修正。

・透過集體談判和其他方式，教師已比以前有較大的決定權和自主權。

〔反對〕

・利用研究發現來改進實務，通常是令人失望的。

・就歷史而言，教師不必一段長時間的專業化訓練。即使到現在，教師的訓練也要比其他專業為短。

・教師在班級中，並不經常用到專業的智能，有些採用經驗法則來處理即可。

・透過在家自行教育和社區非正式學習網路，公立學校的壟斷

獨占被打破了。

- 教學利用入學和畢業考試方式，就像醫學、法律和工程一樣，並不足以維持高水準。
- 教育倫理信條的加強並不足夠。
- 教師自主權比其他專業爲少。

教育小辭典

能力本位師資教育

能力本位師資教育（competency-based teacher education, CBTE，又稱 performance-based teacher education, PBTE），起源於 1960 年末期，它是以特定的學習目標和讓學生有責任而達成這些目標。這些目標（知識、技能和行爲）是來自於教師角色的概念，並且予以具體明確的陳述，使學生知道未來擔任教師需要具備哪些能力，而師資培育機構則針對這些能力來培育學生。

能力本位師資教育的優點有：可瞭解師範生是否具備足夠的教學能力；學生在獲得能力時，可以得到較大的注意；它是很有系統性，可提供學生表現的回饋；它可保證教師能力的公眾性。

至於其缺點則是：它是以行爲目標模式爲基礎，只偏重處理可測量的行爲；它太強調部分的技能，忽略了學生是一個人，而不是物；並無研究發現顯示具有哪些技能和行爲，可成爲一位成功的老師；來自現實的、不成問題教師角色的能力，可能是無效用的。

資料來源：Rich, J. M. (1992). *Foundations of education*. Macmillan, p.180.

◆ 教育小辭典

有效能的教師

一位有效能教師，大部分為：

- 良好的管理者。
- 對自己、學生具有高度期望。
- 相信自己有效能。
- 具有各種不同教學策略。
- 透過預防方式處理訓導問題。
- 表現溫馨和關懷。
- 採用民主式。
- 任務取向。
- 關心有知覺的意義；而不是事實和事件。
- 與學生有舒適的互動。
- 能掌握學科內容。
- 課後樂於接近學生。
- 教學能適合學生需求。
- 反省性的教師，樂於吸收新的學習理論和班級技術。
- 高度的彈性、熱心的和富有想像力的。

資料來源：Haselkorn, D., & Calkins, A. (1993). *Careers in teaching handbook*. Recruiting New Teachers.

貳、教師的修養

揚雄在《法言・學行》曾謂：「師者，人之模範。」所以，從事教育工作者應該具有較高標準的修養，才足以作為學生的表率。一般

而言，教師的修養是決定教師品質的重要因素之一，而職業道德和專業精神可視為構成教師修養的重要內容。是故，論及教師修養，便不能忽視這二者的重要性。

一、職業道德

任何職業，都需要講道德，但就教師而言，因為他（她）對學校、家長、社會都有一份責任感，尤其對學生心靈發展之影響甚大，更要重視道德。所以，乃有「教育人員信條」或「教師自律公約」。教師的職業道德，可從己、人、事三方面說明之：

(一) 對自己的道德

教師要以言行為學生典範，最重要的修養，乃是要使自己有高尚的品德和良好的生活習慣；同時也能時時反省自己，使自己的人格能感化學生，必能更易受到學生尊敬。處在社會變遷時代，教師要做中流砥柱，不要為物慾橫流所淹沒。教育是社會最後一道防線，教師隨波逐流，教育風氣勢必敗壞，社會哪有不垮之理呢？是故，從事教育工作者，對此應當有深刻的體認。

(二) 對人的道德

教師工作是以人為主體，必須與學生及同事產生彼此互動。首先，對學生道德而言，就是要愛護學生像自己子女一樣，隨時關心學生的成長，古人所言：「諄諄善誘」、「誨人不倦」，就是對學生道德最具體的表現，亦是最高貴的教育情操，它可說是開啟學生心靈世界的橋樑。一位老師關愛學生愈多，則教育工作將愈有意義。其次，對同事道德而言，就是相互尊重與合作，不要彼此猜忌、勾心鬥角，導致無可彌補的傷害。所以教師與教師應本著以「禮」和「誠」相待，大家和樂相處，為校務發展共同努力，才能體會到工作的價值。換言之，資深教師應多協助和指導資淺教師；而資淺教師除了悉心接受指

導外，亦要敬重資深教師，此為在工作時，對待同事之基本道德規範所在。

(三) 對事的道德

教學是教師最重要的工作，努力教學、忠於職守，可說是教師對事情最基本的態度和道德。部分教師利用職務之便，謀取不當利益，例如：實施不當補習、賣參考書或測驗卷，都不是好的現象；此外，有些教師不專心教學，抱著「過一天算一天」的態度，亦不是對工作應有的道德。任何人一旦接受教職工作，應視為是神聖的，發揮自己的良心，全心全力做好教學工作，可說是教師最重要的職業道德之一。

二、專業精神

教師是一種職業，但是隨著社會的進步，教師逐漸像醫師、律師、工程師一樣，需具有專業知能，才能有效勝任其工作，所以後來教師成為一種專業的說法，才為大家所接受。

什麼是「專業精神」（professionalism）呢？可能會有不同的看法，基本上應該是指一位專門職業工作者，在工作態度上所表現出積極投入、敬業樂群、認同組織的精神。

一位教師除了專業知識與專業道德外，還必須具備專業精神，才能全心全力投入於教育工作。詹棟樑教授曾指出專業精神的四種要件：「教師的專業精神是集合了教學的興趣、莊重的態度、高度的理想與待人的熱情四種要件，把它們用在教育上，並且使用教育愛去幫助學生、輔導學生。」頗具參考價值（註五）。

是故，一位教師要發揮「敬業」與「樂業」的專業精神，上述四種要件是作為一位教師所不可或缺的要件。目前國內部分教師專業精神仍有所不足，深深影響到教育品質。依朱匯森先生之看法，教師缺乏專業精神的原因，主要有下列七項：㈠ 對教育工作的性質及內容缺乏認識；㈡ 對兒童及青少年缺乏教育愛；㈢ 忽視了教育的專業性、

缺乏專業知能及修養；㈣認為教學工作呆板枯燥，且無升遷機會；㈤認為教育工作繁重、生活清苦；㈥認為教師地位不能獲得家長和社會的尊重；㈦部分教師無長期從事教育工作的意願（註六）。今後為了激發教師專業精神的建立，僅提供下列途徑，以供參考：

㈠ 觀念建立方面

觀念會引導一個人的行動，要使一位教師發揮專業精神，必須先建立教師正確的教育觀念，讓教師們體會出教育工作的意義和價值，不斤斤計較報酬和待遇，秉持服務的態度教導學生。因此，教師宜從下列兩方面著手：

1. 時時反省自己的言行，確立服務的教育觀。
2. 平時閱讀教育家和宗教家傳記，藉收見賢思齊之效。

㈡ 制度配合方面

教師專業精神之培養，除了教師平時自我修養外，宜在師資培育階段中，建立一套完善實習制度，俾幫助未來準教師建立正確的教育觀；同時對於教師在職進修，也要積極推動，使教師有吸收新知機會；對於不適任教師處理及教師考績制度之各種規定，亦要適時檢討，俾免除影響教師專業精神之發展。

㈢ 工作環境方面

工作環境涉及層面，主要是精神性環境和物質性環境，前者如學校氣氛、人際關係等；後者如學校建築與設備、教師工作負擔等，這些多多少少會影響到教師的專業精神。假如一所學校有良好的氣氛，又有優良的環境，教師工作負擔亦不會太重，則將有利於教師專業精神發展；反之則否。因此，教育行政機關及學校校長為了激發教師專業精神、學校工作環境的改善，以及教師工作負擔的減輕，可說是相當重要的一環。

總之，教師能力和修養，是決定教師教學成敗的關鍵，期盼有志於擔任教育者應抱有高度工作熱忱，學不厭、教不倦，終身盡忠於教育事業。不斷的進修與研究，促進專業成長，以提高教學效果。參加各種有關自身的專業學術團體，相互策勵，以促進教育事業之進步，並改善教育人員之地位與權益。

　　教育工作者，應多充實自己教學基本能力；同時培養自己有良好的職業道德和高度的專業精神。

教育加油站

教育專業標準的內涵

　　教師專業標準係指教師在從事教育工作所應具備的知識、能力與態度，以引導教師邁向專業化，並提升教師工作表現。

　　依據《中華民國教師專業標準指引》，教師專業標準內含包括下列十項：

　　標準1：具備教育專業知識並掌握重要教育議題
　　標準2：具備領域／學科知識及相關教學知能
　　標準3：具備課程與教學設計能力
　　標準4：善用教學策略進行有效教學
　　標準5：運用適切方法進行學習評量
　　標準6：發揮班級經營效能營造支持性學習環境
　　標準7：掌握學生差異進行相關輔導
　　標準8：善盡教育專業責任
　　標準9：致力教師專業成長
　　標準10：展現協作與領導能力

資料來源：教育部（2016）。**中華民國教師專業標準指引**。作者。

✿ *教育加油站*

師資職前教育階段教師專業素養

　　教師專業素養，係指一位教師勝任其教學工作，符應教育需求，在博雅知識基礎上應具備任教學科專門知識、教育專業知能、實踐能力與專業態度。依此而言，教師專業素養和教師專業標準具有相當高的重疊性。

　　依據《中華民國教師專業素養指引》，師資職前教育階段教師專業素養，計有下列五大項：

　　一、瞭解教育發展的理念與實務
　　二、瞭解並尊重學習者的發展與學習需求
　　三、規劃適切的課程、教學及多元評量
　　四、建立正向學習環境並適性輔導
　　五、認同並實踐教師專業倫理

資料來源：教育部（2018）。中華民國教師專業素養指引—師資職前教育
　　　　　階段暨師資職前教育課程基準修正規定。作者。

✿ *教育小檔案*

教育人員信條

　　我國教育人員信條係於 1976 年教育學術團體聯合年會決議通過，其內容如下：

　　一、對專業

　　確信教育是一種高尚榮譽的事業，在任何場所必須保持教育工作者的尊嚴。

二、對學生

㈠ 認識瞭解學生，重視個別差異，因材施教。

㈡ 發揮教育愛心，和藹親切，潛移默化，陶冶人格。

㈢ 發掘學生疑難，耐心指導，啟發思想及潛在智能。

㈣ 鼓勵學生研究，循循善誘，期能自動自發，日新又新。

㈤ 關注學生行爲，探究其成因與背景，予以適當的輔導。

㈥ 切實指導學生，明善惡、辨是非，並以身作則，爲國家培養堂堂正正的國民。

三、對學校

㈠ 發揮親愛精誠的精神，愛護學校，維護校譽。

㈡ 團結互助，接受主管之職務領導，與同仁密切配合，推展校務。

㈢ 增進人際關係，對新進同事予以善意指導；對遭遇不幸的同事，應予同情，並加以協助。

四、對學生家庭與社會

㈠ 加強學校與家庭之聯繫，隨時訪問學生家庭，相互交換有關學生在校及在家的各種情況，協調配合，以謀兒童的健全發展。

㈡ 提供家長有關親職教育方面的知識，以協助家長適當教導其子女。

㈢ 協助家長處理有關學生的各種困難問題。

㈣ 鼓勵家長參加親師活動，並啟示其善盡對社會所應擔負之責任。

㈤ 率先參加社會服務，推廣社會教育，發揮教育領導功能，轉移社會風氣。

五、對國家、民族與世界人類

㈠實踐中華民國教育宗旨,培育健全國民,建設富強康樂國家,並促進世界大同。

㈡復興中華文化,發揚民族精神,實踐民主法治,推展科學教育,配合國家建設,以完成復國建國的使命。

㈢堅持嚴以律己,寬以待人,剛毅奮發,有為有守,以為學生楷模,社會導師。

㈣闡揚我國仁恕博愛道統,有教無類,造福人群。

◈ *教育小檔案*

全國教師自律公約

(全國教師會 2000 年 2 月 1 日第一屆第二次會員代表大會通過)

一、前言

臺灣社會環境急速變遷,學校教育面臨鉅大的挑戰,教師與學校、教師與學生和家長以及教師與社會之關係正在演變中,傳統上對教師的角色期待已無法完全適合現代社會的要求。再加上近幾十年來,教育的目標以升學及就業為導向,教育上其他價值被忽略,造成教師角色功利化,教師專業尊嚴逐漸淪喪,教師專業能力受到質疑,教師形象亟待重建。

全國教師會於 2000 年 2 月 1 日成立,依據《教師法》第二十七條規定,應訂定全國教師自律公約,為全國教師專業倫理之規準,從引領及規範教師工作守則中,朝維護教師專業尊嚴及專業自主方向,重新形塑教師之形象。

二、教師專業守則

以下事項，教師應引以爲念，以建立教師專業形象：

㈠教師應以公義、良善爲基本信念，傳授學生知識，培養其健全人格、民主素養及獨立思考能力。

㈡教師應維護學生學習權益，以公正、平等的態度對待學生，盡自己的專業知能教導每一個學生。

㈢教師對其授課課程內容及教材應充分準備妥當，並依教育原理及專業原則指導學生。

㈣教師應主動關心學生，並與學生及家長溝通聯繫。

㈤教師應時常研討新的教學方法及知能，充實教學內涵。

㈥教師應以身作則，遵守法令與學校章則，維護社會公平正義，倡導良善社會風氣，關心校務發展及社會公共事務。

㈦教師應爲學習者，時時探索新知，圓滿自己的人格，並以愛關懷他人及社會。

三、教師自律守則

以下事項，教師應引以爲誡，以維護教師專業之形象：

㈠教師對其學校學生有教學輔導及成績評量之權責，基於教育理念，不受不當因素干擾及不當利益迴避原則。除以下情形之外，教師不得向其學校學生補習。（本條文自民國89年8月1日起實施）

　1. 教師應聘擔任指導公立機關學校辦理之學生課外社團活動。

　2. 教師應聘擔任指導非營利事業組織向主管教育行政機關報備核准之學生學習活動。

㈡教師之言行對學生有重大示範指導及默化作用，基於社會良善價值的建立以及教師的教育目標之達成，除了維護公眾利益或自身安全等特殊情形下，教師不應在言語及行爲上對學

生有暴力之情形發生。

㈢為維持教師在社會的形象，教師不得利用職權教導或要求學生支持特定政黨（候選人）或信奉特定宗教。

㈣為維持校園師生倫理，教師與其學校學生不應發展違反倫理之情感愛戀關係。

㈤教師不得利用職務媒介、推銷、收取不當利益。

㈥教師不應收受學生或家長異常的餽贈；教師對學生或家長金錢禮物之回報，應表達婉謝之意。

資料來源：中華民國全國教師會（無日期）。全國教師自律公約。http://www.nta.org.tw/w130/cadre/orgine/890201.doc

第四節　教師的權利和義務

教師除享有憲法所賦予的權利（含平等權、自由權、生存權、請願權、參政權、應考試服公職權）和義務（納稅和服兵役）外，其經過任用之後，就與國家或學校發生法律上之權利義務關係，依據法令行使職權，因此乃享有法令所賦予的權利和義務。

❀ 壹、教師的權利

依據《教師法》第三十一條之規定，教師接受聘任後，依有關法令及學校章則之規定，享有下列權利：

㈠對學校教學及行政事項提供興革意見。

㈡享有待遇、福利、退休、撫卹、資遣、保險等權益及保障。

㈢參加在職進修、研究及學術交流活動。

㈣參加教師組織，並參與其他依法令規定所舉辦之活動。

㈤對主管教育行政機關或學校有關其個人之措施，認為違法或不當致損害其權益者，得依法提出申訴。

㈥教師之教學及對學生之輔導依法令及學校章則享有專業自主。

㈦除法令另有規定者外，教師得拒絕參與教育行政機關或學校所指派與教學無關之工作或活動。

㈧教師依法執行職務訴訟時，其服務學校應輔助其延聘律師為其辯護及提供法律上之協助。

㈨其他依本法或其他法律應享之權利。

　　依此而言，教師至少享有下列權利：

一、學校建議權

　　教師為學校一分子，依法可以向學校就教學或行政提出各種應興應革意見，學校行政單位或人員不得因教師意見與自己有異，不予處理或藉故拖延處理，並應予教師合理解釋。

二、俸給權

　　俸給者，謂教育人員於任職時，國家或學校所給之生活費用及辛勞報酬之謂（註七）。有關教師俸給係依《教師待遇條例》規定辦理，分為本薪（年功薪）、加給及獎金。

三、福利權

　　教師除固定薪給外，依法有權享有其他福利，如眷屬重病住院補助、婚喪生育補助、子女教育補助、福利互助、退休互助、員工喪亡互助，和重大災害補助等，政府或任何人不得加以剝奪。

四、退休金權

教師任職達一定年限或一定年齡，依法可申請退休，政府應給予一定退休金，此即退休金權。教師可依《公立學校教職員退休資遣撫卹條例》規定辦理，任何人不得剝奪教師此項權利。

五、撫卹金權

教師於任職期間，因病故、意外死亡或因公死亡，國家應給予遺族一定金額，謂之撫卹金權。目前教師撫卹金之給予，依《公立學校教職員退休資遣撫卹條例》規定辦理。

六、資遣費權

教師因機關裁撤、組織變更或業務緊縮，而須裁減；或現職工作不適任，以及身體衰弱不能勝任，遭受資遣，可依《公立學校教職員退休資遣撫卹條例》規定辦理，有權享有資遣費權。

七、保險權

保險權者，乃被保險人支付保險費，因不可預料或不可抗力之事故發生時，由承保機關之醫療處所，予以免費醫療，或予以現金給付之利益之謂。目前公立教師之保險，係依《公務人員保險法》之規定辦理；而私立學校教師則依「私立學校教職員保險條例」辦理。由於政府已開辦全民健康保險，故疾病保險已刪除，只剩下殘廢、養老、死亡及眷屬喪葬等項目。

八、進修權

教師為吸收學術新知、改進教材教法、提升教學效果，依法享有各種進修權利，故主管教育行政機關及學校有責任辦理各種進修活動，供教師在職進修之用。

九、申訴權

教師對於主管教育行政機關或學校有關其個人之措施，認為違法或不當致損害其權益者，得依法提出申訴，此即為教師的「申訴權」。故政府須依法成立「申訴評議委員會」，接受教師申訴與再申訴。

十、法律訴訟協助權

教師執行職務時，涉及民事、刑事訴訟案件，基於教師權益之維護，可依《教師因公涉訟輔助辦法》之規定，請求學校輔助延聘律師之費用，以利教師能夠安心從事教職工作。

十一、專業自主權

教師基於其教育專業知能，只要在不違背國家政策和教育原理之大原則下，教師應享有自行決定教學方法、教學內容、教學進度和評量方式的權利，此即為依法享有專業自主權。

十二、教師的義務

依據《教師法》第三十二條之規定，教師除應遵守法令履行聘約外，並負有下列義務：

㈠遵守聘約規定，維護校譽。

㈡積極維護學生受教之權益。

㈢依有關法令及學校安排之課程，實施教學活動。

㈣輔導或管教學生，導引其適性發展，並培養其健全人格。

㈤從事與教學有關之研究、進修。

㈥嚴守職分，本於良知，發揚師道及專業精神。

㈦依有關法令參與學校學術、行政工作及社會教育活動。

㈧非依法律規定不得洩漏學生個人或其家庭資料。

(九) 擔任導師。

(十) 其他依本法或其他法律規定應盡之義務。

依此而言，教師應該負有下列義務：

(一) 遵守聘約

凡是聘任教師，在聘約有效期間內，必須遵守聘約有關之規定；凡是違反聘約規定，經查明屬實者，則依規定議處或解聘。

(二) 維護學生受教權益

學生為教育的主體，於就學期間，其權益不容剝奪或受傷害，教師有義務積極維護學生受教之權益，使學生能夠安心學習。

(三) 實施教學活動

教學是為教師重大職責之所在，任何老師接受聘任，學校加以安排授課課程，教師有義務實施教學活動，來教導學生學習。

(四) 輔導或管教學生

學生學習過程中，其思想、行為或身心發展可謂尚未臻成熟狀態，故教師有義務加以導正，以引導學生適性發展，進而培養健全人格。

(五) 研究和進修

研究和進修，是教師的權利，亦是一種義務。教師身為知識的傳授者，本身應不斷地研究與進修，吸取各種教育、政治、經濟、社會和科技知識，以擴大自己的知識領域，進而提升教育專業能力。

(六) 嚴守教職本分

教師肩負經師與人師之責，除了言教之外，還須顧及身教，一言

一行，應當足堪爲學生表率，故身爲教師，應負責盡職，做好自己分內之事。

(七) 參與學校活動

教師把書教好，仍是不夠的。在學校裡，經常會舉辦各種學術、行政及社會教育活動，教師仍要積極參與或協助，不能將其視爲事不關己而加以排斥。

(八) 保守學生資料秘密

教師於教學、輔導或管教時，都有機會接觸到學生的資料，教師非依法律規定，不得公開或洩密，此在於確保學生資料的隱密性和安全性。

(九) 擔任導師

班級爲學校重要的基本單位，爲利於班級經營，需要有教師負責。而導師可說是班級經營靈魂人物，深深影響班級經營成效。由於導師工作極爲繁重，部分教師視爲畏途，擔任導師意願不高，因此特別於教師法明定擔任導師是教師的一種義務。

教師除了這些義務之外，若有教師兼任學校行政職務者，仍須遵守《公務員服務法》規定之一些義務，例如：保密、保節、不得濫權、堅守崗位、不得經營商業、兼職限制、贈送財物之禁止等義務（註八）。

·············· 第五節　教師的專業發展 ··············

面對社會急遽變遷和科技高度發達的今天，各種知識發展日新月異。教師要成爲時代進步的主導者，不爲時代所淘汰，更須不斷的研

究和進修，隨時吸取新知，加上十二年國民基本教育課程的推動，教師必須在課程、教學和評量的增能，才有助於課程的實施，因而教師專業發展愈來愈受重視。基本上，教師專業發展要比教師進修更為寬廣、更符合教育的需求，係指教師透過進修、研究或研習，以提升教學、輔導或教育行政專業知能，幫助學生有效學習和達成教育目標。茲就教師專業發展功能和方式說明如下：

壹、教師專業發展的功能

一、成長的功能

教師透過在職進修活動，可以增長自己的知識、技能，使自己在教學工作上能夠勝任愉快。這種專業的成長，處在快速變遷的社會裡，尤其是必要的，所以教師在職進修活動，可說是學校最重要的一項投資。

二、改變的功能

教師在職進修除了增進自己專業成長外，還是不夠的，積極而言，它要能使教師的思考方式和班級行為有所改變，進而提高學生學業成就表現，培養學生良好的行為。這種改變的功能，正是提升教師效能的原動力。

三、維持的功能

一般而言，教育主管單位有新政策或業務需要教師來配合時，就必須透過教師研習活動，讓教師們瞭解新政策或業務的內涵和作法，進而遵從教育主管單位的指示，積極推動。此外，亦可透過教師研習活動，提醒教師已經知道但不能忘的責任，使學校運作得以維持順暢。

四、激勵的功能

教師參與各種研習活動，透過與他人互動的關係，可瞭解別人的優點，藉此激勵自己工作士氣，提高教學工作表現。所以，在教師進修活動的設計，對於教師服務精神的振奮，宜列為研習活動的一部分。

貳、教師專業發展的方式

教師進修除了《教師法》有原則性規定之外，主要見諸於《教師進修研究等專業發展辦法》，其中《教師進修研究等專業發展辦法》第四條規定教師專業發展方式如下：

一、全時進修或研究：學校或其主管機關基於業務需要，主動薦送或指派教師，在一定期間內進修或研究。

二、部分辦公時間專業發展

　　㈠ 進修或研究：學校或其主管機關基於業務需要，主動薦送、指派或同意教師，於留校服務期間，利用授課之餘進修或研究。

　　㈡ 其他專業發展活動：學校或其主管機關基於業務需要，主動薦送、指派或同意教師，於辦公時間，從事其他專業發展活動。

三、專科以上學校教師休假進修或研究。

四、高級中等以下學校教師以公假進行提升教師專業知能之活動：學校主管機關同意教師全時或部分辦公時間從事自主專業成長計畫之研究、參訪交流、公開授課、辦理或參與研習、工作坊、專題講座或其他提升教師專業知能之活動。

五、公餘專業發展：學校基於業務需要，主動薦送、指派或同意教師，利用假期、週末或夜間進修、研究或從事其他專業發展活動。

　　爲了激勵教師進修，教師亦得申請經費補助，此在《教師進修研究等專業發展辦法》第八條特別規定如下：

一、教師經學校或其主管機關基於業務需要，主動薦送或指派於國內進修或研究者，得給予全額補助。

二、教師經服務學校同意，於國內從事與教學或職務有關之進修或研究者，得由服務學校視經費預算，給予半數費用以下之補助。

❖ 教育小名詞

教師專業學習社群

　　專業學習社群（professional learning community），係指組織中一群志同道合的同事基於共同興趣，爲求專業成長所組成的學習小團體。而教師專業學習社群則是指學校中的一群志同道合的教師，基於共同的信念、目標或願景，爲求專業成長，彼此相互合作學習，幫助學生獲得更佳的學習成效，所組成的學習團體。

　　教師專業學習社群，是屬於校內的學習型組織，其主要特徵如下：一、專業工作：組織成員是從事一種專業性工作，本身須具備專業知識和能力。二、共同目標：組織內成員具有共同追求的目標，例如：願意追求專業成長、促進組織革新、幫助學生有效學習。三、合作學習：組織內成員能夠同心協力、相互合作致力於各種不同的學習。四、知識分享：組織內成員樂於與大家分享知識和經驗，利用各種時間相互討論和交換心得。五、力行實踐：組織內成員不是喊口號、唱高調，而是從實際參與中學到知識和經驗。六、結果導向：組織內成員以能夠幫助學生有效學習爲依歸。七、持續精進：組織內成員能不斷追求進步，讓自己能夠日日有所精進。

資料來源：吳清山、林天祐（2014）。**教育U辭書**。高等教育，第108頁。

◆ *教育小秘方*

「音聲」保健原則

一、使用適當的音量說話：避免大聲吼叫或提高音量，尤其在吵鬧的環境，使用麥克風將可免除大聲說話的傷害。

二、使用軟起聲說話：每句話的第一個字輕鬆地發聲，讓氣流與聲音同時出來。

三、使用適當的速度說話：一句話的字數以不超過七到十個字為限，句子和句子中間需做停頓和呼吸。

四、使用適當的音調說話：避免音調太低，以減少發聲時的阻力和聲帶緊張。

五、注意音聲休息：工作時避免滔滔不絕，工作之餘避免長時間聊天、打電話。

六、多喝溫開水，以補充聲帶因長期使用而散失水分。

七、避免吃刺激性的食物，如煙、酒、辣椒、咖啡、濃茶等。

八、要有穩定的情緒，充足的睡眠，適當的運動，以保持良好的聲帶彈性。

九、感冒時儘量減少音聲使用：有音聲障礙時，音聲休息是最好的方法，不可使用耳語說話，若症狀持續二週以上，應儘早看醫師。

十、注意說話時情緒的穩定性：在情緒極度高昂時，如盛怒、悲傷等，應避免無限制的發洩聲音。

第六節 教師和學生的關係

師生關係，乃是教師與學生在教育過程中，經過彼此相互之間的交往所建立的一種社會關係。它可說是教育活動最基本、最重要的人

與人之間的關係。因為任何一種教育活動，若沒有建立在良好的師生關係基礎之上，則整個教育效果將無法展開。茲分師生之間的法律關係、師生之間的倫理關係及建立良好的師生關係三方面說明。

🌰 壹、師生之間的法律關係

教師依法接受國家委託，負責教導學生；而學生依法享有受教權益，於是施教者與受教者之間就產生法律關係。由於師生關係涉及情感層面大於法律層面，故有關師生之間的法律關係鮮少論及，然而現在是一個法治的社會，法律觀念普遍受到重視，故師生之間法律關係有值得正視之必要。

論及師生之間的法律關係，常常會涉及到教師是否有特別權力來支配學生，所以大都會引用到法學上的「特別權力關係」。所謂「特別權力關係」係基於特別的法律原因，為達成公法上特定之目的，在必要範圍內，對相對人有概括的支配之權力，而相對人負有服從義務的關係（註九）。若是師生之間是屬於特別權力關係，則教師對於學生有支配的權力，師生之間關係處於不平等的地位，而且教師若濫用支配權，亦可能損及或傷害學生受教權益。

隨著社會變遷，以及學生受教權益日受重視，師生特別權力關係論，頗受批評。因此，師生特別權力關係已有所修正，最近大家比較採認「師生均在法律體系內享有完整之人格權，互為平等之個體」（註十），已與傳統所持的師生特別權力關係有所不同。

就師生之間的法律關係而言，教師對學生有教育權，殆無疑義；惟教師是否具有懲戒權，則有所爭議。依《民法》第一○八五條：「父母得於必要範圍內懲戒其子女。」子女於學校上課期間，可視為父母對子女教育權委託於教師，於是發生《民法》上第五二八條：「稱委任者，謂當事人約定，一方委託他方處理事務，他方允為處理之契約。」的委任關係，但雙親懲戒權是否委託於教師，仍是見仁見智。

一般而言，教師在教學過程中，為矯正學生不當行為，以及排除學生干擾或妨礙教學活動之各種不良行為，以建立良好的秩序，確保班級教學及學校教育活動正常進行，採取適當的懲戒措施，常常是不可避免的事實。所以，《教師法》第三十二條第四項之規定：教師負有「輔導或管教學生，導引其適性發展，並培養其健全人格」之義務，正式確立了教師管教的責任。是故，教師仍不能將懲戒視為一種權利。

教師不論在懲戒或管教學生，都必須顧及到教育的目的；換言之，任何一種懲戒或管教措施，不得逾越必要之範圍，而且要符合教育的目的，則懲戒或管教才有其教育意義和價值。

貳、師生之間的倫理關係

師生之間的倫理關係，簡而言之，係指師生彼此之間相處的道理。任何教育活動，若缺乏師生之間的倫理關係，則將失去教育的規準，整個教育活動也會趨於紊亂。

師生之間的倫理關係，基本上是建立在彼此的情感交流基礎之上，這種情感交流與結合正是維繫良好師生關係關鍵之所在。故自古以來，即相當重視「師生倫」，是有其原因。

師生之間的倫理關係和親子之間的倫理關係，是有所不同的。前者是後天的，只有施教者和受教者相互接觸，才有可能產生；後者是先天的，具有血緣關係，不能任意加以拋棄。事實上，不管是師生之間的倫理關係或親子之間的倫理關係，都是社會關係中重大的「人倫」，兩者具有相輔相成的功能。

雖然，師生之間的倫理關係，可能會隨著社會的變遷或時間的久遠有所調整或改變；但教師若能本著「教育愛」精神，時時去關懷、幫助和提攜同學，學生自然而然地感念老師的德澤，感恩之心油然而生；正如教育家劉真先生指出：「教育愛的愛係源自教學過程中所

獲得心靈上的滿足，是以整個的教學過程爲愛的對象」（註十一）。「教育愛」是給予、是犧牲、是奉獻，而不計較任何代價或報酬，看到學生「天天進步、日日成長」，就是教師最大的喜悅。

師生之間的倫理關係，是師生雙方面的，身爲學生也不能一味地要求老師付出，不僅要體會老師們的苦心，而且也要時時尊重老師，虛心求教。若師生雙方都能獲得心理的滿足和自我的肯定，那麼師生之間的倫理關係便能可大可久，師生相處，其樂融融，乃是師生倫理關係的高度具體表現。

◆ 教育相對論

師生相處，拍拍肩可以嗎？

〔贊成〕

· 它是一種良好的互動關係的表現。

· 表達師長對學生的關懷。

· 有利於實施情感教育。

· 增進師生之間的距離，有助於師生之間的瞭解。

〔反對〕

· 部分老師心懷不軌，易流於性騷擾。

· 對學生關懷，不一定要拍拍肩、摸摸頭，還有其他替代方式。

· 易引起學生不必要的幻想。

· 師生宜保持適當距離，避免扛上罪名，產生師生戀等後遺症。

總之，師生的倫理關係，是以「愛」爲基礎。有了愛，活化了教育活動的細胞，豐富了教育生命力。正如鄭石岩先生所言（註十二）：

教育需要愛；因為愛能創造一切，化不可能為可能。今天教育上最需要的資源不是硬體設備，也不是教材或經費，我們最需要的是有能力的教育愛。有了愛心，即使是赤貧的，我們還有熱心和智慧去努力創造，去克服難題。反之，如果教育愛流失了，大家冷漠地過一天是一天，教育就失去成長的動力。

善哉斯言！說明了教育愛的重要性，教育最大的動力和希望是教育愛，它是師生倫理關係的支柱。

參、建立良好的師生關係

處在法治的社會，師生之間，多多少少存有一些法律關係，但是要建立良好的師生關係，可能要從師生關係的根本面—倫理關係著手，方易奏效。為了建立良好的師生關係，茲提出下列方式，以供參考。

一、瞭解學生身心發展和個別差異

「瞭解學生」可說建立良好師生關係的第一步驟，而將學生姓名記熟，則是首要工作。接著下來，再瞭解學生的生理、智力、能力、性向、興趣和需要等身心發展，以及學生之間彼此之個別差異。一旦瞭解學生基本背景和資料，教師才能用最適當的教材、教法，來教導學生。身為一位教師，一定要承認學生個別差異存在事實，不能一味地要求學生之表現達到最高水準，否則不僅會降低學習興趣，而且亦會有損師生關係。

二、加強師生之間接觸的機會

師生間面對面的接觸，乃是師生情感交流的最佳方式，藉著相互接觸的機會，教師可以瞭解學生問題所在，亦可協助學生解決難題，

師生之間知無不言，言無不盡。這種師生之間的交流，正是維繫良好師生關係的橋梁。是故，教師除了平時的正常教學之外，也要撥出一些時間參與學生的活動，增加彼此接觸的機會，只有老師樂於親近學生，學生才容易感受到老師的愛心。

三、善於傾聽學生表達的意見

傾聽是最好的溝通技巧，教師如果能夠充分傾聽學生所提出的各種意見，而不任意加以評論，則學生將很樂意跟老師溝通，願意將心海的消息告訴老師。所以，學生在表達意見的時候，老師不要存有任何偏見，不管是聰明者和程度較差者，都要耐心地予以接納，俟其意見表達完畢後，再慢慢予以說明或澄清，讓他（她）得到自尊。教師給予學生自尊，有助於形成良好的師生關係。

四、設身處地為學生著想

學生在學習過程中，部分行為或學習表現，未能符合教師期望，有些教師在憤怒或求好心切之下，難免會採用體罰方式來糾正學生不當行為或不良表現，這種懲戒方式對於師生關係的維護，是有其負面的影響。教師遇到學生表現不好時，最好先冷靜下來，瞭解問題原因是來自哪裡，然後再以學生的立場來考量，若是來自學生本身，除了委婉相勸外，而且亦能協助排解其難題，學生當會有所感動，頑石也會點頭。所以，教師在處理學生行為時，若能從學生角度多想想，對於建立良好的師生關係，是有其積極的功能。

五、培養學生明確的尊師觀

良好師生關係的建立，教師具有主導的地位，所以教師除了尊重學生、信任學生和關心學生外，也應當進行機會教育，舉例明示教師的苦心，讓學生能夠體會出老師所付出的心血，進而慢慢培養其尊師重道的觀念。試想：學生不尊敬老師，又如何能建立良好師生關係

呢？因此，惟有讓學生具有明確的尊師觀，才能彰顯師生關係的功能；學生出自於內心深處尊敬老師，師生關係才會可大可久。

　　總之，良好師生關係，是教學效果的潤滑劑；亦是發揮教育功能的觸媒劑。所以，每位教師應該把營造良好的師生關係，視為教學工作重要的一部分。

附　註

註一：方祖燊輯（1995）。教育家的智慧—劉眞先生語粹。遠流，第165頁。

註二：龔寶善（1971）。構成優良教師因素的分析。載於中國教育學會主編：教師素質研究。臺灣商務印書館，第109-112頁。

註三：臺灣省國民學校教師研習會・國民小學教師基本能力研究委員會（1976）。國民小學教師基本能力研究報告。臺灣省國民學校教師研習會，第251-270頁。

註四：張玉成（1994）。迎向二十一世紀國民小學教師應具備之基本能力和素養。教育部人文及社會學科教育指導委員會，第143頁。

註五：詹棟樑（1992）。教育專業人員的道德責任與專業精神。載於中華民國師範教育學會主編：教育專業。師大書苑，第125頁。

註六：朱匯森（1991）。專業精神是優良教師必備的條件。載於梁尚勇編：樹立教師的新形象。臺灣書店，第20-23頁。

註七：謝瑞智（1992）。教育法學。文笙，第361頁。

註八：吳清山（2003）。教育法規：理論與實務。心理，第61頁。

註九：吳清山（1994）。美國教育組織與行政。五南，第154頁。

註十：楊桂杰（1992）。賦予教師懲戒權之探討制定教師法爭議問題研究。立法諮詢中心專題研究報告，第3-4頁。

註十一：劉眞（1979）。教育與師道（下冊）。正中，第318頁。

註十二：鄭石岩（1994）。教師的大愛。遠流，第14頁。

💡 摘　要

- 教師是教育工作的實踐者，其所扮演的角色至少有六種：知識傳遞者、人格陶冶者、心理輔導者、終身學習者、協助校務推動者、協助社區發展者。而教師主要的任務可歸納為：擔任教學工作、幫助訓導工作、協助輔導工作、不斷研究進修、配合校務推動。

- 教師工作與其他行業相比，計有下列特性：專業性、服務性、創造性、複雜性、長期性和示範性。

- 教師所應具備基本能力甚多，主要有：基本學科能力、教學能力、輔導能力和兼辦學校行政業務能力。

- 教師修養是決定教師品質的重要因素，而職業道德和專業精神可視為構成教師修養的重要內容。

- 為了激發教師專業精神，應該從觀念的建立、制度的配合和環境的改善等方面著手，才易見效。

- 一位教師應該享有權利，約可歸納如下：學校建議權、俸給權、福利權、退休金權、撫卹金權、資遣費權、保險權、進修權、申訴權、專業自主權。

- 一位教師應該負的義務，約可歸納如下：遵守聘約、維護學生受教權益、實施教學活動、輔導或管教學生、研究和進修、嚴守教職本分、參與學校活動、保守學生資料秘密、擔任導師。

- 教師專業發展具有成長、改變、維持和激勵等多項功能。進修的方式計有下列四種：一、全時進修或研究；二、部分辦公時間專業發展；三、休假進修或研究；四、公假進修；五、公餘專業發展。

- 就師生法律關係而言，教師對學生具有教育權，殆無疑義，惟教師是否具有懲戒權，則有所爭議。

- 「教育愛」是教育最大的動力，也是師生倫理關係的支柱。為了建立良好的師生關係，不妨從下列方式著手：瞭解學生身心發展和個別差異、加強師生之間接觸的機會、善於傾聽學生表達的意見、設身處地為學生著想、培養學生明確的尊師觀。

評量題目

一、請說明一位教師所擔負的角色及其任務。

二、教師工作與其他行業相比，具有哪些特性？

三、一位教書匠和一位教育家，在教育實際工作上具有哪些差異？

四、一位優秀的老師，應該具備哪些基本能力？

五、何謂「專業精神」？如何有效激發教師專業精神？

六、教師的權利有哪些？如何有效維護教師的權利？

七、教師的義務有哪些？一位教師如何善盡自己的義務？

八、教師參與專業發展活動，可以發揮哪些功能？

九、處在知識經濟的時代，如何建立良好的師生關係？

教育小故事

教育界有大愛

〈朱靄華為救學生遭洪流沖走，犧牲自己〉

　　1981 年，景美女中高三學生一百餘人前往外雙溪郊遊，玩得正開心時，突然滔滔洪流如排山倒海般自上游奔騰而來，一陣忙亂地逃生中，有三個女生被困在溪床中一巨石上，動彈不得，景美女中訓導主任朱靄華勇渡洪流把三個女生一個個救下來，可是就在救起兩個後，水勢更加兇猛，朱靄華和第三個女生一起被水沖走，直到有人把朱靄華救上岸，他只說了一句話，表示河裡還有一位女生待救，而他自己已經回天乏術了。

節自：盧美杏（1992 年 5 月 27 日）。情願一死證明人間有大愛。中國時
　　　報，第 17 版。

〈陳益興脫光衣服保護學生，全身被毒蜂螫傷約六十處致死〉

　　1985 年，七十多名佳里鎮仁愛國小的學生，愉快地來到猴山，

這是一次郊遊踏青，由陳益興老師、郭木火老師帶隊，一切看來是那麼地順利，孰料因為一名學童頑皮誤觸蜂巢，瞬間成千上萬的虎頭蜂傾巢而出，逐一地攻擊著小朋友，陳益興老師見狀，大吼著要學生們趴下；郭木火老師也大叫著趴下，要學生用背包衣服蒙頭。

但是，毒蜂一點也不放過哭泣倒地的學生，學生們哭喊著：「老師，救我！老師，救我！」就在此時，陳益興老師突然站了起來，把自己的外套脫了下來丟給學生，然後又接著脫下上衣、內衣，讓學生包在身上，並且要學生趕快下山，一些被毒蜂螫的學生因為走不動，是由郭木火老師揹下山的。

就這樣，陳益興老師就像「母雞護小雞」一樣，守護著部分學生，而郭木火老師也來來回回地把學生帶至安全地帶，最後再回來營救陳老師時，陳老師終於不支倒地了⋯⋯。

節自：盧美杏（1992 年 5 月 27 日）。情願一死證明人間有大愛。中國時
　　報，第 17 版。

〈林靖娟老師冒著烈火，搶救孩子不幸喪命〉

1992 年 5 月 15 日，臺北市私立健康幼稚園師生浩浩蕩蕩至桃園「六福村野生動物園」舉行戶外教學，師生神情愉快地搭乘遊覽車，於車上有說有笑。

可是很不幸地，林靖娟老師所搭乘的遊覽車，在途中因車上的電視變壓器突然著火，引燃司機座下瓦斯桶，導致遊覽車開始冒火，此時師生尖叫聲不絕於耳，路上行人見狀，紛紛擊破遊覽車玻璃窗，林靖娟老師奮不顧身，冒著熊熊烈火，一個接著一個救出車上孩子，先後奮勇救出六名，林靖娟眼看車上還有哀嚎待救的孩子，於是再衝入已成一片火海的車上，設法搶救其他孩子，然而林老師的生命已是⋯⋯。

待火苗漸漸熄滅後，大家仍然希望有奇蹟出現，可是所看到林老師懷抱四名孩子葬身火場，親睹此狀或聞者，無不愴然落淚，咸感悲痛不已。

個案研討

幫助學生成為最棒的人

　　2014 年美國第 62 屆「國家年度教師」（national teachers of the year）得獎者—西恩・麥考姆（Sean McComb），來自於馬里蘭州巴爾的摩縣公立學校系統（Baltimore County Public Schools, BCPS）帕塔普斯科高中與藝術中心（Patapsco High School and Center for the Arts），他是一位英語老師，在得獎時特別提到：「我是英語老師，但我教的對象不是英語，而是學生。作為老師，我的首要任務是確保學生感受到老師的愛和關心。在我的支持下，學生會嘗試挑戰自我。」正如所言，身為一位教師不只是傳授學科知識而已，最重要是教導學生全人發展，教師的愛與關心即關鍵所在。

　　此外，他也提到：「作為老師，我們從事教育的目的並不是獲得榮譽與獎項。像大多數老師一樣，我只希望能夠積極地影響學生，讓學生快樂地學習，並幫助他們成為『能夠成為的最棒的人』。」的確如此，教師得獎不是目的，最重要的是盡自己所能，幫助學生學習與成長，讓學生成為最棒的人。

資料來源：吳清山（2016）。教育的正向力量。高等教育，第 35-36 頁。

思考問題

一、身為一位教師，如何鼓勵學生自我挑戰？

二、身為一位教師，如何影響學生邁向成功？

第六章

教育的場所─學校

學習目標

一、熟知學校行政組織的型態。

二、瞭解學校行政人員的員額編制。

三、列舉學校建築規劃的原則。

四、說明增進學校建築環境效果的途徑。

五、分析有效能學校的內涵。

六、描述發展有效能學校的途徑。

學校是實施教育最重要的場所；爲使學生能夠得到最適當的教育，身爲學校教育人員，必須用心來經營一所學校，才能發揮學校的功能。

學校可視爲一種機構，一定有其功能、組織和人員，俾利於學校的運作。因此，本章分學校的行政組織、學校的行政人員、學校的建築和有效能的學校等四部分說明。

······· 第一節　學校的行政組織 ·······

學校的角色，基於不同的哲學信念，可能會有所差異。基本上，學校的角色主要有三種：㈠再製（reproduction）：教導過去的傳統文化；㈡再調整（readjustment）：改變教學內容，反映社會變遷及當前社會需求；㈢再建構（reconstruction）：設法建構未來的社會（註一）。因此，學校應該提供學習者各種學習機會，並設法滿足學習者需求，才足以扮好其應有的角色。

不管學校是扮演何種角色，最重要的是要能發揮某種特定的功能。換言之：角色要能發揮功能，始具有意義與價值。學校功能與其角色可謂息息相關。國內陳奎憙曾將學校教育功能分爲三種：社會化、選擇和照顧（或保護）（註二）。

學校爲了發揮其功能，達成其特定教育目標，必須依其特性、規模和需求設置一定的組織，以利校務有效運作。茲就國民小學和國民中學、高級中等學校行政組織分別說明如下。

壹、法律依據

　　國民小學和國民中學行政組織設置之法律依據，為《國民教育法》；而高級中等學校行政組織設置之法律依據，為《高級中等教育法》，這兩項法律，對於不同層級的學校各有不同規定。

貳、行政組織

一、國民小學和國民中學行政組織及掌理事項

　　依《國民教育法》第十條規定：國民小學及國民中學，視規模大小，酌設教務處、學生事務處、總務處或教導處、總務處，並應設輔導室或輔導教師、人事室、主計室；但規模較小的學校未設人事和主計單位之公立學校，得由直轄市、縣（市）人事及主計主管機關（構）指派所屬機關（構）、學校之專任人事、主計人員或經有關機關辦理相關訓練合格之職員兼任之。

　　至於學校各處（室）之下，要設多少處（室）組，只要符合總量管制精神，可以彈性調整各處（室）組。雖然各處室設置無硬性規定，但目前國民小學和國民中學的行政組織，大致可歸納為下列三種型態：

　　㈠十二班以下的行政組織。

　　㈡十三班至二十四班以下的行政組織。

　　㈢二十五班以上的行政組織。

　　這些型態的行政組織，如〔圖6-1〕至〔圖6-3〕所示，但國民小學和國民中學仍有些差異，國民中學可能就直接設教務處、學生事務處、總務處、輔導室、人事室、主計室等單位，不會設教導處。至於實驗國民小學及實驗國民中學得視需要增設研究處，並得設組。

圖 6-1　十二班以下之行政組織（參考）

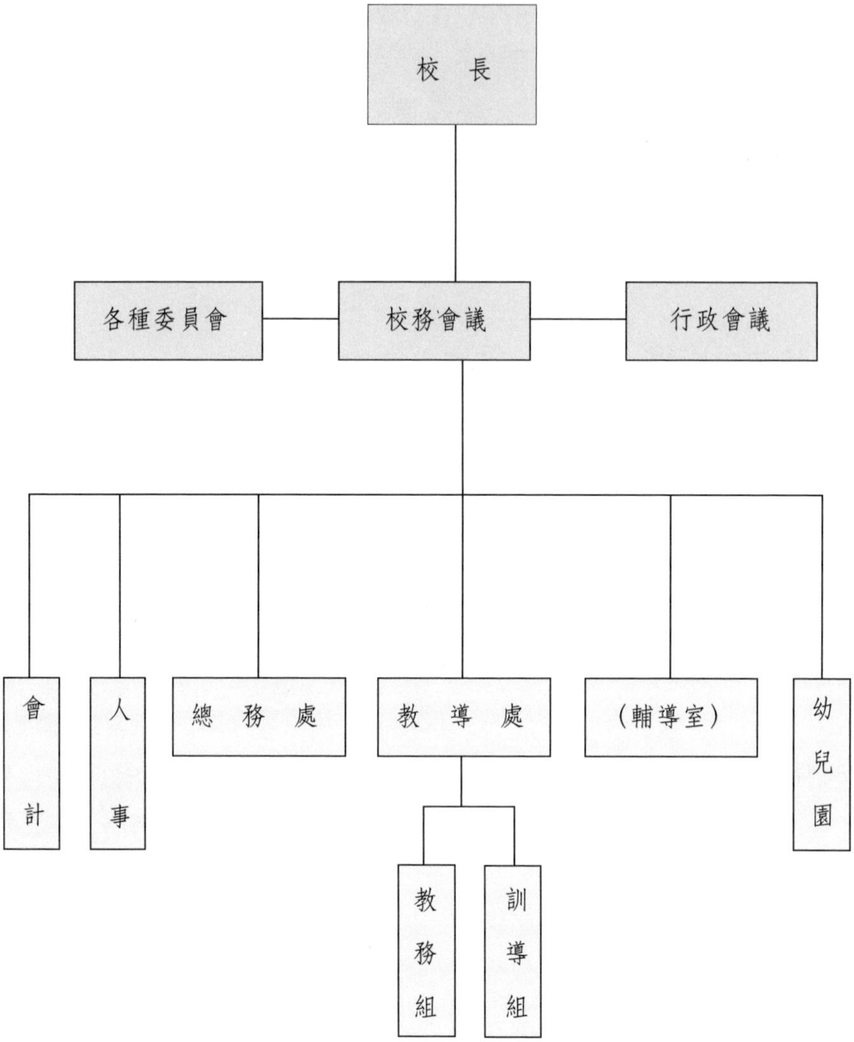

```
                        ┌──────────┐
                        │  校  長  │
                        └────┬─────┘
                             │
        ┌──────────┬─────────┼─────────┬──────────┐
        │          │         │         │          │
   ┌─────────┐ ┌────────┐ ┌────────┐
   │ 各種委員會│ │ 校務會議│ │ 行政會議│
   └─────────┘ └────┬───┘ └────────┘
                    │
    ┌─────┬─────┬───┴───┬───────┬──────┐
    │     │     │       │       │      │
  ┌───┐ ┌───┐ ┌─────┐ ┌─────┐ ┌──────┐ ┌───┐
  │會 │ │人 │ │總務處│ │教導處│ │(輔導室)│ │幼兒│
  │計 │ │事 │ └─────┘ └──┬──┘ └──────┘ │園 │
  └───┘ └───┘           │            └───┘
                    ┌────┴────┐
                  ┌────┐  ┌────┐
                  │教務組│  │訓導組│
                  └────┘  └────┘
```

圖 6-2　十三至二十四班之行政組織（參考）

```
                    ┌─────────┐
                    │  校　長  │
                    └────┬────┘
                         │
      ┌──────────────────┼──────────────────┐
┌─────────┐        ┌─────────┐         ┌─────────┐
│ 各種委員會 │────────│ 校務會議 │         │ 行政會議 │
└─────────┘        └────┬────┘         └─────────┘
                         │
 ┌────┬────┬─────┬─────────┬─────────┬─────────┬────┐
┌──┐ ┌──┐ ┌────┐  ┌────┐    ┌────┐   ┌────┐  ┌──┐
│會│ │人│ │總務處│  │教務處│    │學務處│   │(輔導室)│ │幼│
│計│ │事│ └──┬─┘  └──┬─┘    └──┬─┘   └────┘  │兒│
│室│ │室│     │       │         │             │園│
└──┘ └──┘  ┌─┴─┐  ┌──┼──┐   ┌──┼──┐          └──┘
           文  事   資 註 教    衛 體 訓
           書  務   訊 冊 學    生 育 育
           組  組   組 組 組    組 組 組
```

註：學校教職員工 30 人以上才設人事室、會計室

圖 6-3 二十五班以上之行政組織（參考）

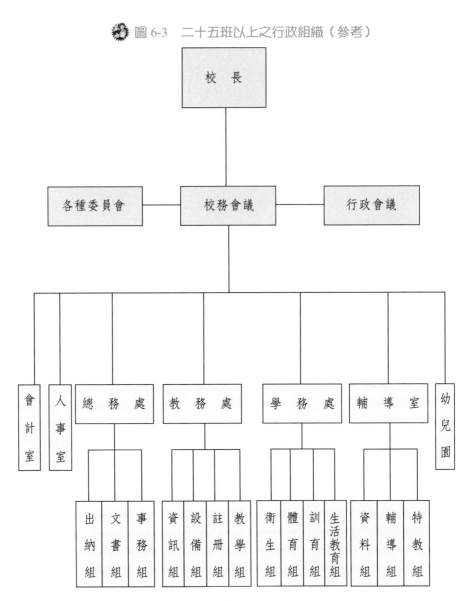

註：學校有特教班二班以上時得設置特教組

依《國民教育法施行細則》第十四條規定：「國民小學及國民中學各處、室掌理事項如下：

一、教務處：課程發展、課程編排、教學實施、學籍管理、成績評量、教學設備、資訊與網路設備、教具圖書資料供應、教學研究、教學評鑑，並與輔導單位配合實施教育輔導等事項。

二、學生事務處：公民教育、道德教育、生活教育、體育衛生保健、學生團體活動及生活管理，並與輔導單位配合實施生活輔導等事項。

三、總務處：學校文書、事務、出納等事項。

四、輔導室（輔導教師）：學生資料蒐集與分析、學生智力、性向、人格等測驗之實施，學生興趣成就與志願之調查、輔導及諮商之進行，並辦理特殊教育及親職教育等事項。

五、人事單位：人事管理事項。

六、主計單位：歲計、會計及統計等事項。

設教導處者，其掌理事項包括教務處及學生事務處業務。」

二、高級中等學校行政組織及處室掌理事項

依《高級中等教育法》第十八條規定：「高級中等學校為辦理教務、學生事務、總務、實習、資訊、研究發展、繼續進修教育、特殊教育、建教合作、技術交流等事務，得視學校規模及業務需要設處（室）一級單位，並得分組（科、學程）為二級單位辦事。」此外，在該法第二十條、二十一條、二十二條及二十三條分別規定高級中等學校設輔導處（室）、圖書館、人事管理機構、主計機構等單位。

依此而言，高級中等學校因規模級業務需要不同，各校所設行政組織可能有所差異，但依《高級中等學校組織設置及員額編制標準》之規定，學校設下列一級單位：

　　㈠教務處。

　　㈡學生事務處。

㈢總務處。

㈣輔導處（室）。

㈤圖書館。

㈥實習處：技術型學校應設置；綜合型學校或設有專業群、科、學程之普通型學校，得設置。

㈦特殊教育處：辦理特殊教育十八班以上者，得設置。

㈧建教合作處：辦理建教合作十八班以上者，得設置。

㈨進修部：辦理進修教育者，得設置。

㈩資訊室、研究發展處、技術交流處或其他處（室）：得視業務需要設置。

此外，學校設人事室或置人事管理員，以及設主（會）計室或置主（會）計員。

至於二級單位之設置，亦有如下規定：

㈠教務處

1. 得設教學、註冊、設備、試務、課務、實習及就業輔導、實驗研究各組辦事。但設有實習處者，不得設實習及就業輔導組。

2. 普通型學校設有綜合高中學程十二班以上者，得設綜合高中組。

㈡學生事務處：得設訓育、生活輔導、體育、衛生、社團活動各組。

㈢總務處：得設文書、庶務、出納各組。

㈣輔導處（室）：得設輔導、資料各組。

㈤圖書館：得設技術服務、讀者服務、資訊媒體各組。

㈥實習處：得設實習、就業輔導、技能檢定各組；辦理建教合作在十七班以下者，得設建教合作組。

㈦學校辦理實用技能學程六班以上者，得視實際需要於適當單位增設實用技能組。

㈧學校辦理特殊教育班二班以上十七班以下者，得增設特殊教育組。

㈨進修部：得設教務、教學、註冊、學生事務、生活輔導、衛生、實習輔導各組。

㈩資訊室、研究發展處、特殊教育處、建教合作處、技術交流處或其他處（室）：得視業務需要分組。

各處室掌理事項如下：

㈠教務處：辦理課程編排、教學實施、學籍管理、成績評量、教學設備、教學研究、註冊事務、教具圖書資料、招生與升學作業、學習輔導、特殊教育及其他有關事項。

㈡學生事務處：辦理訓育、生活輔導、體育、衛生、社團活動、營養保健、性別平等教育委員會、防制校園霸凌因應小組及其他有關事項。

㈢總務處：辦理文書、檔案管理、公文管理、事務、出納、工友管理、物品採購、營建修繕、財產管理及其他有關事項。

㈣輔導處（室）：辦理學生輔導與諮商、資料建立與管理、生涯輔導及其他有關事項。

㈤圖書館：辦理技術服務、資訊媒體、讀者服務及其他有關事項。

㈥實習處：；辦理學生實習、技能檢定、學生就業輔導、建教合作及其他有關事項，但設有建教合作處者，由該處辦理建教合作事項。

㈦特殊教育處：得設置；辦理特殊教育及其他有關事項。

㈧建教合作處：辦理建教合作及其他有關事項。

㈨進修部：辦理進修教育者，得設置；辦理進修教育及其他有關事項。

㈩資訊室：辦理資訊業務及其他有關事項。

(十一)研究發展處：辦理研究發展及其他有關事項。

㈣技術交流處：辦理技術交流及其他有關事項。

至於處（室）以下設多少組，在《國立高級中等學校組織規程準則》亦有如下規定：

㈠未達二十四班者：九組。

㈡二十四班以上未達三十六班者：十一組。

㈢三十六班以上未達四十八班者：十三組。

㈣四十八班以上未達七十二班者：十五組。

教育小資料

學校三項特別功能

杜威在其《民主主義與教育》一書中曾指出學校有三項特別功能：

第一，學校首要任務是提供一個簡化的環境，學校選擇一些基本的且是幼年人有能力反應的部分，排定一個漸進的順序，運用先前習得的經驗作為瞭解更複雜事物的媒介。

第二，學校應盡可能消除存在於環境中的無價值事物。

第三，學校應平衡社會中的種種要素，並努力使每個人都有機會脫出所屬社群的限制，而進入更寬廣環境的生活。

資料來源：林寶山譯，杜威原著（1990）。**民主主義與教育**。五南，第20-21頁。

第二節　學校教職員額編制

學校教職員，為學校運作核心，其員額編制多寡都會影響到學校經營的成效，茲分別就國民小學、國民中學和高級中等學校之員額編制說明如下。

壹、國民小學教職員員額編制

依《國民小學與國民中學班級編制及教職員員額編制準則》之規定，國民小學教職員員額編制如下：

一、校長：每校置校長一人，專任。

二、主任：各處、室及分校置主任一人，除輔導室主任得由教師專任外，其餘由教師兼任。

三、組長：各組置組長一人，得由教師兼任、職員專任或兼任。

四、教師：每班至少置教師一·六五人；全校未達九班者，另增置教師一人。

五、專任輔導教師：班級數二十四班以下者，置一人；二十五班至四十八班者，置二人；四十九班以上者以此類推。

六、幹事、助理員、管理員及書記（包括各處室職員及圖書館、教具室、實驗室管理員等，不包括人事、主計專任人員）：七十二班以下者，置一人至三人；七十三班以上者，置三人至五人。

七、圖書館專業人員：至少應置一人，且專業人員占圖書館工作人員之比率應達三分之一；其專業人員，得由符合圖書館設立及營運標準規定之教師或職員專任或兼任。

八、營養師及護理師或護士：依學校衛生法規定辦理。其具有護理師資格者，以護理師任用；具有護士資格者，以護士任用。

九、住宿生輔導員：山地及偏遠地區學校，學生宿舍有十二人以上住

宿生者，得置住宿生輔導員一人；五十人以上住宿生者，得置住宿生輔導員二人。但學生宿舍有十一人以下住宿生者，必要時得置住宿生輔導員一人或指派專人兼任。

十、運動教練：得依國民體育法規定置專任運動教練若干人。

十一、人事及主計人員：依有關法令之規定辦理。

貳、國民中學教職員員額編制

依《國民小學與國民中學班級編制及教職員員額編制準則》之規定，國民中學教職員員額編制如下：

一、校長：每校置校長一人，專任。

二、主任：各處、室及分校置主任一人，除輔導室主任得由教師專任外，其餘由教師兼任。

三、組長、副組長：各組置組長一人，得由教師兼任、職員專任或兼任；六十一班以上者，學生事務處及輔導室得共置副組長一人至三人，得由教師兼任。

四、教師：每班至少置教師二·二人，每九班得增置教師一人；全校未達九班者，得另增置教師一人。

五、專任輔導教師：班級數十五班以下者，置一人；十六班至三十班者，置二人；三十一班以上者以此類推。

六、幹事、助理員、管理員及書記（包括各處室職員及圖書館、教具室、實驗室、家政教室管理員等，不包括人事、主計專任人員）：三十六班以下者，置二人至九人；三十七班至七十二班者，置三人至十三人；七十三班以上者，置五人至二十人。

七、圖書館專業人員：至少應置一人，且專業人員占圖書館工作人員之比率應達三分之一；其專業人員，得由符合圖書館設立及營運標準規定之教師或職員專任或兼任。

八、營養師及護理師或護士：依學校衛生法規定辦理。其具有護理師

資格者，以護理師任用；具有護士資格者，以護士任用。

九、住宿生輔導員：山地及偏遠地區學校，學生宿舍有十二人以上住宿生者，得置住宿生輔導員一人；五十人以上住宿生者，得置住宿生輔導員二人。

十、運動教練：得依國民體育法規定置專任運動教練若干人。

十一、人事及主計人員：依有關法令之規定辦理。

參、高級中等學校教職員員額編制

高級中等學校教職員員額編制，係依《高級中等學校組織設置及員額編制標準》之規定，高級中等學校教職員員額編制如下：

學校教師員額編制如下：

一、普通科：每班置教師二人，每達四班，增置教師一人。

二、專業類科：

　㈠農業、海事水產類：每三班置教師八人；未達三班者，二班置五人，一班置二人。但農業類之農業機械科每班置三人。

　㈡工業及藝術類：每班置教師三人。

　㈢商業及家事類：每二班置教師五人；未達二班者，一班置二人。

　㈣除工業類外，設有五科以上者，每增二科得增置教師一人。

　㈤綜合高中學程：每班以二點五人為原則。但辦理工業、農業及海事水產綜合高中課程者，每班置三人。

三、實用技能學程：日間授課每班置教師一人，每滿四班增一人；夜間授課每班置教師二人。

四、特殊教育班：依高級中等以下學校特殊教育班班級及專責單位設置與人員進用辦法規定辦理。

五、體育班：依高級中等以下學校體育班設立辦法規定辦理。

六、進修部：每班置教師二人，並得由學校現有教師兼任。

七、專任輔導教師：學校班級數十二班以下者，置一人；十三班至二十四班者，置二人；二十五班以上者以此類推。

八、導師：每班置一人，由編制內專任教師兼任，但建教合作班得依需要增置導師員額；特殊教育班導師，依高級中等以下學校特殊教育班班級及專責單位設置與人員進用辦法規定設置。

九、兼行政職務人員：

（一）學校得置副校長一人，由校長就曾任一級單位主管以上人員聘兼之；未置副校長者，得置秘書一人，由校長就編制內專任教師聘兼之。

（二）教務處、學生事務處、總務處及實習處各置主任一人，除總務處主任得由教師兼任或職員專任外，其餘均由校長就專任教師聘兼之；其所屬各組，除總務處之組長由職員專任、學生事務處負責生活輔導業務之組長得由具輔導知能之人員兼任外，其餘由校長就專任教師聘兼之或由職員專任。

（三）輔導處（室）置主任一人，由校長就專任輔導教師聘兼之。如因業務設組，其組長由校長就具輔導知能之專任教師聘兼之。

（四）圖書館置主任一人，由校長遴選具有專業知能之人員專任，必要時得由具有專業知能之專任教師聘兼之。

（五）普通型學校、技術型學校及綜合型學校，設有專業類科二科以上者，每一專業科置科主任一人；設有專門學程總班級數四班以上者，置學程主任一人，由校長就各該專業科、學程之專任教師聘兼之。

（六）資訊室、研究發展處、特殊教育處、建教合作處、技術交流處、進修部或其他一級單位，置主任一人，由校長就專任教師聘兼之。

（七）進修部組長，得由校長就專任教師聘兼之。

由此可見，高級中等學校涉及到不同類型的學校，普通型學校

（一般高中）、技術型學校（高職）、綜合型學校（綜高）、單科型
學校（特定學科領域，例如藝術、體育和餐飲），其員額編制可說要
比國民小學和國民中學複雜，其中行政人員之編制，高級中等學校要
比國民中學和國民小學爲多。

　　基於以上的資料，可就教師員額編制標準比較如〔表6-1〕所示：

表 6-1　國民小學、國民中學和高級中等學校教師員額比較

類別	每班編制	備註
國民小學	1.65 人	全校未達 9 班者，另增置教師 1 人。
國民中學	2.22 人	每 9 班得增置教師 1 人；全校未達 9 班者，得另增置教師 1 人。
高級中等學校	1. 普通科：2 人 2. 農業、海事水產類：每 3 班置教師 8 人；未達 3 班者，2 班置 5 人，1 班置 2 人。但農業類之農業機械科每班置 3 人。 3. 工業及藝術類：每班置教師 3 人。 4. 商業及家事類：每 2 班置教師 5 人；未達 2 班者，1 班置 2 人。	普通科每達 4 班，增置教師 1 人。

　　從〔表6-1〕資料得知，國民小學之每班教師員額標制要比國民
中學和高級中等學校爲低，基於國民小學學生需要更多的照顧，未來
可視政府財政狀況，酌增其員額編制。

❖ 教育補給站

教師授課節數

依《國民中小學教師授課節數訂定基準》之規定，在國民中小學專任教師之授課節數，依授課領域、科目及學校需求，每週安排十六節至二十節爲原則，且不得超過二十節之上限，專任教師兼任導師者，其授課節數與專任教師之差距以四節至六節爲原則。

依《國立高級中等學校教師每週教學節數標準》之規定，在高級中等學校除語文領域（國文和英文）專任教師爲十四節，兼任導師之專任教師爲十節，其餘各領域專任教師爲十六節，兼認導師之專任教師爲十二節。

·············· 第三節　學校的建築 ··············

學校除了要發揮「身教」、「言教」、「制教」（制定及宣導各種學校規章）等功能外，更要發揮「境教」的功能，才能培養一個優秀健全的個體。

從環境心理學角度而言，個體行爲無時無刻不與環境產生交互作用，「人造環境、環境造人」，即爲最佳寫照。在環境中最爲具體者，莫過於建築，所以在談到學校功能的展現，不得不考慮學校建築的重要性。

一般而言，「學校建築」名詞有廣狹二種涵義，就狹義而言，是指學校內的校舍；就廣義來說，乃是指所有全部校舍、運動場、校園及其附屬設備而言（註三）。學校建築不僅象徵整個社會文化的色彩和表現出時代精神，更重要的，它具有教育的功能，校內的一草一

木,一磚一石,都有教育的意義,所以學校建築的規劃、設計、造型與布置,都會影響到教育功能的發揮 (註四)。

壹、學校建築規劃的原則

學校建築規劃的原則,依各專家學者之意見,個人將其歸納為八大原則,其內容如下 (註五):

一、教育原則

學校是學生受教場所,學校建築的主要功能,無非是在提供學生良好的教育環境,為使學校建築能夠充分其教育功能,則學校建築規劃必須考慮到教育的價值,所謂「教育的價值」係指有助於教師教學和學生學習,因此校舍或辦公室之規劃,應有助於師生互動或教師間互動;而且便利教師教學和學生學習;此外,對於校園之規劃,亦應考慮人性的需求,反映出教育理念,使師生能享受一個愛的溫馨園地。

二、整體原則

學校建築係由各種不同的空間所組合,所以學校不是具備了校地、校舍、校園及運動場,就能構成一所完美的學校,而是必須在這些空間區域裡,進行整體的規劃,使學校表現出一致、和諧之美。所以,在進行學校建築規劃時,必須對校地環境、區域結構、區域計畫及材料色彩等各方面去尋求空間上與時間上的連貫,使學校不會讓人覺得建築環境雜亂無章,而能充分展現學校整體之美。

三、實用原則

學校建築必須考慮使用者的需求。因此,學校建築必須避免造成師生任何行動上的不便。所以,學校建築在各項校舍、校園、運動

場、活動中心、辦公室、教學區及設備的規劃，都須以便於教師教學和學生學習爲前提，亦即要有教育上的實用價值。很多學校蓋得美輪美奐，可是中看不中用，不符合教育的需求，致使學校建築功效大打折扣。是故，在進行學校建築規劃時，便不能不顧及實用價值。

四、安全原則

學校是教師教學和學生學習的場所，如果師生處在一個缺乏安全保障的環境下，則教師必無心教學、學生必無心學習，那麼學校教育就毫無功效可言。心理學家馬斯洛（Abraham Maslow）曾將安全需求列爲人類五大基本需求（依序爲生理需求、安全需求、愛與隸屬需求、尊重需求及自我實現需求）之第二層次，可見安全對於個人發展是具有相當重要的影響力。爲了確保學校建築的安全，在規劃時，必須對校地的地質地勢、校舍結構的承載量，以及建築材料的容許應力（如張力、拉力、壓力、彎力、剪力）有深入瞭解，和考慮防震、防火、防水、防颱，並於施工時嚴加監督，以保證工程的品質；此外，學校建築及設備之定期維護，亦應列爲學校重要工作項目之一。

五、經濟原則

學校建築的費用，都有一定的預算，所以不能過於浪費，所謂「經濟原則」乃指以最低的成本獲得最大的利益，每一分錢都花在刀口上。所以學校建築規劃時，應以最合理的建築經費、最適當的建築材料、最恰當的空間運用、最切實的營造施工，以發揮最大的效果。目前公立學校建築，由於受到審計制度的影響，常常發現工程品質不良，弊端叢生，增加日後維修困難，此亦是違反經濟原則。是故，學校建築費用應以學校的地質條件、四周環境，及建築功能決定其單價，才符合經濟原則。

六、衛生原則

　　學校環境衛生的品質，直接影響到師生的健康。在一個衛生欠佳的環境，學生很難得到良好的學習效果。因此，學校建築規劃時，對於採光、通風、照明、防潮、防熱、防寒、防噪音、給水、排水、廁所、廚房設施、垃圾及廢棄物處理等，都必須給予合理而妥善的規劃，務使這些都能符合衛生原則，以確保師生的健康。此外，對於學校環境整潔之維護，亦應指定專人負責，並分配環境清潔責任區，最好是由師生共同維護，相信可使師生有一個優良的學習環境。

七、美觀原則

　　學校環境中之校舍、運動場、道路、庭園……，構成了學校景觀的內涵。為使學校景觀發揮美的價值，以陶冶學生品德，必須對於學校建築中的線、形、色、質四項視覺元素在空間的排列組合，創造出空間美；此外，對於校園規劃時，也應考慮對稱、一致與和諧的概念，才能充分展現校園之美。目前學校致力於環境的美化和綠化，其主要目的在創造一個美好的景觀，提供師生一個賞心悅目的教育環境。

八、發展原則

　　學校建築具有長遠特性。因此，學校建築規劃，必須考慮未來發展需求，亦即要有前瞻性規劃，以因應將來變更或擴充之需。為了使學校建築規劃能夠符合發展原則，在規劃時應預留校地空間，並採用開放式校舍設計，以及非永久性隔間，以便日後學生人數增加、教學設備充實或更新，有適當的空間可資利用。

貳、增進學校建築環境效果的途徑

學校建築環境為師生每天（假日除外）活動的空間，在一個舒適安全清爽的環境下，對於提升教學效果，具有相當大的助益。一位優良的校長，必不會忽視學校建築環境的重要性。

每個人都有機會到過各種不同學校，學校建築常是留給外人的第一印象，假如你參觀一所學校，看見的是擁擠不堪的校舍、教室破損東一塊西一塊、垃圾紙屑處處可見，相信你對這所學校不會留下深刻良好的印象；相反地，你拜訪另一所學校，所見到的是整齊的校舍，清爽乾淨的校園，你會覺得它是教育的好場所。

學校建築環境的好壞，並不在於學校的位置或歷史長短；主要還是在於校長及同仁們是否用心來經營學校。為提升學校建築環境效果，茲提供下列途徑，以供參考：

一、校園分區，宜適當規劃

校園分區，宜從學校特性及需要，做一全盤性整體考量。國民小學之校園，依其功能主要可分為行政區、教學區、運動區、實習區、遊樂區、作業區和緩衝區等部分，各區之規劃重點如下（註六）：

㈠**行政區**：通常在校門與大樓間。行政中心所在，應與所有的分區有關聯，庭園要莊嚴美觀，表現出辦公地區之嚴肅。

㈡**教學區**：教室所在地，下課間調劑精神之區域，布置以樹木草地為主，安排座椅休息，以簡單舒適為原則。

㈢**運動區**：運動設施所在地，以運動為主，遮蔭防風沙及休息為副。一般常以草地不易維護，樹蔭太少為其缺點，設置地點最好遠離教學區，以免噪音影響上課。

㈣**實習區**：教材園及室外教室等，提供教學實習之用，不必要求美觀，只要整齊、乾淨，不影響校園整體美即可。

㈤**遊樂區**：課餘時間遊玩娛樂之區，應有各項遊樂設施，讓學生休閒之用。有些學校與運動區結合在一起。

㈥**作業區**：福利社、餐廳、倉庫、門房、垃圾場、停車場及各種操作區域，以實用為主。重視整齊、清潔，以不影響校園整體美觀為原則。

㈦**緩衝區（邊側區）**：各分區之緩衝地帶及校園之外圍地帶，有環境之改善功能。種高樹木，減少灰塵、噪音，把學校周圍以綠帶圍起來。

二、做好校園綠化美化工作

校園綠化本身具有美化校園、平衡生態、輔助教育、消滅公害、倡導遊樂、防黴殺菌，和滿足心願等功能（註七）。

校園綠化美化不應僅限於校門、庭院、學校四周，而且還應包括教室窗臺、教材園，甚至於屋頂。一般而言，校園綠化最重要工作在於種植適宜的植物，以及做好維護與管理。理想的植物應該具有抗病力強、耐寒性強、耐熱性強、能容忍乾旱、耐修剪等條件；事實上，要同時具備這些條件，幾乎不可能，因為能耐寒，又能耐熱者，很難同時存在，所以校園綠化，常常選擇二種以上的植物或綠草。至於校園美化可從造形藝術著手，除了重視學校圍牆，校舍建築美化外，亦可在校園適當地點，設置一些浮雕，增加學校藝術氣息，美化師生心靈。

三、設置無障礙校園環境

學校應尊重每一位受教者的權益，幫助學生有效學習。就狹義的觀點，「無障礙」的校園環境，主要是殘障設施的設置；就廣義的觀點，「無障礙」的校園環境，應為使用者（不限於殘障者）解除空間上和時間上的障礙；就更廣義的觀點，或從人文教育環境的角度來看，「無障礙」的校園環境，在空間無障礙和時間無障礙之外，更重

視人際間無障礙，亦即為同一生活空間的師生，締造人際間的交流，減少師生的隔閡，以增進師生情誼，提振校園倫理（註八）。為落實「無障礙校園環境」，最基本的工作就是要照顧殘障者學習、生理和生活需求，所以有必要加強下列工作（註九）：

㈠室外引導通路應設置導盲磚。

㈡避難層及室內出入口淨寬度不得小於 80 公分。

㈢斜坡道有效寬度為 150 公分以上，坡度不得超過十二分之一，扶手高度 80-85 公分（如為二道扶手，高度為 65-85 公分），坡道的平臺最少需有 150×150 公分的迴轉或開門之空間。

㈣殘障廁所，空間以 200 公分 ×200 公分較適當，出入口有效寬度為 80 公分以上，應裝設外開門、自動門、拉門或折疊門，內部應設置固定或迴轉扶手，地面應使用防滑材料。

㈤水龍頭宜使用長柄把手。

㈥昇降機（電梯）應有點字牌和語音系統。

㈦停車位寬度應在 3.3 公尺以上，並設立殘障者停車位標誌。

隨著教育改革及開放教育的倡導，直接衝擊到學校建築空間的規劃，加速了學校建築的轉型，開放教學空間的規劃或者異於「普通教室」及「專科教室」的「多目的（用途）空間」（註十），恐怕是未來學校建築革新的重點。

教育小檔案

學校綠建築指標

學校綠建築為促進綠色校園、永續發展的重要策略，1990 年以來，臺灣的綠建築政策為了簡化、量化的目的，採用綠化、基地保水、日常節能、CO_2 減量、廢棄物減量、水資源、污水垃圾改善等七

大指標。經過三年以來的評估經驗與各界建議，內政部除了上述七大指標外，又增加生物多樣性和室內環境等兩大指標。

資料來源：湯志民（2003）。學效綠建築規劃之探析。載於中華民國學校
　　　　建築研究學會主編：永續發展的學校建築（第 11-70 頁）。中
　　　　華民國學校建築研究學會，第 51 頁。

第四節　有效能的學校

有效能學校（effective school）研究的起源可追溯至 60 年代，柯曼（J. S. Coleman）等人所提出《教育機會均等報告書》（*Equality of Educational Opportunity*），但有效能學校實際成形則是在 70 年代左右的事。

壹、有效能學校的內涵

最初對有效能學校的看法，認為是學校對學生的影響（school can make a difference），亦即貧窮或文化不利的小孩，透過適當的教育方法，在學校會有良好的表現。因此，應該設計一些學校教育改進方案來協助這些小孩。最初，有效能學校是指智育成績優良的學校，智育成績通常以閱讀和數學二科為代表。

後來，艾德曼（R. R. Edmonds）根據其學校效能的研究，進一步指出有效能學校的特徵為：強勢領導、和諧及人性氣氛、經常督視學生進步，對學生們高度期望、重視學生重要技能學習。這種論點，成為以後探討有效能學校特徵之重要依據。

由於利用智育成績優良作為有效能學校認定之標準，過於偏頗，

所以有些學者認為其認定標準應該加入學校適應力、成員工作滿足等方面，始算周延。

個人在從事學校效能研究中，曾建立國內評量國小學校效能指標有十項：學校環境規劃；教師教學品質；學生紀律表現；學校行政溝通與協調；學生學業表現；教師工作滿足；學校課程安排；學校家長彼此關係；師生關係；校長領導能力（註十一）。這十項指標，對於國內有志研究學校效能之人員，具有一定參考價值。

貳、發展一所有效能學校

有效能學校，才可能使家長和師生得到最大滿意。因此，發展一所有效能學校，至為重要，茲從行政領導、學校文化、學校建築、教師效能等方面說明之（註十二）：

一、行政領導方面

「有怎樣的校長，就有怎麼的學校」，故校長的行政領導關係著學校的良窳。因此，行政領導常被視為學校效能的重要變項之一，那麼校長如何採用適當的行政領導方式，增進學校效能呢？

教育小檔案

實施人性化的領導

「人性化」學校行政領導的理念，乃是以「人」為中心，以「人」為本位，來發展個體的自由和潛能，進而實踐個體完美的人格。所以「人性化」的學校行政領導，在於尊重人性、關懷部屬，虛懷若谷、寬以待人，勤於溝通、勇於任事，以身作則、知人善任，樂於助人、信賴部屬。這種「人性化」的行政領導方式，才能讓部屬感受到人格的尊重與價值，進而為組織貢獻心力，提高組織績效。

(一)運用權變式的領導

學校係由不同的成員所組成，同時也需要面對著各種情境。因此，學校校長常需因人制宜、因地制宜和因時制宜，採用不同的領導方式，亦即所謂「權變式」的領導。很多研究發現採用「權變式」的領導，可激勵部屬的工作士氣，提高學校行政效能。所以，校長採用「權變式」的領導，對校務發展是具有極大的助益。

(二)採用專業化的領導

任何一位領導者要發揮其領導效能，必須具有某些的權力，來影響部屬。因此，在領導的過程中，他（她）可能偏好採用法職權、獎賞權，或者專家權，而這些權力的運用部屬常較能心悅誠服的接受領導，所以校長能夠利用個人的特殊才能或知識來領導部屬，則處理校務將不會過於專斷或獨斷，部屬的工作士氣也因而大為提高。

二、學校文化方面

一般而言，學校文化是學校成員的共有物，它包括了信念、符號、語言、價值、儀式、期望、行為規範等，具有指導成員行為、激勵成員士氣、增進學校效能等功能。因此，領導者如果能夠善用學校組織文化的內容，塑造優良學校組織文化，對於提升學校效能，深具相當的意義和價值。茲提出下列途徑，以供參考：

(一)建立一套適當的行為規範

學校基於行政與教學的需要，經常訂定一些行為規範，要求師生共同遵守，這些規範本身具有控制的意義，如果訂定不適當，常常會影響成員的士氣，進而降低了學校效能。所以，學校所訂的一些規範，應顧及師生的需要和學校的特性，才能具有可行性。

(二) 強調追求卓越的行為期望

根據期望理論而言，教師對學生期望愈高，則學生學業和行為表現愈佳；同樣地，校長對部屬期望愈高，則部屬工作表現愈佳。是故，強調追求卓越的行為期望，對於學校教職員工深具有激勵的作用。因此，學校校長應時時展現強烈的企圖心，致力於提升學校教育品質，並對師生寄以厚望，使師生為追求精緻和卓越的目標而努力。

(三) 善用學校的典禮和儀式

學校的典禮和儀式，是為學校文化的重要內容之一，有時學校未能妥善運用之，致使流於形式或造成訓話現象，失去了典禮和儀式的功能。事實上，學校的典禮和儀式，是激勵成員士氣的最好時機，也正是展現學校團隊精神的一股文化，所以應妥為規劃與運用學校典禮和儀式，以增進成員的凝聚力和向心力。

(四) 訂定公平合理的獎懲制度

學校獎懲制度，亦為學校組織有形文化的一種，如果獎懲制度不當，常常會影響員工士氣，降低員工工作效率，荀子曾言：「名實亂，是非之形不明。」其理亦在於此。因此只有建立公平合理的獎懲制度，才能使獎懲的意義和事實相符合，進而做到「信賞必罰，綜覈名實」，學校成員才能同心協力，為校務發展而努力。

三、學校建築方面

學校建築屬於學校硬體之一，一所有效能的學校，必須軟、硬體兼備，始有可能。有關學校建築之重要性，已如前節所述，茲為提升學校效能，學校建築可從下列途徑著手：

(一) 學校建築規劃兼顧安全與整體

　　學校建築規劃，應該以「安全第一、整體為先」為前提，因為學生在安全的環境下，才有學習效果可言。所以，學校各項建築，應考慮堅固耐用，具有防火、防震、防颱的功能，同時應避免死角存在，易引起學生危險之處，如遊戲器材，也應指派專人負責；此外，對於學校校區的規劃，也要從整體著手，譬如教學區、活動區以及庭園區，宜做適當的規劃，讓師生及校外人士都感受到整體的美感。

(二) 學校建築配置利於教師教學與學生學習

　　學校建築各項空間配置，不能只以行政方便為考量，而是要考慮到教師教學需求與學生學習需要。譬如，教學空間的配置，宜針對教學科目、實驗設備、教學方法之特性予以規劃，同時也要注意採光、通風、噪音等各種因素；此外，為了因應學生個人不同需求，亦可考慮各種不同的設計，俾利於學生的學習。

(三) 學校環境力求綠化與美化

　　學校建築可視為硬體的工程，有些學校由於歷史悠久，要改變學校硬體設備，不是一件很容易的事。因此，最簡單可行且易收效之道，乃是致力於學校軟體的建設，亦即推動校園綠化與美化工作，以確保校園綠意盎然和整齊清潔，進而收到境教之效。

四、教師效能方面

　　教師支配整個教學活動的進行，學生在受教活動的過程中，其學習或行為表現的好壞，深受教師的影響，故教師可說是教育成敗的關鍵所在，一位有效能的教師，才能培養一位有效能的學生，也才能發展一所有效能的學校。因此，為了增進教師效能，可從下列途徑著手：

(一) 培養教師班級經營能力

班級經營能力可視為教師效能的重要指標之一，一位教師如果具有優秀的班級經營能力，相信可增進學生的學習效果。因此，教師在教室的規定方面，宜建立明確、合理的規定，並讓學生知道為其行為和作業負起責任，以及採用果斷的方式，處理學生任何紀律上的問題。此外，對於教室活動的安排，宜有計畫、有組織的處理，俾利於教學活動的進行。唯有如此，才能提升教師班級經營能力。

(二) 善用各種教學方式

教學是師生之間最重要的活動。學生學習興趣的提升和學習效果的增進；教師教學技巧的應用，扮演著相當重要的角色。譬如，採用精熟的教學技巧，可能使學生有較佳的學習效果；採用合作的教學法，可能較能培養學生的社會適應能力；也有人研究發現個別化教學較有利於學習成績的提高及學習態度的改善；雖然不同的教學方式會影響到學生的學習成就，但在使用時，仍要顧及到學生特性、教材內容，才能發揮到最大的教學效果。

(三) 建立教師效能感

「教師效能感」乃是一位教師能使學生在學習上或行為上具有優良的表現，以達到特定教育目標的一種感受。因此，一位教師如果對學生的學習失去了信心，則學生可能得不到激勵，導致自暴自棄，所以學者們經常建議教師們不要輕言放棄任何一位小朋友，其理在於此。所以，一位具有高度效能感的教師，對學生充滿著信心，即使偶爾遇到挫折，亦不心灰意冷，所以學生在學習上或行為上常有優異的表現。是故，教師效能感與學生成就關係極為密切，而這正是構成一所有效能學校的重要條件之一。

總之，發展一所有效能的學校，必須從整體的觀點著手，方易奏

效。換言之，必須從學校的軟體方面（人員的想法、觀念、期望、行為……）和硬體方面（建築、設備、經費……）雙管齊下，才能收到較大的效果。因為，有了這些資源的相互配合，教師將能全心投入於教學，學生亦能專心努力於學習，教學效果便能很快地彰顯出來，學生的成就就能加以印證，學校自然而然地成為一所有效能的學校。

◆ 教育資料站

學校效能指標的轉變

　　作者在 1989 年進行學校效能指標研究，2003 年又再進行指標，兩次指標略有差異，如下表所示。

民國 78 年與民國 92 年學校效能指標之比較

民國 78 年	民國 92 年
校長領導能力	校長領導能力
教師教學品質	教師教學品質
學校環境規劃	教師專業成長
學生紀律表現	行政工作效率
學校課程安排	學校學習氣氛
學校家長關係	行政支援教學
師生互動關係	家長社區支持
教師工作滿足	教師工作士氣
行政溝通協調	行政溝通協調
學生學業表現	學生學業表現

資料來源：吳清山（2003）。學校效能研究：理念與應用。臺灣教育，**619**，2-13。

附 註

註一：Johnson, J. A., Dupuis, V. L., Musial, D., & Hall, G. E. (1994). *Introduction to the foundation of American education*. Allyn and Bacon, p.89.

註二：陳奎憙（1991）。教育社會學。師大書苑，第 44 頁。

註三：蔡保田（1977）。學校建築學。國立編譯館。

註四：吳清山（1996）。教育改革與教育發展。心理，第 122-123 頁。

註五：吳清山（1994）。學校效能研究。五南，第 132-135 頁。

註六：凌德麟（1992）。淺談校園的規劃與設計。載於臺北市教師研習中心編：學校營繕工程實務。臺北市教師研習中心，第 30-31 頁。

註七：林樂健（1992）。校園美化之理念與技巧。載於臺北市教師研習中心編：校園綠化美化，第 3-4 頁。

註八：湯志民（1994）。學校建築的人文教育環境規劃。初等教育學刊，第 3 期，第 254 頁。

註九：湯志民（1997）。學校環境規劃。載於吳清山等著：有效能的學校。國立教育資料館，第 30 頁。

註十：黃世孟（1995）。教育改革中之最大教具：國民小學學校建築之轉型。載於中華民國學校建築研究學會：第四屆優良學校建築規劃評介臺灣地區高職篇。臺灣書店，第 12 頁。

註十一：吳清山（1989）。國民小學管理模式與學校效能關係之研究。國立政治大學教育研究所（未出版博士論文），臺北市。

註十二：同註四，第 142-146 頁。

💡 摘 要

・學校教育功能主要有三種：社會化、選擇和照顧。為了發揮學校教育的功能，必須設置一定的組織，惟目前國民教育法對於學校行政組織規定趨於彈性，現行國民小學和國民中學行政組織約可分為三種類型：十二班以下的行政組織、十三至二十四班的行政組織和二十五班以上的行政組織，各類型之行政組織所設單位不相同，人員編制也不一樣。

- 國民小學行政人員主要可分為：校長、主任、組長、幹事、護士或護理師、住宿生輔導員、營養師、人事人員及主計人員，除主任、組長由教師兼任外，餘均為專任。
- 學校建築影響教育功能發揮甚鉅，故規劃時應注意下列原則：教育、整體、實用、安全、經濟、衛生、美觀和發展等原則。
- 提升學校建築環境效果，可從下列途徑著手：校園分區，宜適當規劃；做好校園綠化美化工作；設置無障礙校園環境。
- 有效能學校指標計有下列十項：學校環境規劃、教師教學品質、學生紀律表現、學校行政溝通與協調、學生學業表現、教師工作滿足、學校課程安排、學校家長彼此關係、師生關係和校長領導能力。
- 為了發展一所有效能學校，必須從行政領導、學校文化、學校建築和教師效能等方面著手，才易見效。

評量題目

一、請分析學校的角色及其功能。

二、請分析學校教師會和家長會對於學校行政運作的衝擊。

三、請說明現行國民中小學行政人員之任用，有哪些法令依據？

四、一般而言，學校建築規劃應該遵循哪些原則？

五、何謂「無障礙環境」？學校應有哪些基本的做法？

六、何謂「綠色校園」？學校綠建築包括哪九大指標？

七、何謂「學校建築」？如何發展一所有效能的學校？

教育小故事

說話的藝術

　　朋友的一位小孩，叫仁偉，身材屬高大碩壯型。

　　新學期開學，班級排座位往往依高矮順序排列，排在最末一個就得吃暗虧，分發各種物品從前面傳過去，傳到最後，可能是前面挑選

剩下的，也可能是破損的或從缺的。果然不出所料，仁偉又是排在最後一排最後一個座位的。

「老師，我怎麼又少一本唱遊課本呢？」仁偉很失望的說。

「小偉，沒關係，你的程度比較好，慢幾天拿到課本一樣趕得上同學。」老師安慰地說。

好一句的「程度比較好」，從那天起，仁偉會主動地把功課做好，會自我要求、自我期許，不會讓老師或父母操心，老師短短的一句話，深深地影響孩子們的人格成長。

◆ 個案研討

學校發展綠電惹爭議

教育部積極推動校園設置太陽能板，但學校在執行與施作相關規劃時，往往有將樹木斷頭或刨除的現象，引起爭議。

在 2020 年 2 月苗栗縣某國小利用寒假施工裝設太陽能板和整理環境，一些大樹攔腰修剪，引起地方質疑砍樹種電，雖然學校表示沒砍一棵樹，修剪角度見仁見智；隨後於 7 月屏東縣其他國中和國小，也都出現類似爭議；其中屏東縣枋寮鄉家長及社區民眾特別向立法委員反應，某國小設置太陽能光電板的棚架設施時，爲了遷就棚架高度而過度修剪原種植的樹木，而且連不在棚架區域內，但樹蔭可能會遮住太陽能板的樹木，都被一併納入修剪、砍頭、甚至是移除的範圍，學校做法有待商榷。

顯然，學校發展綠電，在移植或修剪樹木時，要更細緻，才能減少家長和社區居民疑慮，亦可提供學生更好的學習環境。

資料來源：范榮達（2020 年 2 月 17 日）。國小種電砍樹？校長喊冤。聯合報，https://udn.com/news/story/7324/4351564

邱璽臣（2020 年 2 月 17 日）。發展綠電惹爭議　陳椒華：不應以砍樹為前提。匯流新聞網，https://cnews.com.tw/181200713a08/

思考問題

一、學校以培育人才為核心任務，而發展綠能為政府重要政策，育才與種電如何並行不悖？

二、學校發展綠能種電，如何確保學校生態環境的永續性發展？

第七章

教育的內容—課程

 學習目標

一、瞭解課程的意義、結構和
　　類型。

二、分析課程、教材和教科書之
　　間的差異。

三、熟悉現行十二年國民基本教
　　育課程綱要重要內涵。

四、熟悉有效的課程實施。

　　任何教育活動必然包括兩種主要的成分（elements），亦即「教什麼」（what to teach）及「如何教」（how to teach）兩部分。在課程與教學研究中，通常把前者視為「課程」領域所要探討的主題；後者則是為「教學」領域的範疇（註一）。因此，課程與教學乃成為教育活動中的重要內涵，身為教育工作人員，必須對教育的課程與教學有清楚的瞭解與深刻的體認，才能提高教育的成效。

⋯⋯⋯⋯⋯ 第一節　課程的基本概念 ⋯⋯⋯⋯⋯

🌻 壹、課程的意義

　　課程（curriculum）一詞源自拉丁文的 currere，原指跑馬道或馬車跑道，亦即馬行進時所遵循的路線；後來引用到教育上，視為學校所提供的各種科目（the aggregate of courses of study given in school）。

　　隨著知識理論及學習理論的改變，課程的範圍逐漸擴大，所以各學者對課程所下的定義，也極為紛歧，茲分三方面來說明：

一、狹義的課程

　　狹義的課程係指「科目」或「學程」的總和，所以有人說「課程」是教學內容或教材（註二）。我國《辭海》將課程解釋為：「課程即為功課的進程，也就是學校中將各種科目為有系統的排列，並規定其教學時數等項。」（註三）由於這種看法，認為課程只是擬定教學科目、編定教材內容、安排教學時間等，過於狹隘，一般學者都不太完全接受這種看法。

 教育小辭典

課程設計

　　課程設計（curriculum design）在早期文獻中，稱為課程編製（curriculum making）或課程建構（curriculum construction），偏重於將過去或現有的課程加以改革或修訂；後來又有學者從計畫角度來觀察課程設計工作，於是乃有課程計畫（curriculum planning）的出現。目前較為流行的用法則為課程設計，強調課程工作者從事的一切活動，包括他對達成課程目標所需的因素、技術和程序，進行構想、計畫、選擇的慎思過程。所以課程設計著重於課程各因素的安排，主要的組織形式有學科中心、學生中心和社會中心三大類。

資料來源：黃政傑（1991）。課程設計。東華，第 85-86 頁。

二、廣義的課程

　　廣義的課程認為「課程」是學生在教師指導下所獲得經驗的總和。換言之：課程不只限於科目或教材，其他學生所從事的活動，例如：參觀、競賽、討論、報告等方面，只要是在教師指導下進行，都是課程的一部分。方炳林就把課程定義為：「學生在學校安排與教師指導下，為達成教育目的所從事的一切有程序的學習活動或經驗。」（註四）科爾（J. Kerr）亦將課程視為：「由學校計畫與指導的一切學習，以團體或個別方式在校內或校外實施之。」（註五）

三、更廣義的課程

　　70 年代以後，學者們認為課程應包括整個教育環境因素在內。所以課程應是指：「在教育環境中的各部分結構中所傳達給學生的所有知識。」因此，課程不只限於科目或教師指導下的學習活動，它擴

大到同儕團體、班級氣氛或學校文化，以及許多「沒有意圖的」或「沒有計畫的」知識。是故，「潛在課程」（hidden curriculum）也是課程的一部分。

教育小辭典

學校本位課程

　　學校本位課程（school-based curriculum）係指由學校本身對於學生之學習內容或活動所進行的設計、實施和評鑑。亦即，以學校為主所發展出來的課程，所以它是「由下而上」的課程發展，而不是「由上而下」的課程發展。因此，就其本質而言，它是一種學校教育人員所發動的一種草根性和自發性活動。基本上，學校本位課程發展係以「學校」為核心，重視學校人員的整合和社區資源的運用。所以，在學校本位課程發展下，它是一種「參與」、「合作」和「共享」的活動和文化，透過此種的課程發展活動，可以提供最適合學生學習的方案，也可以建立學校獨特的風格。

資料來源：吳清山、林天祐（2003）。教育小辭書。五南，第178-179頁。

教育小辭典

課程發展

　　課程發展（curriculum development 或 the development of curriculum）的概念起於 1970 年代以後，包含兩種意義：一是指課程之縱的歷史演變和發展；另一是指課程的編製與修訂，表示橫的課程結構的發展。目前所用的課程發展，都以後者為主。其實，課程發展

與課程設計有時可以相互運用，有時很難加以區別，前者較重視動態之過程；後者則屬於靜態層面。基本上，課程發展可說是架構環境的一種計畫，以一種次序的方式協調時間、空間、物質、設備和人事等要素。其功能在研究、設計和處理課程要素之關係，使這些課程要素能夠用於教學中，以達成預定目標。所以課程發展過程，以塔巴（H. Taba）所修正泰勒（R. Tyler）課程發展過程最為著名，其過程如下：診斷需求、形成目標、選擇內容、組織內容、選擇學習經驗、組織學習經驗、決定評鑑內容及方式。

資料來源：1. 王文科（1988）。課程論。五南，第 26 頁。

2. 歐用生（1990）。課程發展的基本原理。復文，第 20-21 頁。

3. Wiles, J., & Bondi, J. (1993). *Curriculum development*. Merrill, p.13.

貳、課程的結構

課程結構，各家分法不一，歐用生曾將課程結構分為：顯著課程、理想課程、潛在課程和空無課程四大類（註六）；黃政傑則將學校課程結構分為：實有課程和懸缺課程兩大類（註七）。

其實，課程結構主要可區分為兩大類：顯著課程（explicit curriculum or overt curriculum）和潛在課程（implicit or latent curriculum）兩大類，茲分別說明如下：

一、顯著課程

它是由兩部分所組成：正式課程（formal curriculum）和教師創造的課程（teacher-created curriculum）（註八）。正式課程係指學校或教師安排一定課表和教學內容（如：國語、數學、自然、社會、

體育、音樂、美勞等）以及不定期實施的活動（如：體育表演會、各項展覽、校外教學等）。所以，在正式課程中，教師是一位執行者（executor）；至於教師創造課程，它是由教師發展目標、創造和安排單元，以及決定適當的評量策略（註九）。因此，在教師創造課程中，教師是一位計畫者。基本上而言，顯著課程是學校或教師有意識、有計畫的設計教材或活動。

二、潛在課程

1970 年代以後，許多課程學者認為課程僅是顯著課程，太過狹隘，認為課程應該包括教育環境下有意或無意中所傳遞給學生的各種知識，於是乃有潛在課程的提倡。陳伯璋將潛在課程界定如下：「學生在學校及班級的環境裡（包括物質、社會及文化體系），有意或無意中經由團體活動或社會關係，習得『正式課程』所謂包括，或是不同，甚至相反的知識、規範、價值或態度。」（註十）所以，在學校教育課程中，潛在課程與顯著課程都具有其教育的功能。

◆ 教育小辭典

課程評鑑

課程評鑑（curriculum evaluation）旨在判斷教學材料、教學活動，或教育經驗價值，指出教育內容和活動改革方向。所以，艾斯納認為評鑑在課程上具有下列功能：診斷、修正課程、比較、預測教育需求、確定教育目標達成程度。所以，課程評鑑對於課程革新和目標達成，具有相當大的價值。

資料來源：黃政傑（1987）。課程評鑑。師大書苑，第 37-38 頁。

◆ 教育小辭典

空無課程

空無課程（the null curriculum）又稱「懸缺課程」，它是由艾斯納（E. W. Eisner）所提出，主要概念在探討學校「不教什麼」，產生了什麼結果。例如：學校不教藝術，學生藝術能力也不會自行發展。結果離開學校後，他們便不能欣賞藝術家對世界的貢獻。所以，空無課程使學生失去了某些觀點和能力。

資料來源：黃政傑（1991）。課程設計。東華，第 81-83 頁。

參、課程的類型

課程類型之分類，各家說法不一，主要可歸納爲下列六種：

一、分科課程

是以學科爲單位的傳統的課程。譬如：國語、數學等課程。這種課程的優點，可使學生獲得較有系統的知識；而且教師依此進行教學，也較爲方便。但亦有其缺點，它較缺乏統整性（偏重零碎知識），也較未能符合學生身心發展及學習興趣。

二、合科課程

將相關的科目加以合併，形成一個新的課程。例如：「社會科」是由歷史、地理、公民三科合併而成，「唱遊」是由體育和音樂合併而成。這種課程優點可增加教學科目間的聯繫，使學生得到較爲完整的知識，減少分科課程支離破碎；但是把不同知識領域和體系加以合併，可能會產生顧此失彼，是爲其最主要缺點。

三、廣域課程

將課程依其性質分為數類，而不細分為各學科。例如：學校課程分為語文、社會、科學、普通技藝、健康教育等大類。這種課程可使學生獲得統整的概念和知識，以及擴大教材領域；但它忽略了學科本身的理論系統，而且課程設計不易，是為其限制。目前國內外已很少採用廣域課程來設計國小課程。

四、核心課程

在學校課程的學科中，選擇一個學科作為核心，其他學科力求配合此一核心來安排，譬如：以「國語科」為核心，其他課程內容環繞國語科內容來設計和教學，可使學生獲得較為完整的知識，為其優點所在；但在課程設計及實施過程中，有其困難，由於各科課程本身有其知識邏輯結構，硬要加以配合，相當不易。

五、活動課程

課程是以學生生活經驗為內容，又稱「經驗課程」，這種課程可使學生從活動中擴大其經驗，進而培養其解決問題能力。所以，它不是知識為取向的課程，例如：團體活動、輔導活動，即屬於此類。從活動課程中，學生可獲得較為實用性技能，是為其優點；但較無法習到一套知識的體系，則為其缺點之一。

六、相關課程

在教學過程中，將相關的學習內容相互配合施教，所形成的課程。主要有兩種：一是將不同類科目配合，例如：唱遊與國語構成相關課程；另一是將不同類科目配合，例如：歷史、地理、公民，將相關的教材實施聯絡教學。這種課程有助於課目之間的聯繫，可使學生同時學到各種知識，但實施不易，及增加教師負擔，則為其缺點。

以上六種課程類型中，各有其優缺點。因此，很少國家只採用某一類型課程，大多是交互運用。

◈ 教育小辭典

螺旋式課程

　　螺旋式課程（Spiral Curriculum）為美國心理學家布魯納（Jerome S. Bruner）所提出，他認為如果尊重成長中兒童的思想方法，如果有足夠的興趣將材料內容翻譯成適合兒童的認知形式並足夠激發其進步向上，我們就可以把各種觀念和方法提早教給兒童，以使他將來能成為一個受過良好教育的成人。

　　螺旋式課程的基本假設，即任何教材皆可以某種合理形式，來教給任何發展階段的兒童。

資料來源：陳伯璋、陳伯達合譯，布魯納著（1975）。教育的過程。世界
　　　　　文物，第 62 頁。

◈ 教育小辭典

課程領導

　　課程領導（curriculum leadership）乃是基於學校課程願景，訂定具體課程目標，領導成員針對課程目標與計畫、課程設計與發展、課程實施、課程評鑑等面向進行周詳計畫，發展適合學生學習的方案，且在教師的課程進修與研究給於充分支援與引導，以發展教師專業知能，塑造合作的學校文化，協調整合各種勢力與有利資源，進而提升學生學習品質與成就。基本上，課程領導應該包括兩大部分，一是課程事務的領導；另一是行政事務的支援與管理。

資料來源：黃旭鈞（2003）。課程領導：理論與實務。心理，第 29 頁。

·············· 第二節　課程、教材和教科書 ··············

　　課程、教材和教科書三者的概念，並不完全相同。隨著時代的演進，課程的定義已不只是教材而已。它已擴大到活動課程和潛在課程。

　　「教材」一詞，簡單而言，是指學生學習活動中所使用的材料，包括教科書、參考書、圖表、影片、幻燈片、錄影帶、錄音帶、磁片等。至於「教科書」則指教師為學生學習活動所設計的書面資料，通常以科目的型態出現。例如：國立編譯館和民間出版業者所出版的國語科、數學科、社會科、自然科等書籍，都是屬於教科書。

　　由此可知，課程、教材和教科書三者關係極為密切。從其範圍而言，教科書是教材的一部分；教材又是課程的一部分；所以課程的範圍最廣。但教材和教科書必須能夠適切反映課程的目標和內涵，才有價值。

　　一般而言，教材是實現教育目標的工具，若把教材視為一桌菜，一位廚師要烹飪可口的各道菜，他必須考慮菜料的選擇、如何配菜、如何上菜，才能獲得食客佳評，而教材的選擇猶如選菜、教材的組織猶如配菜、教材的排列猶如上菜，所以教材的選擇、組織和排列就顯得相當重要。茲分別說明如下：

🌸 壹、教材選擇的標準

一、根據教育目標

　　任何教育階段都有其目標，國小的教育目標可從國民教育法和國小課程標準反映出來，不管是國民教育法或課程標準，其制定過程相當慎重，所以在選擇教材時，必須加以參酌，使教育目標得以達成。

◆ 教育小辭典

課程決定

課程決定（curriculum decision-making）係指一個人、一群人或一個團體或一個國家，就課程所遭遇的有關問題或待解決問題，研擬若干的變通選擇方案，進而提出最佳決定的選擇過程。在課程發展過程中，無論課程設計、實施和評鑑階段，都必須有所決定，而且所作決定能夠合理有效，才不會偏離課程發展目標。課程決定層次，小至教師個人、班級或學校，甚至地方政府，大至全國。

資料來源：吳清山（1989）。課程決定的理論探討。教育與心理研究，**12**
期，第 199-229 頁。

(一) 適合兒童能力

兒童之生理發展和心理發展有其共同性和差異性。一般而言，在選擇教材，應該顧及兒童身心發展的程序，才不致於造成揠苗助長的現象。所選擇的教材能夠適合兒童的能力，兒童才能吸收、消化，學習效果才會顯著。

(二) 切合生活需要

兒童受到認知發展的限制，過於理論性或抽象性的材料，可能無法理解，反而收不到教學效果。因此提供學生生活化、活潑化的教材，是很重要的工作。透過這種適當的教材選擇，來充實兒童學習內涵，才能增進兒童學習興趣。

(三) 具有長遠價值

生活上的教材，有助於兒童學習興趣；但是在選擇教材時，也需

考慮具有長遠價值的材料與傳統文化的精髓；若能適度的選擇，不僅可使學生加強對傳統文化的認識；而且亦可藉此涵泳學生的文化素養，對於學生人格發展亦有所助益。

🌼 貳、教材組織的方法

教材組織的方法，一般可歸納爲：論理組織法和心理組織法兩大類，茲分別說明如下：

一、論理組織法

依照教材自身的邏輯順序作有系統的排列，保持學科的結構體系；而不考慮學生的需求。例如：歷史教材的組織，從上古、中古、近代、現代依序排列。

二、心理組織法

教材組織以兒童經驗爲出發點，而逐漸擴大其範圍，使教材適合兒童的能力和興趣；而不顧及教材本身的邏輯結構。例如：歷史教材的組織，先呈現目前事件，然後再依序呈現近代、中古、上古。

🌼 參、教材排列原則

「教材排列」主要目的在便於施教，所以何時呈現教材、幫助學習最爲有效，成爲教材排列最重要的原則。

一、顧及兒童身心發展

教材呈現的先後順序，能夠依學生各年級身心成熟的狀態來考量，才較能符合學生需求。

二、配合教材邏輯次序

學科教材本身有其邏輯次序，所以在呈現教材時，也要考慮到有系統的排列，讓學生能夠掌握其知識架構。

三、考慮內容難易順序

學科教材本身有其難易度，最理想呈現方式，應該先易後難、先簡單後複雜、先具體後抽象，循序漸進以便於學生學習。

肆、教科書不是教學萬靈丹

教科書在教學活動中是扮演相當重要的角色，很多教師過度依賴教科書，導致有誤用的現象。其中最為常見之處，計有：㈠ 視教科書為至高無上的權威；㈡ 視教科書為全部課程；㈢ 視教科書為唯一教材；㈣ 僵化地使用教科書（註十一）。

為了改進這些缺失，身為教師在使用教科書應把握下列原則：

一、靈活彈性運用

教科書只是教學時參考的依據，教師可配合兒童興趣、需求及季節酌於調整，靈活運用，不必拘泥於教科書內容。

二、提供補充教材

教科書之內容有限，而且更新有一定的時間，因此只採用教科書的內容施教是不夠的，教師必須隨時補充各種課外題材，以補教科書內容之不足。

總之，教科書只是教師教學用的工具而已，應該善加利用，才有效果。尤其目前國小教科書已開放為審訂制，教師有更多的選擇機會，而且也有更多的取材空間，教科書將不會是教學的唯一教材。

第三節　十二年國民基本教育課程綱要重要內涵

　　課程標準乃編製課程的準則，旨在確立各級學校之教育目標，規劃各科課程發展之方向，並訂定實施之方法（註十二）。我國國民小學和國民中學課程標準是分開頒布，直到 2011 年頒布《九年一貫課程暫行綱要》，原有的國民小學和國民中學課程標準已經為九年一貫課程綱要所取代。

　　國民中小學九年一貫課程實施之後，期間經歷數次修正；普通高中和職業學校課程綱要則自 99 學年度起陸續實施，並於 2013 年 7 月、2014 年 2 月先後完成普通高中「數學與自然領域」、「國文與社會領域」及職業學校「化工群」等 5 群課程綱要微調，因應十二年國民基本教育之實施，啟動十二年國民基本教育課程之研修。依據第《高級中等教育法》第四十三條第一項規定：「中央主管機關應訂定高級中等學校課程綱要及其實施之有關規定，作為學校規劃及實施課程之依據；學校規劃課程並得結合社會資源充實教學活動。」復依第二項規定：「中央主管機關為審議高級中等學校課程綱要，應設課程審議會，其組成及運作辦法，由中央主管機關定之。」依此而言，十二年國民基本教育課程綱要訂定採「研發—審議」雙軌制方式，先由國家教育研究院負責課程綱要研發草案，再送教育部設置課程審議會進行審議工作。十二年國民基本教育課程總綱已於 103 年 11 月發布施行。

🌻　壹、目標

　　依《十二年國民基本教育課程總綱綱要》之規定，十二年國民基本教育之課程發展本於全人教育的精神，以「自發」、「互動」及「共好」為理念，並以「成就每一個孩子—適性揚才、終身學習」為願景，為落實十二年國民基本教育課程的理念與目標，採「核心素

養」作爲課程發展之主軸，以裨益各教育階段間的連貫以及各領域／科目間的統整。其目標如下：

一、啟發生命潛能

啟迪學習的動機，培養好奇心、探索力、思考力、判斷力與行動力，願意以積極的態度、持續的動力進行探索與學習；從而體驗學習的喜悅，增益自我價值感。進而激發更多生命的潛能，達到健康且均衡的全人開展。

二、陶養生活知能

培養基本知能，在生活中能融會各領域所學，統整運用、手腦並用地解決問題；並能適切溝通與表達，重視人際包容、團隊合作、社會互動，以適應社會生活。進而勇於創新，展現科技應用與生活美學的涵養。

三、促進生涯發展

導引適性發展、盡展所長，且學會如何學習，陶冶終身學習的意願與能力，激發持續學習、創新進取的活力，奠定學術研究或專業技術的基礎；並建立「尊嚴勞動」的觀念，淬鍊出面對生涯挑戰與國際競合的勇氣與知能，以適應社會變遷與世界潮流，且願意嘗試引導變遷潮流。

四、涵育公民責任

厚植民主素養、法治觀念、人權理念、道德勇氣、社區／部落意識、國家認同與國際理解，並學會自我負責。進而尊重多元文化與族群差異，追求社會正義；並深化地球公民愛護自然、珍愛生命、惜取資源的關懷心與行動力，積極致力於生態永續、文化發展等生生不息的共好理想。

🌸 貳、課程架構、科目與學分數

十二年國民基本教育依學制劃分為三個教育階段,分別為國民小學教育六年、國民中學教育三年、高級中等學校教育三年。再依各教育階段學生之身心發展狀況,區分如下五個學習階段:國民小學一、二年級為第一學習階段,國民小學三、四年級為第二學習階段,國民小學五、六年級為第三學習階段,國民中學七、八、九年級為第四學習階段,高級中等學校十、十一、十二年級為第五學習階段,各教育階段課程類型,如〔表7-1〕所示。

🌸 表 7-1　各教育階段課程類型

教育階　　　　課程類	部定課程	校訂課程
國民小學	領域學習課程	彈性學習課程
國民中學		
高級中等學校　普通型高級中等學校 技術型高級中等學校 綜合型高級中等學校 單科型高級中等學校	一般科目 專業科目 實習科目	校訂必修課程 選修課程 團體活動時間 彈性學習時間

1. 「部定課程」:由國家統一規劃,以養成學生的基本學力,並奠定適性發展的基礎。
2. 「校訂課程」:由學校安排,以形塑學校教育願景及強化學生適性發展。

十二年國民基本教育各教育階段共同課程之領域課程架構,如〔表7-2〕所示。

表 7-2　各教育階段領域課程架構

教育階段／階段／年級／領域	國民小學			國民中學	高級中等學校
	第一學習階段	第二學習階段	第三學習階段	第四學習階段	第五學習階段（一般科目）
	一　二	三　四	五　六	七　八　九	十　十一　十二
部定課程 語文	國語文	國語文	國語文	國語文	國語文
	本土語文／新住民語文	本土語文／新住民語文	本土語文／新住民語文	本土語文	
		英語文	英語文	英語文	英語文
					第二外國語文（選修）
數學	數學	數學	數學	數學	數學
社會	生活課程	社會	社會	社會	社會
自然科學		自然科學	自然科學	自然科學	自然科學
藝術		藝術	藝術	藝術	藝術
綜合活動		綜合活動	綜合活動	綜合活動	綜合活動
科技				科技	科技
健康與體育	健康與體育	健康與體育	健康與體育	健康與體育	健康與體育
					全民國防教育
校訂課程 彈性學習必修／選修／團體活動	彈性學習課程				校訂必修課程 選修課程 團體活動時間 彈性學習時間

註：教育部課審大會於 2021 年 1 月 9 日決議國中教育階段本土語文課程，在七、八年級必修每週一節，九年級則列為選修的彈性學習課程，自 111 學年度實施。

至於各階段之課程規劃，如〔表 7-3〕、〔表 7-4〕所示。

(一) 國民小學及國民中學教育階段

國民小學及國民中學部定課程及校訂課程之規劃，如〔表 7-3〕所示。

表 7-3　國民小學及國民中學課程規劃

單位：每週節數

領域／科目		國民小學 第一學習階段 一　二	國民小學 第二學習階段 三　四	國民小學 第三學習階段 五　六	國民中學 第四學習階段 七　八　九
部定課程 領域學習課程	語文	國語文(6) 本土語文／新住民語文(1)	國語文(5) 本土語文／新住民語文(1) 英語文(1)	國語文(5) 本土語文／新住民語文(1) 英語文(2)	國語文(5) 本土語文(1) 英語文(3)
	數學	數學(4)	數學(4)	數學(4)	數學(4)
	社會	生活課程(6)	社會(3)	社會(3)	社會(3)（歷史、地理、公民與社會）
	自然科學		自然科學(3)	自然科學(3)	自然科學(3)（理化、生物、地球科學）
	藝術		藝術(3)	藝術(3)	藝術(3)（音樂、視覺藝術、表演藝術）
	綜合活動		綜合活動(2)	綜合活動(2)	綜合活動(3)（家政、童軍、輔導）
	科技				科技(2)（資訊科技、生活科技）
	健康與體育	健康與體育(3)	健康與體育(3)	健康與體育(3)	健康與體育(3)（健康教育、體育）
	領域學習節數	20節	25節	26節	29節
校訂課程 彈性學習課程	統整性主題／專題／議題探究課程	2-4節	3-6節	4-7節	3-6節

教育階段 階段 年級 領域／科目	國民小學						國民中學		
	第一學習階段		第二學習階段		第三學習階段		第四學習階段		
	一	二	三	四	五	六	七	八	九
校訂課程　彈性學習課程　社團活動與技藝課程									
特殊需求領域課程									
其他類課程									
學習總節數	22-24 節		28-31 節		30-33 節		32-35 節		

(二) 高級中等學校教育階段

　　高級中等學校的整體課程規劃，主要分為四大類：普通型、技術型、綜合型和單科型等四大類、如〔表 7-4〕所示。

表 7-4　高級中等學校教育階段各類型學校課程規劃

類型 課程類別	學校	普通型 高級中等 學校	技術型 高級中等 學校	綜合型 高級中等 學校	單科型 高級中等 學校
部定必修	一般科目 （包含高級中等學校共同核心 32 學分）	118 學分	66-76 學分	48 學分	48 學分
	專業科目 實習科目	—	45-60 學分	—	—
	學 分 數	118 學分	111-136 學分	48 學分	48 學分

類型 課程類別 ╲ 學校	普通型 高級中等 學校	技術型 高級中等 學校	綜合型 高級中等 學校	單科型 高級中等 學校
校訂必修及選修 一般科目 專精科目 專業科目 實習科目	校訂必修 4-8 學分 選　　修 54-58 學分	44-81 學分 (各校須訂 定 2-6 學分專 題實作為校訂 必修科目)	校訂必修 4-12 學分 一般科目 校訂選修 120-128 學分	校訂必修 45-60 學分 核心科目 選　　修 72-87 學分
學　分　數	62 學分	44-81 學分	132 學分	132 學分
應修習學分數 (每週節數)	180 學分 (30 節)	180-192 學分 (30-32 節)	180 學分 (30 節)	180 學分 (30 節)
每週團體活動時間	2-3 節	2-3 節	2-3 節	2-3 節
每週彈性學習時間 (六學期每週單位合計)	2-3 節 (12-18 節)	0-2 節 (6-12 節)	2-3 節 (12-18 節)	2-3 節 (12-18 節)
每週總上課節數	35 節	35 節	35 節	35 節

　　十二年國民基本教育課程綱要之實施，必須在課程發展、教學實施、學習評量與應用、教學資源、教師專業發展、行政支持、家長與民間參與等方面做好配套措施，才能達成其目標。

················ 第四節　有效的課程實施 ·················

　　課程規劃與設計要能發揮其效果，最重要在於有效課程實施，茲將課程實施的意義及內涵、有效課程實施的作法說明如下。

🌼 壹、課程實施的意義及內涵

　　課程實施，是指把課程計畫付諸實踐和評鑑的過程，以實現預期之課程目標。因此，課程計畫、課程實踐和課程評鑑構成課程實施的

重要內涵。

　　就課程計畫而言，它是課程實施之前，構思學校要教導學生的學習內容。學校研訂課程計畫時，必須依據《十二年國民基本教育課程綱要總綱》的規範，並參酌學校特性及需求，則所訂的課程計畫才具有教育性、實用性和價值性。依《總綱》之規定，學校課程計畫內容，至少包含總體架構、彈性學習及校訂課程規劃（含特色課程）、各領域／群科／學程／科目之教學重點、評量方式及進度等。學校課程計畫應由學校課程發展委員會通過後，於開學前陳報各該主管機關備查。而在課程計畫內容中，都會詳列學生在課程學習所要達到預期的目標，提供教師教學之依據，通常課程目標都會關注在學生學習的效果，它必須透過教師課程實踐之後，才能瞭解其效果，亦即檢視教師教學之後是否達到原定的目標結果，以作為未來教師改進教學之參考。

　　就課程實踐而言，它是課程計畫實際應用到班級教學上，已經涉及到學科內容、教學和評量方式、班級經營和師生互動等各方面，才能瞭解到課程實施是否已發揮其效果。因此，在課程實踐過程中，教師「教什麼？」、「如何教？」則是重要課題。

　　就課程評鑑而言，它是針對課程實踐情形，透過有系統的方法，根據評鑑的項目進行自我評估或邀請學者專家進行評估，就所蒐集完整的資料加以判斷，以瞭解課程實踐的成效或缺失。

　　課程計畫、課程實踐和課程評鑑三者之間具有緊密關係，課程計畫可以作為課程實踐的依據，課程實踐在於實現課程目標，課程評鑑可以瞭解課程實踐目標的達成情形，以作為未來修正課程計畫之參考，茲將課程實施之內涵其三者關係，歸納為〔圖 7-1〕所示。

圖 7-1 課程實施內容及其關係

貳、有效課程實施的作法

課程規劃、執行、評鑑乃是在課程實施過程不可或缺的要件，適切的課程規劃、確實的課程執行和落實課程評鑑，將是確保課程實施成效的關鍵所在。當然，在課程實施過程中，有賴校長專業領導、教師專業知能和教學資源投入，才能展現課程實施的功效。茲將有效課程實施的作法說明如下：

一、發展適切學校課程計畫

課程計畫為課程實施的重要依據，提供教師教學的準繩。為了發展適切的學校課程計畫，校長、主任及相關教師們應該事先熟悉《十二年國民基本教育綱要總綱》及各領域綱要的內容，然後進行學校內外在環境分析，配合教育潮流和社會脈動，參考學校的屬性和需求，發展適合於學校需求的課程計畫。課程計畫的架構，可以遵循《總綱》的規定辦理，但其實質內容應該因校、因地差異有所不同，例如：都會型和鄉村型的學校課程計畫應該有所不同。在發展課程計畫過程中，必須做好評估課程實施的可行性及效用性，千萬不能過於

理想性，必須兼顧實際的需求，才有助於發展適切的學校課程計畫，未來課程實施可以減少問題或阻力。

二、發揮校長課程領導效能

校長為學校靈魂人物，處在課程發展與改革之際，校長的課程領導更具有其重要性。校長領導必須跳脫行政管理者的角色，結合課程領導，運用行政管理與課程管理的手法，才能有助於課程的實施。基本上，校長的課程領導，係指校長在課程發展過程中，對於教學方法、課程設計、課程實施和課程評鑑提供支援與引導，以幫助教師有效教學和提升學生的學習效果（註十三）。因此，校長課程領導必須以前瞻思維掌握課程改革脈動，領導學校同仁共創課程願景、發展課程架構、實施課程管理、發動課程評鑑、協助教師專業成長，以及整合校內、外資源，才能幫助學生提高學習成效、培養核心素養（註十四），以發揮其課程領導效能。

三、提升教師教學專業知能

教師為課程實施的關鍵人物，課程計畫必須透過教師教學，才能發揮其效果。因此，教師的專業知能攸關課程實施的成敗，具有良好的學科知識且善於運用有效的教學及評量方法，將可激發學生學習興趣，進而展現學生學習效果。當前課程實施，相當重視學生適性教育，因而教師運用差異化教學（differentiated instruction）和個性化學習（personalized learning）愈來愈受到重視，前者差異化教學係指教師能依據學生個別差異及需求，彈性調整教學內容、教學進度和評量方式，以提升學生學習效果，並引導學生適性發展（註十五），後者個人化學習係指調整個別學習步驟和差異化教學方式，以連接學生的學習興趣、經驗和需求，特別強調學生學什麼、何時學及如何學，符合學習者個別學習風格，以發展學習者多元知能（註十六）。因此，必須鼓勵教師參加各類當前較新的教學和評量方式之專業學習，才能

有助於課程的實施。

四、充實教學資訊科技設備

課程實施，除了校長的領導和教師專業投入之外，各類資源的提供，亦屬相當重要的一環。尤其處在資訊科技和課程改革的時代，教師運用資訊科技設備提升其教學效果，資訊科技融入教學，已漸漸成為教學的常態，而教師除要有資訊科技素養外，學校必須有足夠的資訊設備，教師才能英雄有用武之地。尤其在 2020 年新冠肺炎疫情時代，世界各國為避免學生學習不中斷，紛紛採行遠距教學和線上學習，國內中小學教師致力遠距教學的專業學習，以熟悉和運用各種線上學習，幫助學生學習，這也是一種好現象；無論資訊融入教學或發展遠距教學，最基本的要件，就是政府要投入更多教學經費和資源，充實教學資訊科技設備，才有利於課程有效實施。

五、落實學校課程評鑑工作

課程實施是否產生效果，必須進行有效的追蹤，才能瞭解在課程實施過程中，哪些地方具有成效，哪些環節出了問題，需要加以改進，此乃涉及到「課程評鑑」的課題。一般而言，課程評鑑主要有兩種功能，一是證明（to prove）：透過評估蒐集資料和證據顯示課程實施的成果；另一是改進（to improve）：透過評估蒐集資料和證據提出課程實施改進的策略，而學校實施課程評鑑之主要目的在於確保課程實施品質、提升學習成效及改進課程實施缺失。為了有效落實學校課程評鑑，其評鑑項目必須扣緊課程規劃設計與實施，並以課程計畫、課程執行、資源投入和學生學習為主，並採多元的評鑑方式（例如：文件審閱、訪談、調查、觀察等），才能蒐集到更為完整和有效的資料，以利課程實施的有效回饋，進而實現課程目標。

附　註

註一：林寶山（1988）。教學原理。五南，第 10-11 頁。

註二：雲五社會科學大辭典編輯委員會。教育學（第八冊）。臺灣商務印書館，第 131 頁。

註三：中華書局辭海編輯委員會（1986）。辭海（下）。中華，第 4086 頁。

註四：方炳林（1976）。小學課程發展。正中，第 3 頁。

註五：Kerr, J. (Ed.) (1968). *Changing the curriculum*. University of London Press.

註六：歐用生（1990）。課程發展的基本原理。高雄市：復文。

註七：黃政傑（1991）。課程設計。東華。

註八：McCutcheon, G. (1995). Curriculum theory and practice for the 1990s. In A. C. Ornstein & L. S. Bether (Eds.), *Contemporary issues in curriculum*. Allyn & Bacon, p. 4.

註九：同註八。

註十：陳伯璋（1985）。潛在課程研究。五南，第 7 頁。

註十一：黃政傑（1985）。教育與進步。文景，第 4-8 頁。

註十二：教育部（1993）。國民小學課程標準。作者，第 337 頁。

註十三：吳清山、林天祐（2001）。課程領導。教育資料與研究，38，47。

註十四：張茵倩、楊俊鴻（2019）。從校訂到校本：校長課程領導的行動策略課程研究，14(2)，49-65。

註十五：吳清山（2012）。差異化教學與學生學習。國家教育研究院電子報，https://epaper.naer.edu.tw/index.php?edm_no=38

註十六：吳清山（2020）。教育 V 辭書。高等教育，第 92 頁。

摘　要

- 課程原指跑馬道，後來引用到教育上，視為學校所提供的各種科目；廣義的課程應是學生在學校安排與教師指導之下，為達成教育目的所從事的一切有程序的學習活動或經驗；更廣義的課程則為在教育環境中的

各部分結構中所傳達給學生的所有知識，潛在課程即為課程的一部分。

· 課程結構主要可分為兩種：顯著課程和潛在課程。有些學者亦把空無課程視為課程結構一部分。

· 課程類型主要可歸納為六種：分科課程、合科課程、廣域課程、核心課程、活動課程和相關課程。

· 教科書是教材的一部分，教材又是課程的一部分。教材選擇的標準有：根據教育目標、適合兒童能力、切合生活需要和具有長遠價值；教材組織的方法有：論理組織法和心理組織法；教材排列原則有：顧及兒童身心發展、配合教材邏輯次序和考慮內容難易順序。

· 十二年國民基本教育課程於 2019 年起正式實施，共分語文、數學、社會、自然科學、藝術、綜合活動、科技、健康與體育八大領域。

· 課程實施的內涵，包括課程計畫、課程實踐和課程評鑑。

· 有效的課程實施作法如下：

一、發展適切的學校課程計畫。

二、發揮校長課程領導效能。

三、提升教師教學專業知能。

四、投入足夠教學所需資源。

五、落實學校課程評鑑工作。

評量題目

一、請說明課程的意義及其重要性。

二、請比較顯著課程和潛在課程之間的差異。

三、請比較分科課程、合科課程和活動課程的差異。

四、何謂「核心課程」？何謂「廣域課程」？兩者之間有何差異？

五、請說明課程、教材和教科書三者之間的關係。

六、理想的教材選擇，應該依據哪些標準？

七、教材組織方法有心理組織法和論理組織法，兩者各指為何？

八、教材排列應該遵循哪些原則？

九、一位教師使用教科書時，應該把握哪些原則？

十、請說明有效的課程實施有哪些作法？

十一、請簡述國民小學課程標準和國民中學課程標準發展沿革。

十二、請說明十二年國民基本教育課程的目標及領域。

十三、請說明課程實施的意涵，並提出有效的課程實施作法。

◆ 教育小故事

五十個「媽媽」都一樣

　　有位教師，在講析完「母親」這篇範文之後，讓學生以「我的媽媽」為題，寫一篇記敘文。收上作文一看，他不禁目瞪口呆。全班五十名學生，五十個「媽媽」都一樣。開頭都是媽媽的外貌描寫：「她是一位中年婦女，中等身材，……」，正文都寫：「她從早到晚不停地忙碌……媽媽很關心我」，結尾都是「我為有這樣一個媽媽感到無比自豪和高興。」學生作文停留在簡單模仿上。

　　另一位教師，在要求學生寫「我的媽媽」時，同樣念了一篇「母親」的範文。但是在學生作文之前，他讓每個學生當眾說出自己媽媽的實際長相、性格特性以及工作和家庭等情況之後，讓學生討論怎麼寫……，結果，每個學生寫出自己的媽媽，都各有特色，形形色色，在模仿中有所創造。

資料來源：王道俊和王又瀾（1992）。教育學。北京市：人民教育出版
　　　　　社，第 207 頁。

◆ 個案研討

體檢十二年國教新課綱

　　十二年國教課程綱要於 108 學年度正式實施一年後，媒體針對全

臺 929 所國高中、1,243 位民眾進行民調，近五成民眾認為臺灣教育制度需要改革，但對於政府推動的新課綱改革與宣導，五成八的民眾認為宣導不足，更超過六成民眾沒聽過 108 課綱。與教改切身相關，家有高中以下孩子的家長雖表示知道新課綱，但有七成家長坦承不清楚新課綱實施理念與改變的內容。

但對於實施新課綱，有近四成的民眾表示擔憂、焦慮，主要疑慮包括升學制度更複雜、對過去教改經驗沒信心、新舊課綱難銜接、學生負擔加重。關於新課綱的變革，民眾最擔心的仍是升學制度，其次是素養學習、生涯引導及多元選修增加與學習歷程檔案。

整體而言，對於新課綱是否能實施成功，有無信心的民眾比率相近，48% 表示有信心，四成不看好。

資料來源：林秀姿、洪欣慈（2020 年 7 月 13 日）。108 課綱調查／上
　　　　路周年 逾 6 成沒聽過新課綱。**聯合新聞網**，https://udn.com/
　　　　news/story/12401/4696586

思考問題

一、十二年國教新課綱，被教育界視為二十年來最大的教育改革，您對於十二年國教新課綱是否有信心？原因為何？
二、您認為十二年國教新課綱實施之後，帶給哪些學校教育的改變？
三、您認為十二年國教新課綱實施之後有哪些問題？如何解決？

第八章

教育的方法—教學和評量

 學習目標

一、瞭解教學的意義、任務和過程。

二、熟悉國民小學常用的教學方法。

三、理解有效的教學途徑。

四、描述評量的意義、功能和類型。

五、指出增進評量效果的途徑。

　　課程是實現教育目標的內容，教學是達成教育目標的方式。所以，教育目標的實現，有賴於課程與教學的相輔相成。一位教師善用教學方法，有助於學生學習效果的提升，所以在教育過程中，教學的研究與革新，成為學校教育相當重要的課題。

　　一位教師教學過程中，除了教學目標的訂定和教學實施外，教學後評量也是很重要的。因此，本章分別就教學和評量之內涵和相關議題加以介紹，以供參考。

·············· **第一節　教學的基本概念** ··················

🌸 **壹、教學的意義**

一、字義

　　「教學」一詞，可分為「教」與「學」兩字分別說明之。依《說文》：「教，上所施，下所效也」。《管子‧弟子職》：「先生施教，弟子是則」。職此是故，「教」字有訓誨、告訴、命令等意思。至於「學」字，《莊子‧庚桑楚》：「學者，學其不能也」。《白虎通辟雍》：「學之為言覺也，悟所不知也。」《論語‧學而》：「學而時習之，不亦說乎！」所以「學」字具有學習、覺悟等意思。因此，「教」與「學」兩字合併為「教學」，就其字義而言，可解釋為：「教師教導，學生學習」之意。在《禮記‧學記》就有「教學」一詞，如：「古之王者，建國君民，教學為先。」

　　《後漢書‧章帝紀》：「三代導人，教學為本。」由此可知，古代相當重視「教學」。

　　《辭海》曾將「教學」解釋為：「指教師與學生相互間之活動而言。凡教師對於學生學習之指導，皆稱為教學。」（註一）

至於英文中的教學，有 "teaching" 和 "instruction" 兩字，依《韋氏新國際辭典》（*Webster's Third New International Dictionary*）之解釋，"teaching" 有「促使知道某一內容」（to cause to know a subject）或「促使知道如何做事」（to cause to know how to do something）之意思；而 "instruction" 有「給予特定知識或訊息」（to give special knowledge or information）的意思（註二）。所以，在英文中，不管是 "teaching" 或 "instruction"，均有「傳授知識」的意思。

　　基於以上之說明，不管是中文或英文字義，「教學」一詞具有教師指導學生學習，傳授知識的意思。

二、學者看法

　　「教學」的涵義，各專家學者看法不一，茲列舉如下：

　　孫邦正認為：「教學」就是指導學生學習的一種活動（註三）。方炳林亦有類似的看法，認為「教學」就是教師指導學生學習的活動。詳細以言，則是教師依據學習的原理原則，運用適當的方法技術，以刺激、指導、鼓勵學生自動學習的活動（註四）。

　　歐陽教則將「教學」界定為：「施教者以適當方法，增進受教者學到有認知意義或有價值的目的活動。」（註五）

　　因此，「教學」一詞可界定為：「施教者運用適當的方法，傳授受教者各種知識和經驗的活動。」從此定義中，可以引申下列的涵義：

　　㈠教學是施教者與受教者彼此之間的互動，兩者缺一不可。

　　㈡教學是一種有意義的活動，主要在傳授知能，幫助學生學習與成長。

教學的規準

教學的定義，隨著時代演進，可能有不同的詮釋。因此，教學也有不同的規準，依歐陽教（1986）的看法，教學的規準有三方面：

一、目的性（purposiveness）：任何一種教學活動，都是有意向、有計畫與有目的的活動。

二、釋明性（inicativeness）：教材教法應具備清晰「傳道、授業、解惑」的功能。

三、覺知性（perceptiveness）：教學應顧及學生的認知能力與學習意願。

資料來源：歐陽教（1986）。教學的觀念分析。載於中國教育學會主編：
有效教學研究。臺灣書店，第 13-14 頁。

貳、教學的任務

教學是一種有目的的活動，它可說是教育過程中不可缺少的部分。一般而言，教學任務可以歸納如下：

一、傳授學生基本知識

教學的首要任務，就是傳授學生生活所需的基本知識。傳統的基本知識，包括讀、寫、算三種知識，但隨著社會變遷及人類經驗的擴大，這些已不能符合人類生活之所需。所以，教學必須擴大其知識的傳授，因此各門學科知識的提供，就有其必要性。在現代社會中，這些基本的知識除了傳統的三種知識外，尚必須包括社會學科知識、自然學科知識和電腦使用知識，甚至外語知識都包括在內。教師教學

時，讓學生習得這些知識，則為一件很重要的工作。

二、發展學生學習知能

學生本身猶如一顆種子，具有無限的生機和發展的可能。它必須透過適當的教學活動，可能才能成為事實。學生的知能包括內容甚廣，舉凡智力、創造力、判斷力、適應力……。教學任務，就是要把學生所具有的天賦或潛能，充分發揮出來，絕對不能出現像孟子所言「揠苗助長」的情形，否則整個教學功能都將喪失；所以教學時，必須考慮適時、適才、適法，才能讓學生日日有所得，也才能使學生將來不僅成為「有用之人」，也能夠成為「幸福之人」。

三、涵育學生思想品德

學生知識的傳授和潛能的開展，只是教學任務的一部分，不是教學任務的全部。過去學校教育受到頗多批評之處，即是太偏重於智育的傳授，忽略了德育、群育、美育的陶冶和體育的鍛鍊，導致學生人格發展有所偏頗，深深影響到其未來發展。其實，教學任務主要在幫助學生全人的發展，也就是個體與群體保持和諧，以及智育、德育、群育、美育和體育均衡發展。所以，涵育學生高尚的思想品德，培養其正確的價值觀，實為教學重要任務之一。

四、增進學生適應能力

學生接受學校教育，只是生命中的一部分，將來仍舊要踏入社會，貢獻所學。為了使學生將來踏入社會能夠勝任愉快，教師在教學過程中，有必要提供一些生活所需的實際教材，豐富學生學習內涵，鍛鍊其適應環境的能力。因此，教師提供有成就感的教學，培養學生良好人際關係和挫折容忍力，也是教學工作重要的一環。一般而言，學生適應能力愈佳，將來發展潛力愈大，所以增進學生情緒的管理或自我控制的學習，應該成為教學工作中的重要內容之一。

🌸 參、教學的過程

　　教學是師生互動的過程。美國教學評量專家吉勒（R. J. Kibler）在其《教學目標與評量》（*Objectives for Instruction and Evaluation*）一書中，提出「教學基本模式」（the general model of instruction, GMI），把教學的基本歷程分為教學目標、學前評估、教學活動、評量等四部分（註六），如下圖所示：

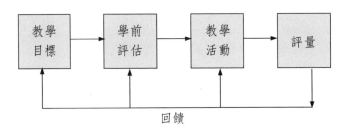

資料來源：簡茂發（1986）。教學評量原理與方法。載於中國教育學會主編：有效教學研究。臺灣書店，第 399 頁。

　　從上圖資料所示，茲說明如下：

一、教學目標

　　係指在教學過程中，教師預期學生所要達到的效果。

二、學前評估

　　係指在教學過程中，對於學生先前具有的能力、智力、經驗作一評量，以事先瞭解其學習準備度。

三、教學活動

　　係指實際的教學，包括教材的提供、教學技術的使用和激勵學生學習的措施等。

四、評量

　　係指在教學過程中或教學單元結束時，評量學生學習情形，俾確定是否有效達成教學目標，以作為改進教學之參考。

·············· **第二節　教學常用的方法** ··············

　　教學方法，種類繁多，難以列舉周全，僅就常用的教學方法，扼要說明如下：

壹、講述法

　　講述法（lecture）可說是最傳統的教學法，在國小也是相當普遍的教學法。最主要的方式乃是教師講解，學生傾聽；它是以教師為中心的教學。講述法簡單易行；尤其在大班級教學更可節省時間，所以教師們樂於採用；但很容易流於「灌輸式」教學，導致學生被動接受知識，造成「蔣光超」（講光抄）和「貝多芬」（背多分）的現象，引起很大的批評。其實，講述法並不是毫無價值，只要能夠具備清晰、系統和生動等要件；以及把握下列講述要領，仍有其功用（註七）：

一、講述時間不宜太長，最好不超過二十分鐘。
二、充分準備，特別是教學單元設計及教學資源準備方面。
三、講述時，口齒清晰，速度不宜太快。
四、利用視聽媒體或挑戰性問題，引起學生興趣及集中注意力。
五、講述內容顧及學生能力及學習經驗。
六、講述前應扼要說明大綱及內容重點。
七、講述時注意動作及肢體語言。

八、避免照本宣讀。

九、講述後能夠做一扼要總結。

十、講述後宜有發問和討論的機會。

貳、討論法

　　討論法（discussion method）係師生或學生之間就上課某一主題進行探討，各人都可提出不同看法，然後慢慢形成多數人所能接受之意見的教學方法。這種教學法，教師扮演著激勵者、協助者、引導者的角色，讓整個討論過程能夠順利進行。所以在討論法的教學過程中，教師較少直接介入，但是所花費時間可能較長。

　　討論法係以學生為學習的主體，所以學生學習動機較為強烈；學習態度也較為投入；故對學習內容瞭解較為深入。因此，透過討論法的教學方式，可發展出學生主動的學習精神，統整的學習技巧，綜合、分析、歸納、評鑑的能力，是相當具有價值的教學方式。

　　由於目前班級學生人數仍嫌太多，所以進行討論法教學方式，最好採取小組方式，成員以五至七人為宜；而且教師要隨時注意小組互動情形，不要讓小組中有「客人」存在。

參、發現式教學法

　　發現式教學法（discovery teaching）起源甚早。在希臘時代，蘇格拉底所用的「產婆法」（maieutic）；以及中國古代，孔子與學生之間的對話，都可視為一種發現式教學法。

　　發現式教學法重視學生思考的過程，讓學生自行孕育各種觀念。它並不告訴學生答案；而是讓學生自己去「發現」答案（註八）。所以，在發現式教學過程中，教師仍是一位協助者的角色，引導學生思考和探究答案；使學生能夠自己主動建構知識；因此，有人將其稱為

「探究式教學法」（Inquiry teaching）。但是亦有學者認為兩者稍有差異，發現式教學法要比探究式教學法更能激勵學生、更能有效提升學生思考技巧（註九）。

教師進行發現式教學法時，常常需要提供一個問題的情境或者讓學生在實驗情境中探索，然後鼓勵學生多方的嘗試，並加以反應，尋求問題解決之道或找出因素之間的關係。由於是學生主動參與，所習得的知識較為深入及有意義。

當然，發現式教學法的確有其價值；但是在教學過程中，學生心理若無事先準備；以及無適當資源支援，其效果仍是有限。

肆、創造思考教學法

創造思考教學法（teaching for creativity）與創造性教學法（creative teaching 或 innovative teaching）有別，前者主要在激發學生創造力；後者係指教師有創意、展現生動活潑的教學方式（註十）。

創造思考教學係指教師在教學過程中，採用各種創造思考的教學策略，以激發學生流暢、獨創、變通和精密能力的一種教學方法。教師所採用的創造思考教學策略相當多，例如：腦力激盪法（brainstorming）、屬性列舉法（attribute listing）⋯⋯。一般而言，教師進行創造思考教學時，必須先營造一個開放、自由、和諧的氣氛；而且教師要有耐心，能夠尊重與容忍，才能收到效果。

其實，創造思考教學與其他教學方法並不相衝突；若能交互運用，更能使學生從事有意義和創造性的活動。臺北市在 1980 年代很重視創造思考教學的提倡，對於當時教學革新激起很大的迴響。

上述之教學方法之應用，可能隨著學科性質之不同妥為採用，但千萬不要一種學科只用一種教學方法，否則學生學習效果將是相當有限。

◆ 教育小辭典

差異化教學

差異化教學（differentiate instruction），係指教師能依據學生個別差異及需求，彈性調整教學內容、進度和評量方式，以提升學生學習效果和引導學生適性發展。這種觀念，與孔老夫子所提倡的「因材施教」理念是相通的。

差異化教學就是讓教師教學與學生學習能夠產生有效的連結，建立在下列的三個理論基礎上：一、腦力研究（brain-based research）：透過腦力研究可以幫助我們瞭解到哪些因素會影響學生的學習，瞭解愈多，愈能有助於教師提供學生更有效學習；二、學習風格與多元智能（learning styles and multiple intelligences）：瞭解學生運用視覺、聽覺或動覺接收訊息的偏好，以及學生多元智能，可以幫助教師採取適切的教學；三、真實性評量（authentic assessment）：經過測量之後，能夠瞭解學生是否學到老師所教的內容，所以課程必須與學生學習結合，教學策略必須配合學生需求，評量必須是多元、彈性和適切，且能評估學生持續的表現。

資料來源：吳清山（2012）。差異化教學與學生學習。國家教育研究院電子報，https://epaper.naer.edu.tw/edm.php?grp_no=1&edm_no=38&content_no=1011。

◆ 教育小辭典

個性化學習

個性化學習（personalized learning），又稱個人化學習，係指調整個別學習步驟和差異化教學方式，以連接學生的學習興趣、經驗和

需求，特別強調學生學什麼、何時學及如何學，符合學習者個別學習風格，以發展學習者多元知能。

　　個性化學習計有下列特性：一、學生為中心：考量學生的興趣、經驗、性向和需求，採取不同的教學內容和方法，教師扮演著引導者角色；二、過程彈性化：學習者在學習過程，不是採取同一內容和進度，教師根據學習者需求加以調整；三、主動參與性：學生在學習過程中，不是被動接受知識，而是積極參與內容設計，展現學習主動性，並進行高層次思考。

　　隨著資訊科技興起和數位學習受到重視，教師教學應用個性化學習，更有其便利性。

資料來源：吳清山（2020）。教育 V 辭書。高等教育，第 92-93 頁。

·········· 第三節　有效的教學途徑 ··········

　　教學不僅是一門科學，也是一門藝術；如果能夠運用適當的教學途徑，對於教學效果的提升，將會具有相當大的裨益作用。茲分別從下列七方面說明之：

壹、設定明確教學目標

　　教學目標是教師在教學過程所欲達成的目標。一般而言，教學目標愈明確、具體；學生愈容易掌握教師教學方向；也較能瞭解自己未來學習成果。所以，很多教師們喜歡採用行為目標（behavioral objective）的方式來「寫教學目標，因為它是使用觀察、可量化的方式來「寫目標，如：寫出、列出、說出、指出、描述、比較⋯⋯。事

實上，行為目標在教學目標之利用，仍有所限制，例如：情意教學目標，可能很難用行為目標方式說明清楚；而且很容易流於機械性的目標，以及忽略教學活動的彈性化，在使用行為目標時，不能不加以注意。

貳、激發學生學習動機

動機是學習的原動力；有了強烈的學習動機，才能培養學生學習興趣；進而提高其學習效果。學習動機（motivation to learn）是指引起學生學習活動，維持學習活動，並導使該學習活動趨向教師所設定目標的內在心理歷程（註十一）。為了激發學生學習動機，教師應適當給予學生正面的鼓勵，讓學生有獲得成功經驗的機會；尤其在教學過程中，切忌避免使用諷刺或尖酸刻薄等不當的口語批評，否則很容易引起學生的反感，導致其學習興趣的喪失，當然教材內容能夠適合學生的程度，也是一項重要的途徑之一。

參、採用多樣教學方法

教學方法甚多，沒有任何一種教學方法可適用於各學科；而且各個教育小技巧學法也有其優缺點；所以教師在教學過程中，應該視學科性質採用不同教學方法。一位教師若是採用一成不變的教法，學生有時也會覺得索然無味，學生在生動活潑的教學中，才能更有興趣學習。因此，身為教師，千萬不要存有過度依賴某一種教學法的信念，教學方法多樣化、彈性化，實在是增進學生學習效果最好的利器。

肆、給予學生適度期望

教師期望（teacher expectation）影響學生學習效果，已為教育心

理學者們所證實，一位教師如果對學生有較低的期望，則會提供學生較少的練習和學習機會，學生參與程度也較少，導致其學業成就也較差；而且更會造成學生自我期望低落，此即自我應驗的預言（self-fulfilling prophecy），也稱為比馬龍效應（Pygmalion effect），這種不當的期望，影響到學生學習的低落，身為教師應特別小心；當然，教師也不能對學生有過高的期望；否則容易造成學生的挫敗感，影響到其學習的信心。所以，教師教學時，應事先瞭解學生心智發展情形，給予適度期望，才能收到效果。

伍、使用適當發問技巧

適當的發問技巧是有效教學的基礎，它有助於提升學生參與、促進成功及建立積極的學習環境（註十二）。教師不管是在發問、等候回答、回答後處理，都要注意一些技巧：㈠ 就發問要領而言：注意各類問題兼顧，發問由淺而深、由易而難，留意語言的品質，多數參與（註十三）；㈡ 其次就等候回答來看：眼神接觸學生，候答時間不宜過短；㈢ 最後就回答後處理而言：保持傾聽，適時鼓勵，善加引導，適度矯正錯誤。教師能夠善用這些發問技巧，對於學生學習態度及學習成就，相信有所幫助。

陸、善用各種教學資源

教師教學光靠一張嘴，是不夠的，必須多加利用各種教學設備及資源，激勵學生學習，才能收到良好的效果。目前各校各種視聽器材及設備，如：投影機、幻燈機、電視機、收音錄音機、錄音帶、錄影帶、照相機等媒體，已是相當普遍，尤其各校還有視聽教室、電腦教室。教師如果能夠善加利用這些教學資源，可使教學活動更為活潑、多元，學生學習也更為有趣，教學效果自然就會提升了。

柒、給予學生適當回饋

教學本質上是師生互動的過程。因此，學生在學習過程中，教師能夠給予適當的回饋，學生更會認真於學習。譬如：學生於上課中提出問題，教師適時給予回答；學生之家庭作業，教師能夠適當批閱；學生有良好表現時，適時給予鼓勵，這些方式都有助於學生學習。假如學生學習過程中，教師採取不聞不問的態度，則學生很難專注學習；所以，給予學生適當的回饋，是可以增強其學習的，教師們不能忽視回饋的重要性。

教育小辭典

基本能力與基本學力

基本能力是指學生應該具備的知識、技能和素養，俾以適應社會生活。所以，基本能力可以說是預期學生經過學習之後需要達到的能力，有了這些基本能力之後，將來可以有效適應社會生活。

基本學力是學生學習結果中，最核心、最基礎的部分，也是所有學生學習過後普遍必須具備之最低限度之成就表現。基本上，基本學力強調有無而非高低能力。

基本能力與基本學力關係極為密切，透過適切的基本學力測驗，一方面可以瞭解學生基本的學習成就表現，一方面可以瞭解學生達到基本能力的標準。

資料來源：吳清山和林天祐（2003）。教育小辭書。五南，第82-83頁。

◆ 教育小秘方

學生上課打瞌睡，怎麼辦？

教師上課時，常常會發現學生打瞌睡現象，下列方式可供參考：

改變話題內容，講個故事，吸引學生注意力或講個笑話，讓大笑之後趕走瞌睡蟲。

改變教學方法，叫學生起來回答問題或到黑板寫寫作業，即使回答錯誤或寫錯，亦無所謂。

若是一、二位打瞌睡，必要時可寬容讓其趴在桌面上 5 分鐘左右後叫醒，然後叫他起來活動一下或請他出去洗洗臉再回到教室繼續上課。

若是打瞌睡人數過多，可停止進度，來個團體活動操或玩個小遊戲（注意不能太吵，以免干擾別班上課），以改善教學氣氛。

看到學生打瞌睡時，不必勃然大怒，否則傷了自己的身體，也會傷到學生的心。來點小技巧，又何妨？

⋯⋯⋯⋯ 第四節　評量的基本概念 ⋯⋯⋯⋯

評量是教學過程中重要的一部分，舉凡教學效果的高低、學生學習結果的好壞，均有賴評量才能顯現出來。故身為一位教師，對於評量的方法，應該有一些基本的瞭解，才能勝任愉快。

🌼 壹、評量的意義

「評量」一詞，常常與「評價」、「評鑑」相併用。在英文中「評

量」有各種字眼，例如：evaluation 或 assessment 或 measurement。一般而言，"evaluation" 係一個總稱的名詞，係指決定教與學目標達成的程度；而 "assessment" 係指蒐集資料，用來判斷學生進步的情形（註十四），至於 measurement 與 assessment 亦有類似的涵義。其實，在判斷過程中，常常也涉及到 evaluation，所以 evaluation 與 assessment、measurement 常常交互運用。

有關「評量」的意義，各家定義稍有不同，簡茂發將其界定為：「採用科學方法與途徑，多方面蒐集適切的事實性資料，再參照合理的衡量標準，加以比較分析與綜合研判的系列過程。」（註十五）何英奇亦將其定義為：「依據教學目標，透過測驗、量表、問卷、晤談、觀察等方法與技術，蒐集到完整的量化或質化的資料，採取統整的觀點，對學生學習結果做價值判斷的歷程。」（註十六）因此，「評量」可定義為：「教師依據教學目標，運用有系統的方法，蒐集學生表現的資料，然後依據合理的衡量標準，以判斷學生學習結果的歷程。」茲說明如下：

一、評量本質上是一種動態的歷程，所以評量方式可以彈性和多　樣性。
二、評量是瞭解學生學習結果的一種方式，有助於強化教師教學　效能。
三、評量需有參考的衡量標準，以作為判斷的依據。

貳、評量的功能

評量可適用於教學前、教學時或教學後，基本上可發揮回饋的功能，增進教師教學效果。霍伊（C. Hoy）和葛瑞哥（N. Gregg）曾指出評量的目的有三：㈠ 安置（placement）：學生編班或分組；㈡ 教學（instruction）：幫助教師教學更為有效；㈢ 溝通（communication）：提供訊息給學生、教師、家長或其他專業人員

（註十七）。郭生玉亦指出教學評量對教師與學生具有下列回饋作用：
㈠教師方面：瞭解學生起點行為、瞭解教學的效果、瞭解學生的學習困難；㈡學生方面：增進學生瞭解教學目標、激發學生的學習動機、增強學生的自我瞭解（註十八）。簡茂發也指出評量在教學過程中具有下列四項主要的功能，可歸納如下：㈠瞭解學生的潛能與學習成就，以判斷其努力程度；㈡瞭解學生學習的困難，作為補救教學及個別輔導的依據；㈢估量教師教學效率，作為教師改進教材、教法的參考；㈣獲悉學生進步的情形，可激發學生學習的動機（註十九）。所以，評量的功能可歸納如下：

一、安置的功能

根據學生測量的結果，給予適當的編班或分組，以利學生之學習。

二、改進的功能

透過評量的過程，教師可瞭解學生的學習情形，並瞭解自己的教學效果，有助於修正或調整教學目標、方法或內容。

三、診斷的功能

經由評量的方式，教師可診斷出學生學習困難之所在，幫助教師採用適當的補救教學措施。

四、激勵的功能

學生透過評量的結果，可瞭解自己進步的情形，這種回饋的方式，有助於激發和增強自己的學習動機。

參、評量的類型

評量的種類甚多，主要可從評量的時機和資料解釋來區分（註二十）：

一、評量的時機

(一) 形成性評量

係指教師在教學過程中，就學生學習表現加以觀察、記錄或測量，使學生瞭解自己學習情形，並幫助教師瞭解自己教學成效，以供改進教學或實施補救教學之用。例如：平時考試、隨堂考試或單元測驗等都是。

(二) 總結性評量

指教師在教學活動結束後，以定期考試或測驗方式，俾考查教師教學成果與學生學習成就。例如：週考、月考、期末考等都是。

二、評量資料解釋

(一) 常模參照評量

係指學生接受評量之後，就其個人的分數在團體中所占的相對位置，加以解釋。例如：張生的月考第二名，李生的國語成績勝過班上80%的同學。

(二) 標準參照評量

係指依據教學前所設定的標準，瞭解學生學習結果的精熟程度。例如：職校技能檢定或汽（機）車駕照考試等都是。

·············· 第五節　增進評量效果的途徑 ··············

有效的評量是瞭解學生學習成效，改進教學缺失的利器。故一位成功的教師，經常會反思自己的教學及評量的效果，藉以提供學生學習效果。為了增進教學評量的效果，茲提出下列途徑，以供參考：

壹、符合教學目標

教學目標指引教學活動的進行，故教學評量應該與教學目標密切配合，始有意義及價值。一般而言，完整的教學目標包括認知、技能和情意三項領域。其中認知的評量包括記憶、理解、應用、分析、綜合和評鑑等目標；而技能目標包括知覺、心像、引導反應、機械化、複雜反應、適應與創新等目標；至於情意目標包括接受、反應、價值判斷、價值組織與價值性格化等目標。這些目標可依學科的性質，再細分為單元學習目標及行為目標，教師可根據這些目標設計評量學生行為的內容和方式，評量效果就容易顯現出來。

貳、兼顧形成評量與總結評量

教學評量不僅要重視月考、期末考；平時考試也不能忽視；而且老師評量時，不能過分強調標準答案的對錯，也要瞭解學生思考的過程；尤其在數學課、自然課更要顧及其學生的思考方法及過程，才能有效掌握學生學習結果。因此，教師在進行教學評量時，形成評量和總結評量要兼顧，不能有所偏廢。

🌸 參、善用多元評量方式

教學評量方式甚多，有傳統式的評量，如：紙筆式評量、標準化測驗；也有變通式的評量，如：實作評量、學習檔案評量，教師可依教學目標及學科性質，實施各種多樣化的評量，千萬不要過於迷信單一評量方式的效果；換言之：不管是傳統式或變通式評量，基本上各有其價值及適用的限制，教師若能善用各種評量方式，對學生學習效果的提升，必有所助益。

🔷 教育小辭典

變通性評量

變通性評量（alternative assessment）指傳統評量以外的另類評量，強調教學與評量應密切配合，並以思考及問題解決能力的提升作為教學與評量的目標。一般常見的變通性評量有：真實性評量（authentic assessment）、實作評量（performance assessment）、學習檔案評量（portfolio assessment）。

一、真實評量：在實際的教學活動中，教學即評量，評量即教學，兩者密切配合；教師在教學活動中透過觀察、與學生的談話，以及學生的作品，蒐集各個學生學習情形的資料。

二、實作評量：根據學生的實際表現所作的評量，其方式可藉由直接的現場觀察與判斷，或間接地從學生的作品去評判。例如：科學實驗、教學解題、寫作，或口頭報告等都是。

三、學習檔案評量：教師指導學生不斷蒐集其學習作品（如：閱讀心得、研究報告、日誌等）於資料夾中，然後定期加以整理並反思這些作品，最後學生將再選擇自認最具代表性的作品置於資料夾內，

並說明自己對學習過程的看法以及選擇作品時的反思，以供教師評分之依據。

資料來源：黃秀文（1996）。從傳統到變通：教學評量的省思。國民教育研究學報，**2**，1-26。

◆ *教育小秘方*

批改作業小技巧

教師要使作業批改能發揮最大功用，宜避免以下的情況：

一、避免作整面之批改：有錯誤時只打一個大「╳」，一則容易讓學生、家長覺得老師草草了事，不注重作業之外，學生可能因而亦不認真做作業。

二、直接於錯誤處打個「╳」：直接於作業內容上打「╳」，會遮住學生之答案內容，若學生錯誤過多，可能整個篇幅中都是「╳」，讓學生眼花撩亂，難以分辨，間接會影響他思考答案與訂正。

三、打分數或評等第：勿直接寫於作業內容上，宜寫於空白處，一則醒目，二則不會影響學生之答案內容。

四、避免只指出錯誤而不要求學生訂正：不要求訂正，或學生訂正後未加以追蹤，則學生可能以錯為正，而學到錯誤的知識。此種錯誤可能影響學生一輩子，因此老師不可不慎。

資料來源：黃坤謨（1994）。作業批改經驗分享。康橋教研學會雜誌，**15**，30。

🌸 肆、掌握命題原則與技術

一般而言，教師為瞭解學生表現所進行班級學科測驗，較為簡單的方式，可能採取紙筆式的方式，例如：是非題、單一選擇題、多重選擇題、配合題、填充題、簡答題、申論題……，這就涉及到學科的命題。事實上，為了有效測出學生的表現，必須加以掌握住命題原則及技術，才有可能。由於各學科性質差異性甚大，所以命題之原則和技術亦有所不同，但是命題時，能夠把握教學目標、考慮兒童能力、題目難易適中、顧及教材普遍性、題目敘述清晰、試題呈現由易而難排列等，都是命題最重要的一些原則和技術。

📖 *教育補給站*

修訂 Bloom 認知分類

Bloom 等人於 1956 年將教學目標分成認知領域、動作技能領域和情意領域。認知領域教學目標由最簡單到最複雜的六個層次，依序為知識、理解、應用、分析、綜合、評鑑。經過約半個世紀，Anderson 等人於 2001 年主編的《學習、教學與評量的分類：Bloom 教育目標分類的修訂》（*A taxonomy for learning, teaching, and assessing: A revision of Bloom's of educational objectives*）一書，修訂 Bloom 認知分類為「認知歷程向度」（動詞）和「知識向度」（名詞），如〔表 8-1〕所示。

表 8-1　修訂 Bloom 認知分類

知識向度	認知歷程向度					
	記憶	瞭解	應用	分析	評鑑	創作
事實知識						
概念知識						
程序知識						
後設認知知識						

這些知識的主要意義如下：

一、事實知識：學生學習科目或解決問題必須知道的基本元素。

二、概念知識：能凝聚出具功能性較大結構的基本元素之相互關係，包括分類和類別知識、原理和通則知識、理論/模式/結構知識。

三、程序知識：如何做某些事的知識，係如何完成某些事、探究方法，以及正確運用技巧、演算、技術和方法規準的知識。

四、後設認知知識：對認知的認知，對思考的思考，乃比原來所認知者高出一層的認知，若原來的認知是「知其然」，後設認知就是「知其所以然」。

資料來源：李坤崇（2004）。修訂 Bloom 認知分類及命題實例。**教育研究，122，**98-127。

附　註

註一：臺灣中華書局辭海編輯委員會（1985）。辭海。臺灣中華書局，第2032 頁。

註二：Gove, P. B. (Ed.) (1986). *Webster's third new international dictionary*. Merrian-Webster, pp. 1172, 2346.

註三：孫邦正（1989）。教育概論。臺灣商務印書館，第 221 頁。

註四：方炳林（1988）。普通教學法。三民，第 1 頁。

註五：歐陽教（1986）。教學的觀念分析。載於中國教育學會主編：有效教學研究。臺灣書店，第 12 頁。

註六：簡茂發（1986）。教學評量原理與方法。載於中國教育學會主編：有效教學研究。臺灣書店，第 399 頁。

註七：林寶山（1988）。教學原理。五南，第 111-114 頁。

註八：同註七，第 135 頁。

註九：Jacobsen, D., Eggen, P., & Kauchak, D. (1993). *Methods for teaching*. Merrill, p. 221.

註十：陳龍安（1993）。創造思考教學法。載於臺北市教師研習中心編：尖端教學法。臺北市教師研習中心，第 172 頁。

註十一：張春興（1994）。教育心理學。東華，第 296 頁。

註十二：同註九，p.167。

註十三：張玉成（1993）。思考技巧與教學。心理，第 109-112 頁。

註十四：Jarolimek, J., & Foster, C. D., Sr. (1991). *Teaching & learning in the elementary school*. Macmillan, p. 325.

註十五：簡茂發（1996）。評量。載於黃政傑主編：教學評量。師大書苑，第 5 頁。

註十六：何英奇（1992）。教學評量的基本原則。載於國立臺灣師範大學學術研究委員會主編：教學評量研究。五南，第 4 頁。

註十七：Hoy, C., & Gregg, N. (1994). *Assessment*. Brooks/Cole, p. 5-9.

註十八：郭生玉（1990）。心理與教育測驗。精華書局，第 289-291 頁。

註十九：同註十五，第 9 頁。

註二十：同註十五，第 12-15 頁；同註十八，第 291-299 頁。

摘　要

・教學係指「施教者運用適當的方法，傳授受教者各種知識和經驗的活動。」主要任務為：傳授學生基本知識、發展學生學習知能、涵育學生思想品德和增進學生適應能力。

- 教學基本的歷程為：教學目標、學前評估、教學活動和評量。
- 一般常用的教學方法分別為：講述法、討論法、發現式教學法和創造思考教學法等，各有其價值，一位教師不要過於迷信某種教學法，最好能夠靈活運用。
- 一位教師要能發揮教學效果，最好採取下列教學途徑：設定明確教學目標、激發學生學習動機、採用多樣教學方法、給予學生適度期望、使用適當發問技巧、善用各種教學資源和給予學生適當回饋。
- 評量係指「教師依據教學目標，運用有系統的方法，蒐集學生表現的資料，然後依據合理的衡量標準，以判斷學生學習結果的歷程。」
- 評量的功能主要有：安置的功能、改進的功能、診斷的功能和激勵的功能。
- 評量的類型，依其時機可分為形成性評量和總結性評量；依其資料解釋可分為常模參照評量和標準參照評量。
- 一位教師要能夠增進評量的效果，最好採取下列途徑：符合教學目標、兼顧形成評量與總結評量、善用多元評量方式和掌握命題原則與技術。

評量題目

一、請說明教學的意義和任務。

二、請說明教學過程的重要內涵。

三、何謂「創造思考教學法」？身為一位教師，如何善用創造思考教學法？

四、何謂「行為目標」？行為目標用在教學上，有哪些優缺點？

五、何謂「學習動機」？身為一位教師，如何激起學生學習動機？

六、何謂「比馬龍效應」？它對於學生學習有何影響？

七、請說明教學評量的意義、功能和類型。

八、身為一位教師，如何有效運用教學評量，增進學生學習效果？

◈ 教育小故事

不要打我，要再教我

年輕時，我的職業是小學教師。有一天，我在黑板上拼命地講解「植樹」問題的解答，講解得口沫橫飛，汗流浹背，但最後尚有一位同學老是無法理解。這時候我認為：連這簡單的解答也不會，就是不專心聽講，便發火了。我把這個學生叫到前面來，舉起手上的教鞭就要打他的手背。那知他突然理直氣壯地大喊著：「老師！不要打我，要再教我！」經他這麼一喊，我把揚起的教鞭擱了下來，因為他竟喊出了我的理智，讓我恍然大悟：

「對呀！學生教不會，不是施以體罰、責備就算了！學生教不會，做老師的就要再教啊！不止一次，十次、百次都要再教，直教到會為止！」想到此，我頓時覺得慚愧極了。於是我立刻收斂起怒容，心平氣和再更詳細地講解了一次。由於學生本身也較前次特別凝神地聽，所以他果然完全理解並消化了。

資料來源：李滄浪（1992 年 8 月 15 日）。不要打我，要再教我。中國時報，第 38 版。

◈ 案例討論

一樣分數，兩種看法

小明讀國小一年級時，第一次考試，國語和數學只考六十分，小明從老師手中接到試卷，心裡很傷心。

「小明，怎麼考得那麼差，手伸出來，打十下」。王老師揮動著教鞭。

小華讀國小一年級時，第一次考試，國語和數學也只考六十

分，小華從老師手中接到試卷，心裡很害怕。

　　「小華，這次兩科都考六十分，假如每次考試進步十分，送你一張貼紙；以後達到一百分，送你一本故事書。」

　　林老師和藹地說著。

　　小明每天帶著忐忑的心理上學，一學期下來，考試成績還是停留在六十分左右；小華每天帶著期盼的心理上學，一學期下來，考試成績卻進步到九十分左右。

思考問題

一、王老師和林老師處理學生成績評量的方式，有哪些啟示作用？

二、身為一位教師，如何善用評量原則，激發學生學習動機？

第九章

教育的方法—學務和輔導

學習目標

一、說出確保校園安全的途徑。

二、描述有效實施生活教育的方式。

三、認識學生偏差行爲的輔導方式。

四、認識身心障礙學生的輔導方式。

五、瞭解親師合作的重要性。

　　教育主要任務之一，在於培養學生健全人格。因此，學生除接受智育之外，其他如德育、群育、體育和美育等方面，都不能偏廢。在德育實施過程中，學務與輔導，可說是相當重要的一環，故身爲一位教師，對於學務與輔導等工作，亦應有所瞭解，方足以勝任教學職務。

　　學務工作主要在於處理學生事務各方面事宜，其中校園安全和生活教育可說是學務工作重要的一環，而輔導工作主要在於協助個體成長，促進個體有更好的生活適應和社會適應。因此，本章乃就校園安全、生活教育、學生偏差行爲的輔導、身心障礙學生的輔導與親師合作等方面說明之。

教育小檔案

校園霸凌

　　校園霸凌是校園常見的現象，對學生身心發展造成嚴重不良影響，必須有效加以防制，以確保學生之安全。依《校園霸凌防制準則》界定霸凌的定義如下：指個人或集體持續以言語、文字、圖畫、符號、肢體動作、電子通訊、網際網路或其他方式，直接或間接對他人故意爲貶抑、排擠、欺負、騷擾或戲弄等行爲，使他人處於具有敵意或不友善環境，產生精神上、生理上或財產上之損害，或影響正常學習活動之進行。而校園霸凌則是指相同或不同學校校長及教師、職員、工友、學生對學生，於校園內、外所發生之霸凌行爲。

　　校長及教職員工知有疑似校園霸凌事件時，均應立即按學校校園霸凌防制規定所定權責向權責人員通報，並由學校權責人員向學校主管機關通報，至遲不得超過二十四小時。

◆ 教育相對論

教室裝設監視器，可行嗎？

　　學校經常在大門口、川堂、走廊、圍牆或校園死角裝設監視器，以確保師生安全，而教室亦為學生學習活動的場所，該不該裝設監視器，卻有不同的論點：

　　贊成者認為班級設置監視器的理由如下：一、幫助維持班級秩序，確保教學順利；二、防止學生出現不當行為，減少學生脫序行為；三、萬一教室中發生師生衝突或同學間衝突事件或班級偷竊事件，有助找到證據。

　　反對者所持理由如下：一、危害個人隱私權，個人隱私無法受到保障；二、學生感覺被監視，心理處於威脅之中，無法專心上課；三、教育重在自律，無法培養學生健全人格發展。

第一節　校園安全

　　學校是學生受教育的場所，為使學生安心求學，首要條件就是要確保學生學習環境的安全。所以，校園安全的維護成為教育上的重要課題之一。

　　基本上，要確保校園安全必須從三方面著手，一是加強學生安全教育；二是預防暴力行為產生；三是有效處理意外事故。茲說明如下：

壹、加強學生安全教育

　　所謂「安全教育」是指透過指導學生具備安全常識及良好生活習

慣，安排安全的學習生活環境，提高師生對於生活安全的警覺，以確保兒童身心安全，避免或減少意外發生，以及增進對環境適應力的教育活動與措施。學校為了加強學生安全教育，可從下列方面著手：

一、隨時提醒學生注意安全

學校或教師應利用朝會或上課中等各種時機，提醒學生注意安全，遇有可疑人物，立即向學校反應；而且嚴禁學生在陽臺上追逐；也要求學生不得在窗臺或高處爬上爬下，以免發生危險。

二、提供學生安全教育教材

學生安全教育重點甚多，舉凡交通安全、遊戲運動安全、用水火電安全、實驗室安全、打掃環境安全、野外活動安全等都是，學校應適時提供學生這些方面安全的教材，增進學生安全知識，減少學生在校意外事件的發生。

三、加強校內導護工作

學校訓導人員及輪值導護教師在課間、午睡時間以及整潔活動時間，應加強巡視與指導，避免學校危險事故的發生。所以，學校必須要求導護人員隨時注意學生安全。

四、注意校內設備安全維護

學校各項工程及設備，凡是學生容易接觸到的地方，應隨時注意其安全及維護。尤其正在興建中的校舍工程，一定要嚴禁學生靠近；此外，教學器材（如運動器材、遊戲器材、實驗器材）平時也要注意維修與保養，以確保學生使用安全。

貳、預防暴力行為產生

俗語說：「預防勝於治療」。學校若能事先做好預防工作，對於校園安全具有積極作用。所謂「校園暴力」，是指發生於學校內且於上課期間所發生之暴力行為，含：學生與學生之間、學生與教職員之間、校外侵入者與學校師生之間所發生之暴力攻擊行為（註一）。這些暴力行為對校園安全是一大威脅。當然，校園暴力發生有其個人、學校、家庭和社會因素，有時是這些因素交錯在一起，可說是一個錯綜複雜的社會現象。茲提出下列方式，以供參考：

一、加強親職教育工作

「家庭」是受教開始的最基本單位，每位父母若能扮演適當的角色行為，隨時注意子女的一言一行，並建立正確的管教方式，負起為人父母的責任，使其子女能培養遵循一定規範的態度，那麼在校違規行為必可降至最低程度。所以，學校和家庭應相互配合，推動親職教育，提供家長各種親職教育訊息，幫助家長建立正確親職教育觀念。

二、培養學生挫折容忍力

家長應避免對其子女過度的保護，而且學校和家長也要一起協助孩子做好情緒管理，使孩子減少情緒反應或產生衝動行為，同學之間或師生之間摩擦將會減少。所以，讓孩子們勇於嘗試，從嘗試過程中慢慢培養其挫折容忍力，是蠻重要的。

三、重視學生法治教育

學生法治觀念的欠缺，常常違規或違法而不自覺。所以學校應利用課中、朝會、班會或週會等各種時間，透過演講、戲劇或影片欣賞等方式宣導各種法律知識，必要時，亦可安排學生參觀少年感化院，使學生瞭解到個人守法的重要性，也會減少違法亂紀行為發生。

四、有效推展輔導工作

　　學校輔導工作，大致依學生問題行為的嚴重性，分為三個層次：預防輔導、諮商輔導和治療輔導。其中預防輔導，屬於初級預防，如：培養學生生活適應力、建立正確自我觀念，或處理衝突能力等；諮商輔導又稱次級預防，針對已出現問題行為的學生，採取必要的個別或團體輔導；治療輔導也稱三級輔導，旨在彌補問題所造成個人傷害，預防更大的傷害和協助個人儘早恢復正常原態（註二）。學校或教師所要做的工作，是在前兩個層次；若能好好推動，對預防校園暴行是具有相當助益的。

五、做好學校門禁管制

　　部分校園暴力發生，來自校外人士侵入。萬一學校門禁管制不嚴，經常給歹徒或不良少年有機可乘，將導致教師或學生身體受到傷害。因此，學校門禁管制工作，對於預防暴力行為至為重要，學校不能過於鬆懈。

　　其實，很多校園暴力行為多多少少與大眾傳播內容有關，有些暴力行為是仿自媒體報導。所以報紙、電視、廣播對於涉及暴力、色情或犯罪事件之報導，應本自律原則，不要過度渲染，以免青少年身心發展受到影響，對於預防校園暴力亦有幫助。

🌼 參、有效處理意外事故

　　校園為師生活動的場所，由於人數眾多，發生意外事故在所難免。若是學校處理不當，可能產生危機，造成校園不安定感。所以，學校處理意外事故時必須格外小心。

　　校園意外事故甚多，例如：鬥毆、強暴、傷亡等方面，僅就經常發生鬥毆事件處理原則簡述如下（註三）：

一、學校據報後應儘速趕赴現場，並視情況可約多位同仁前往。

二、制止暴力行為時應儘量避免有任何一方受傷害。

三、如有人受傷應視情況送至健康中心或醫院診療。

四、聯繫雙方家長，一則使雙方家長瞭解實情並負約束子女之責；再則雙方家長可出面和解並負擔必要之費用；三則協助學校之追蹤聯繫。

五、如情況嚴重或有外力介入時，應通知警方處理。

六、緊急處理完畢後應繼續追蹤輔導，瞭解鬥毆發生的主要原因，一則輔導學生受創傷之身心；再則避免鬥毆事件之再次發生；三則導正其過當行為與錯誤觀念。

　　如果有校外人士介入，應特別叮嚀警衛，加強門禁管理，檢討安全措施。

　　上述處理原則，其流程可歸納為如〔圖 9-1〕所示。

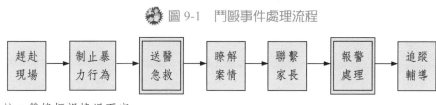

圖 9-1　鬥毆事件處理流程

趕赴現場 → 制止暴力行為 → 送醫急救 → 瞭解案情 → 聯繫家長 → 報警處理 → 追蹤輔導

註：雙線框視情況而定。

第二節　生活教育

　　生活教育是訓育工作重要的一環，是學校教育的中心。廣義的「生活教育」是指以「生活」為教學內容的一切教育活動；狹義的「生活教育」則指生活倫理規範的實踐與生活習慣的養成，廣狹二義均有偏頗，一般採折衷的定義，兼重知識的傳授與生活技能習慣的養成。

旨在將人類自古以來的日常生活、健康生活、道德生活、學習生活、公民生活、勞動生活、休閒生活中所累積的知識經驗與行為規範，透過學校中的各種課程與教育活動，傳遞給學生，使其在特定的生活情境中，能適應良好，達成和諧圓滿的人生（註四）。

生活教育的層面，主要可包含四方面，一是人與自己：包括自身的修養與習慣；二是人與他人：包括自己與他人、群體的關係；三是人與事：包括個人對工作、時間、金錢的態度；四是人與物：包括對事物的珍惜、自然環境與資源的善用與維護。這四方面構成生活教育的範疇；亦是生活教育的重點。生活教育的主要目的，就是培養自己良好的習慣，並且能夠尊重他人、對工作負責盡職，以及具有珍惜萬物的習性。

生活教育的有效實施，是培養個人健全人格的基礎。茲提供下列生活教育實施方式，以供參考。

壹、善用各種方法

生活教育的實施，除利用傳統的獎懲、增強、說教方式之外，還可以利用角色扮演、道德兩難法、價值澄清等方法，使兒童能經由自己重視、選擇、澄清等過程，體認自己的價值、觀念、態度等，並依此採取行動（註五）。

教育小辭典

道德兩難法

道德兩難法係以呈現兩難式的問題情境，讓學生充分討論之後，教師加以綜合推論的一種道德教育教學方法，其作法如下：

一、呈現道德兩難困境：幻燈片、書面資料……均可。

二、列出及澄清事實情境：

㈠教師可詢問學生故事中發生的情節。

㈡讓學生先確認故事中主角而採取暫時性立場，並就其立場說明理由。可先要求學生完成書面意見，再要求學生舉手發言。

三、分組：

㈠以四至六位為宜，時間約需十至十五分鐘。

㈡彙整班級討論意見，先小組口頭報告，再全班公開討論。

㈢要求學生重新評估當初所持立場。

㈣教師綜合推論。

貳、重視行為實踐

　　生活教育最重要的工作就是在於實踐，所以生活教育的實施，不能只要求學生認知的層次，必須要使學生能夠透過認知層次，樂意實踐，才具有效果。因此，生活教育效果之評量，應注重於學生行為的實踐部分。

參、教師以身作則

　　生活教育的實施，只靠教師言教是不夠的；教師身教更是重要，教師是學生學習和模仿的對象，其一言一行會不知不覺影響學生行為習慣。所以一位教師如能以身作則，學生必可受到潛移默化效果，對於塑造學生良好品格有積極的作用。

🌸 肆、生活規範明確

「規範」本身具有約束個人行為的作用。學生是一個未成熟的個體，很多行為需要師長們的教導，學校為了讓學生學習活動順利進行，經常訂定很多的生活規範；這些規範的內容不僅要適合學生身心發展，而且要相當具體明確，學生才易遵循，俾收到效果。

🌸 伍、營造和諧氣氛

學習行為受到環境因素影響極大，一位學生在一種安全和諧的環境下學習與成長，容易培養自信與積極的態度，自然而然的其生活習慣也較為良好，違規行為可降至最低程度。所以學校或班級，應該積極營造和諧的氣氛，以發揮境教的效果。

………… 第三節　學生偏差行為的輔導 …………

隨著社會的轉型及家庭結構的改變，學生問題行為有日增之趨勢，若無法有效予以處理，將會導致青少年犯罪率上升的現象。所以，學生偏差行為的輔導，可說是降低青少年犯罪的利器之一，也是較為根本的方法。

🌸 壹、偏差行為的意義

「偏差行為」一詞，在國內教育界用得相當普遍，經常與「問題行為」、「適應不良行為」相互運用。事實上，適應不良行為較偏重於個體與所處的環境無法保持和諧的關係而言，所以會表現出反社會的問題行為。至於偏差行為則指某一行為不符正常標準的現象，在學

校所指的偏差行為並未包括智力上、生理上各種能力與功能的缺陷所
導致的問題，乃是以情緒障礙所造成的問題行為為主，除了這些原始
性的問題行為之外，因智力與生活等原因引起的續發性行為問題仍然
視為是偏差行為。因此，偏差行為不但包括偷竊、傷害、暴力、放
火、勒索、性不良行為等反社會行為，以及孤獨、緘默、自閉、拒絕
上學、自殺等非社會行為之外，可能產生這些行為的許多挫折也包括
在內（註六）。

貳、偏差行為的輔導

偏差行為有些是反社會行為，有些是非社會性行為，這些都屬於
問題行為。萬一學生有了偏差行為的表徵，教師即時發現，予以有效
輔導，可能是救了這位學生。茲提出下列方式，以供參考：

一、及早發現問題徵候

學生問題行為或偏差行為的產生，都有跡可尋，一位教師若能隨
時注意學生的一言一行、一舉一動，都可發現其蛛絲馬跡。例如：情
緒不穩定、精神萎靡、遲到、曠課多次、臉色蒼白、奇裝異服……，
都是偏差行為的先兆，教師及早發現，較能夠採取有效的預防措施。

二、蒐集行為背後資料

學生偏差行為一旦發生，最重要的工作就是即時輔導；為使輔導
有效，必須先蒐集個案行為背後的資料；這些資料可從日常的觀察、
晤談、測驗、文件、調查或與個案的同學、父母、親友師長談話中得
到。所蒐集的資料愈齊全，對個案未來的輔導策略，愈有幫助。

三、採用多樣輔導方式

輔導方式相當多，有個別輔導、團體輔導及課程設計等直接或間

接與當事人接觸的方式。在個別輔導方面，有個別諮詢、函件或電話輔導、家庭訪視、個別測驗或評量、個案研究、轉介輔導等；在團體輔導方面，有團體諮詢、團體討論、團體測驗、團體遊戲、團體工作、演講座談、參觀訪問、影片欣賞等；至於課程設計方面，則配合各科教學和各種教育情境（如社團活動、班會活動）融入輔導的方法和內涵；甚至單獨設計班級輔導活動或心理衛生課程（註七）。教師輔導學生，需考量學生行為性質、年齡、個性、環境等因素，採用多樣的輔導方式。

四、尋求外界支援系統

學生偏差行為，屬於輕微者，教師也許能夠有效處理；若是屬於較為嚴重者，例如：自殺行為、吸毒行為、性不良行為或自閉症行為等，這些已不是屬於初級預防或次級預防層次，它們已經屬於治療層次，必須接受輔導專家或精神科醫生施予治療，才能見效；這時教師必須將個案轉介或尋求外界支援，以免延誤治療時效。

🌸 教育小辭典

三級輔導

輔導是幫助學生學習與成長的重要策略，一般分為生活輔導、學習輔導與生涯輔導三大類。依《學生輔導法》之規定，學校應視學生身心狀況及需求，提供發展性輔導、介入性輔導或處遇性輔導之三級輔導。

因此，學校落實三級輔導，才能促進與維護學生身心健康及全人發展，其界定如下：

一、發展性輔導：為促進學生心理健康、社會適應及適性發展，針對全校學生，訂定學校輔導工作計畫，實施生活輔導、學習輔導及

生涯輔導相關措施。

　　二、介入性輔導：針對經前款發展性輔導仍無法有效滿足其需求，或適應欠佳、重複發生問題行為，或遭受重大創傷經驗等學生，依其個別化需求訂定輔導方案或計畫，提供諮詢、個別諮商及小團體輔導等措施，並提供評估轉介機制，進行個案管理及輔導。

　　三、處遇性輔導：針對經前款介入性輔導仍無法有效協助，或嚴重適應困難、行為偏差，或重大違規行為等學生，配合其特殊需求，結合心理治療、社會工作、家庭輔導、職能治療、法律服務、精神醫療等各類專業服務。

·············· 第四節　身心障礙學生的輔導 ··············

　　「有教無類、因材施教」為教育工作者追求的理想，保障身心障礙學生的受教權，亦是教育工作者努力的目標。目前身心障礙學生教育採用融合式（inclusion）已為時勢所趨。所謂「融合式」，是指身心障礙學生由特定的機構走入一般的社區，由特殊學校轉至普通學校，從特殊班進到普通班，也就是強調回歸主流和正常化（註八）。所以，一般教師也要有身心障礙學生輔導的概念。

壹、身心障礙的意義

　　身心障礙，依《特殊教育法》第三條規定，係指因生理或心理之障礙，經專業評估及鑑定具學習特殊需求，須特殊教育及相關服務措施之協助者；其分類如下：一、智能障礙。二、視覺障礙。三、聽覺障礙。四、語言障礙。五、肢體障礙。六、腦性麻痺。七、身體病

弱。八、情緒行為障礙。九、學習障礙。十、多重障礙。十一、自閉症。十二、發展遲緩。十三、其他障礙。

🌸　貳、身心障礙學生的輔導

身心障礙的學生，如同一棵先天上有缺陷的幼苗，需要更多的愛與關懷，使他（她）能夠成長茁壯。所以，給予適當的輔導與協助是必要的。茲提供一位普通班教師對於班級特殊學生輔導方式，以供參考：

一、接納與關懷

身心障礙學生，屬於弱勢族群學生，其發展要比一般學生為慢。在普通班級中，如果有特殊學生在自己班上，教師應該先接納他（她），使其成為班級的一分子，然後時時關心和協助他（她），使其慢慢與同學打成一片。

二、讚美與鼓勵

身心障礙學生，本身具有生理或心理的缺陷，最怕受到刺激或侮辱，一位老師對於這些學生，應始終保持「讚美與鼓勵」的心來教導他（她），讓他（她）更有信心地學習，為自己的學習開闢新的天空。

三、提醒與叮嚀

有些身心障礙學生，心智發展較慢或動作較遲緩，對自己生活較無法有效照顧，有時會有安全上的顧慮。所以，自己班上有身心障礙學生時，應該時常加以提醒與叮嚀；以及鼓勵班級較能幹的同學協助他（她），讓他（她）能夠享有無障礙的學習。

身心障礙學生除接受特殊教育外，更需要醫療系統的支持，以及結合社會福利系統，才能使這些學生得到最大的照顧。

◆ 教育補給站

教師輔導與管教學生之基本考量

教師基於有效教學及培養學生良好人格，給予學生輔導和適當的管教勢必要的，惟在輔導與管教過程中，要符合教育的必要性和價值性。依《學校訂定教師輔導與管教學生辦法注意事項》規定，教師輔導與管教學生之基本考量如下：

一、尊重學生之學習權、受教育權、身體自主權及人格發展權。

二、輔導與管教方式應考量學生身心發展之個別差異，符合學生之人格尊嚴。

三、啟發學生自我察覺、自我省思及自制能力。

四、對學生所表現之良好行爲與逐漸減少之不良行爲，應多予讚賞、鼓勵及表揚。

五、應教導學生，未受鼓勵或受到批評指責時之正向思考及因應方法，以培養學生承受挫折之能力及堅毅性格。

六、不得因個人或少數人之行爲而處罰其他或全體學生。

七、對學生受教育權之合理限制應依相關法令爲之，且不應完全剝奪學生之受教育權。

八、不得以對學生財產權之侵害（如罰錢等）作爲輔導與管教之手段，但要求學生依法賠償對公物或他人物品之損害者，不在此限。

第五節　親師合作

學校與家庭是學生受教育最重要的場所，也是影響學生人格發展的關鍵所在。一位學生能夠在教師與家長相互配合及協助下，其成長

應該較爲順利。所以，親師合作成爲學校教育相當重要的課題。

壹、良好關係是親師合作的基礎

　　教師與家長彼此良好關係的建立，是親師合作的第一步。如果教師與家長一開始，就有良好的互動，將來溝通和聯繫的管道，將更爲順暢。爲了確保親師良好關係的建立，彼此溝通時必須格外注意，應保持尊重與傾聽的態度，切莫相互猜忌或流於情緒，增加彼此不信任感，才能締造良好關係的有利條件。事實上，彼此如果能夠讓對方瞭解都是在關心孩子的成長，良好關係的建立是輕而易舉之事。

貳、適當時間是親師合作的條件

　　在工商社會中，無論家長或教師都很忙碌，彼此要能騰出一些溝通時間，也是很不容易。所以，如何找出適當的時間，就顯得很重要。所謂適當時間，係指教師與家長的時間能夠相互配合，可能是上班時或下班後，但必須是雙方都能接受的範圍之內。其實，爲了孩子的學習、成長與發展，撥出一些時間，也是值得的，雙方有此信念，合作將更爲愉快。

教育小秘方

家庭聯絡簿效用多

　　家庭聯絡簿常常是親師溝通重要管道之一。

　　話說有位家長，其女就讀一年級時，因不瞭解教師在黑板上寫的字，挨了老師罵，哭著回家說：「媽媽，我不要讀小學了。」

這位家長發覺事態嚴重，乃在聯絡簿上寫了很長的一段話給級任老師；這位老師也很有耐心地在聯絡簿說明，從此以後，聯絡簿成為家長和老師「你來我往」的園地，這位小女兒很快樂地度過她的小學生活。

參、親職教育是親師合作的關鍵

　　「親職教育」主要目的在幫助家長建立正確教養子女的方法與理念，並與學校相互配合，以培養孩子正確的價值觀與奮發向上的精神。所以，親職教育能夠有效推動，家長有了正確的觀念，較能夠與教師相互配合。因此，學校應把親職教育之推動，視為重要工作項目之一，譬如：出版親職教育刊物、舉辦親職教育講座、辦理家長座談會、成立家長成長團體、善用家長志工及家長會與母姊會等，都是有利於親職教育的推展。

肆、家長參與是親師合作的要件

　　家長參與學校教育活動，尤其是子女的學習活動，是建立學校、家長夥伴關係的首要策略（註九）。一位教師如果能隨時告知家長，其孩子在校的學習情形；並善用家庭聯絡簿，說明教師期望，溝通家長協助訊息，有助於親師合作；此外，班級活動亦可請家長幫忙，例如：校外參觀、班級布置，甚至亦可請家長針對教學及管教提出建議，作為教師教學之參考，讓家長們成為協助孩子學習的重要資源。

◆ 教育小技巧

親師溝通小技巧

親師溝通包含家長與教師雙方面溝通，任何一方發出訊息，都可能造成接受訊息者的若干反應。

「我的孩子大概很頑皮，讓你發了這麼大的脾氣，實在很抱歉，……」，假如你是這位老師，聽了家長所說的話，也會覺得自己太衝動，後悔對學生發了脾氣。

「明輝這孩子，很有正義感，也很有天分，做起事來有板有眼，可惜就是上課喜歡講話，有時作業亦不太認真……」，身為家長聽了老師這一席話，也會覺得不好意思，沒把自己子女教好。

親師溝通時，最好先有一點「示好」的表現，不要見面就惡言相向，否則溝通不成，彼此還會不歡而散，受害者還是學生。

附　註

註一：高金桂（1995）。暴力行為之法律上的意義及其違法性。學生輔導，37 期，第 21-27 頁。

註二：洪麗瑜（1995）。從校園暴力談整合多學門合作的輔導模式。學生輔導，37 期，第 36-43 頁。

註三：陳麗欣（1996）。從校園暴行之迷思談校園危機處理。校園危機處理的問題與對策學術研討會，臺北市立師範學院，1 月 23 日。

註四：毛連塭等（1991）。我國各級學校生活教育內涵及改進途徑之研究。教育部訓育委員會委託研究，第 7 頁。

註五：教育部訓育委員會、臺灣省政府教育廳、臺北市政府教育局和高雄市政府教育局（1986）。國民小學訓導工作手冊。作者，第 33 頁。

註六：劉焜輝（1994）。從輔導的角度談偏差行為。教師天地，69 期，第 5-8 頁。

註七：吳武典等著（1990）。輔導原理。心理，第 37 頁。

註八：教育部（1995）。中華民國身心障礙教育報告書—充分就學適性發展。作者，第 31 頁。

註九：林天祐（1996）。學校家長關係。載於國立教育資料館編：有效能學校。國立教育資料館，第 151 頁。

摘　要

· 學校要確保校園安全，應從下列三方面著手：加強學生安全教育、預防暴力行為產生和有效處理意外事故。

· 生活教育的實施，是培養個人健全人格的基礎，所以在實施過程中，應該善用各種方法、重視行為實踐、教師以身作則、生活規範明確，以及營造和諧氣氛。

· 為了有效輔導學生之偏差行為，最好採用下列方式：及早發現問題徵候、蒐集行為背後資料、採用多樣輔導方式，以及尋求外界支援系統。

· 一位普通班級教師面對自己班上之身心障礙學生，最好能夠接納與關懷、讚美與鼓勵、提醒與叮嚀。

· 親師合作是幫助學生學習最有效的利器。家長與教師彼此經常保持聯繫是相當重要的關鍵所在，有待家長與教師一起努力。

評量題目

一、假如學校遇到有三位不良少年到校滋事，你是學務主任，該如何處理？

二、學校如何運用哪些方式，鼓勵家長參與學校親師活動？

教育小故事

原諒這一次

　　話說四十年前，那是五年級下學期，一個初春的早上。魏老師進教室就宣布：「各位同學，把書都收進去，現在開始考社會，考不到

八十分，就要處罰。」經常處於八十分邊緣的我，緊張的把課本、參考書用力的塞進壅塞的抽屜裡。

糟！試卷上的題目，怎麼那樣生疏？突然，一眼瞥見剛塞進書桌內的課本，居然滑出一大半。

歹念方起，「哦喔！老師！他在作弊，他偷看書！」坐在我後方的同學，指著我。就在此時，「叭！」一聲，社會課本就掉落在我旁。

「老師，我，我沒有，我……。」一向膽小又不善表達的我，臉紅心跳，急得更辭不達意，淚水汪汪一直向下流。

魏老師走到我身旁，彎下腰，拾起課本，放在我桌上。「好，不管你這次有沒有作弊，我要原諒你一次，但是只有這一次，以後就看你的表現了！」一時間，我的心情真是無法以筆墨形容，是感激、是羞愧、還是……。

十年後，我毫不猶豫的選擇教職。

資料來源：人之（1982年1月27日）。原諒這一次。中國時報，第22版。

個案研討

師翻垃圾桶查菸　學生翻桌嗆滾

高雄市某高中一名老師發現學生在課堂上違規攜帶香菸，並將菸藏在垃圾桶內，老師要學生把香菸拿出來，學生不予理會，老師氣得翻倒垃圾桶，沒想到另名學生為同學抱不平，竟然翻桌反嗆老師，還嗆說：「我可不可以退學啊！」其他同學見狀，不但沒有阻止，還幸災樂禍、鼓譟起鬨要打架，甚至要老師「滾啦」，並拍成影片 PO 上網。

事後，學校已主動與這名老師溝通，希望老師未來輔導、管教學生的方式能夠更理性，對於攜帶香菸、翻桌嗆老師及側錄 PO 影片的學生，學校也會加強輔導，更重要的是希望儘快修復師生關係。

資料來源：方志賢（2015 年 1 月 19 日）。師翻垃圾桶查菸 學生翻桌嗆滾。自由時報。https://news.ltn.com.tw/news/life/paper/848689

思考問題

一、教師發現學生違禁物品，如何有效處理？

二、教師如何運用輔導方法，幫助學生改過向善？

第十章

教育行政的組織

 學習目標

一、瞭解教育行政的意義。

二、熟悉教育行政機關的角色和
　　功能。

三、認清教育行政機關的組織與
　　運作。

四、熟知教育行政的發展趨勢。

　　教育工作的有效執行，必須有賴健全的組織和高素質的人力，而教育行政組織則是扮演著關鍵地位，它引領整個教育的進步與發展。因此，世界各國從中央到地方都有成立教育行政機關，負責教育事務的推動。所以，瞭解教育的行政組織，是有其必要性和重要性。

⋯⋯⋯⋯⋯ 第一節　教育行政的意義 ⋯⋯⋯⋯⋯

🌸 壹、教育行政的意義

　　「教育行政」一語，就其「行政」一詞來看，其中文字義，有「行使政事」之意；而英文字義 administration，則有「管理或導引事務」之意。基本上，「行政」之中英文字義，差異性並不太大，中文字義偏重國家事務處理；而英文則泛指一般事務處理。

　　學者們對於教育行政一詞，亦有不同的見解，例如：黃昆輝將「教育行政」定義為：「教育行政即是教育人員在上級—部屬的階層組織中，透過計畫、組織、溝通、協調及評鑑等歷程，貢獻智慧，群策群力，為圖教育的進步所表現的種種行為。」（註一）而秦夢群則指出「教育行政乃是一利用有限資源，在教育參與者的互動下，經由計畫、協助、執行、評鑑等步驟，以管理教育事業，並達成有效解決教育問題為目標的連續過程。」（註二）至於謝文全亦將「教育行政」界定為：「教育行政是政府為辦理教育而對教育人員與事務所做的領導與管理行為，其目的在經濟而有效地達成教育目標。」（註三）

　　吳清山亦將「教育行政」之意義，界定如下：「教育行政，係指教育機關對於其所掌理的教育事務，透過計畫、決定、溝通、協調、激勵、領導、組織、視導、評鑑等管理，以謀求經濟有效的方法，促進教育事業健全發展，俾實現所訂教育目標。」（註四）

　　依此而論，教育行政可從下列五方面再予以說明之：

一、教育行政主體

教育行政主體，即教育機關，它包括教育行政機關，以及公私立學校。

二、教育行政對象

教育行政對象，即為所處理的教育事務，它包括人、事、財、物等方面。

三、教育行政活動

教育行政活動，亦即教育行政作為，它包括計畫、決定、溝通、協調、激勵、領導、組織、視導、評鑑等方面。

四、教育行政方式

教育行政方式，在於採用經濟有效的方法，避免不當的浪費人力與物力，以增進教育效果。

五、教育行政目標

教育行政目標，在於提高教師教學和學生學習效果，以及改進教育事業，促進教育事業健全發展。

貳、教育行政的系統

為使教育行政能夠發揮功能，必須設機關和置人員，推動各項教育行政業務，此亦即所謂的教育行政組織。由於行政院是我國最高的行政機關，而教育部為行政院下屬機關，故行政院亦可視為最高的教育行政機關，然而實際主管全國教育事務，仍是教育部的權責，至於地方教育行政事務，其主管教育行政機關，在直轄市為教育局；在縣

（市）爲縣（市）政府。整個教育行政系統，如〔圖 10-1〕所示。

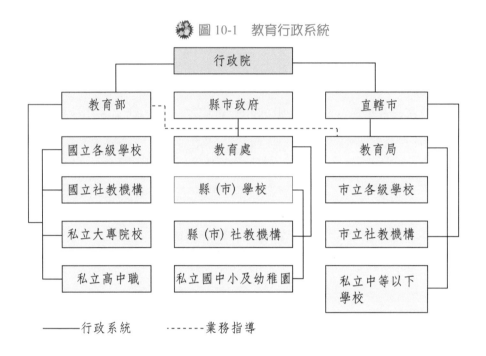

🌼 圖 10-1　教育行政系統

——— 行政系統　　-------業務指導

········· 第二節　教育行政機關的角色和功能 ·········

國家爲推動教育事務，實現教育政策，必須設立管理機構，此即爲教育行政機關，茲將教育行政機關的角色和功能說明如下。

🌼 壹、教育行政機關的角色

教育行政機關受人民付託，行使教育公權力，提供人民各種學習機會。雖然各國教育行政機關因憲法規定和政府體制，其教育權力運用有所不同，但我國教育行政機關的角色，可歸納下列八種角色：

◆ 教育加油站

領導、管理與行政

　　領導（leadership）、管理（management）與行政，實在很難區隔，基本上，領導是指影響成員達成組織目標的過程，其責任包括發展願景、執行計畫和建立共識等，而管理則是要求成員遵照一定的程序，以確保結果的一致和效率。雖然，領導和管理都是在影響成員的作為，但是其目的和方法有別，前者重視成員需求和組織目標；後者追求組織效率超越個人需求，所以領導是以人為中心的處理事情方法，而管理則是以事為中心的處理事情方法。至於行政則是含括領導和管理的過程，不僅要把事情做對（管理），而且把事情做好（領導）。

一、政策計畫者

　　任何教育行政工作，均須事先規劃，才能有效達成其目標。教育行政機關為促進教育事業的發展，都必須訂定短程（二年以下）、中程（二至五年）、長程（五年以上）計畫，作為教育施政的方向與準則。不管是整體計畫或分部計畫，其內容至少包括目標、原則、項目、執行方式、人力、時間、經費和預期效益，才能讓計畫明確可行。

二、政策引導者

　　教育行政機關根據社會脈動、時代發展、教育潮流和實際需求進行各種教育政策的訂定。這些政策都會引導學校教育、家庭教育和社會教育的發展。例如：政府為因應終身學習社會的來臨，所訂的終身教育政策，會影響整個教育發展。由於教育行政機關的政策具有引導的作用，所以政策的訂定，必須相當周延謹慎，並考慮其可行性和價

值性，否則像九年一貫課程、多元入學和教科書一綱多本的政策，家長和教師都存有相當疑慮，增加執行的難度。

三、政策執行者

教育行政機關所擬定的計畫，不能束之高閣，必須確實執行，方能展現效果，所以教育行政機關本身具有執行政策的責任。教育行政機關除了執行自己擬定的政策之外，也要執行上級交代的任務或政策，例如：教育部要執行行政院的政策，而地方教育局（處）也要依法執行教育部的政策或配合教育部的政策。因此，教育行政機關的績效與否，可從其政策執行力的情形加以推斷，執行力強者，績效佳；反之則否。

四、政策評鑑者

教育行政機關除了扮演政策計劃者和政策執行者角色之外，也要扮演政策評鑑者的角色，一方面評估政策執行的成效，一方面將評估結果，作為未來改進參考。例如：教育部執行多年的教育優先區政策，必須逐年評估其執行效果，作為每年修正依據；其他各級各類的教育政策，教育行政機關也必須透過評鑑方式，瞭解政策執行效果。為使政策評鑑更具客觀，其所採取的方式宜採量化和質性評鑑並重，才能蒐集更為完整的資料。

五、經費補助者

教育行政機關本身握有龐大的教育資源和經費，可透過教育經費的補助，發揮其影響力。例如：教育部為鼓勵地方教育局（處）和學校積極推動教師在職進修活動，就會補助一筆經費提供教育局（處）或學校辦理進修活動。此種教育經費補助者的角色，在美國聯邦教育部更為顯著，因為美國憲法規定，聯邦政府主要權限，在於外交和國防，凡不屬於這兩者，歸諸於州政府和地方。我國教育基本法亦有中

央教育行政機關具有「中央教育經費之分配與補助」之規定，因此經費補助者角色將愈來愈重。

六、教育監督者

教育行政機關依法具有監督所屬機關學校的權力。例如：《教育基本法》第九條第二款：「對地方教育事務之適法監督。」第五款：「設立並監督國立學校及其他教育機構。」明確規定中央教育行政機關所扮演著教育監督者角色，當然地方教育行政機關也依法享有監督所屬機構或學校的權力。任何機構或學校違反教育相關法令，教育行政機關依法可以糾正或適法性處分。例如：《私立學校法》第五十五條規定：「學校法人所設私立學校辦理不善、違反本法或有關教育法規，經學校主管機關糾正或限期整頓改善，屆期仍未改善者，經徵詢私立學校諮詢會意見後，視其情節輕重爲下列處分：一、停止所設私立學校部分或全部之獎勵、補助。二、停止所設私立學校部分或全部班級之招生。」即爲此意。

七、教育研究者

教育行政機關爲圖謀教育持續進步與發展，必須不斷地研究，作爲擬定教育政策的依據。所以在《教育基本法》第九條第六款規定：「教育統計、評鑑與政策研究。」是中央教育行政機關權限之一。該法第十三條亦規定：「政府及民間得視需要進行教育實驗，並應加強教育研究及評鑑工作，以提升教育品質，促進教育發展。」因此，教育行政機關需要就全國性的問題，進行有系統性和縱貫性研究，以瞭解全國教育發展情形；此外，教育行政機關也應建立全國教育資料庫，以供社會大眾參考之用。所以，教育行政機關扮演著教育研究者角色，亦屬其職責之一。

八、教育傳播者

教育行政機關有責任讓社會大眾瞭解整個教育發展動態，因此應該蒐集各種教育資料，出版各種刊物或報告，運用社會大眾媒體，傳播各種教育訊息；值此資訊科技和網際網路極為發達的時代，透過網路傳播教育訊息，具有不受時空限制和掌握時效等優點，所以教育行政機關設立網站和發行電子報，已經成為傳播教育訊息最好的利器，我國教育部所屬國立教育廣播電臺，亦擔負傳播教育訊息的任務，對於社會大眾瞭解教育發展動態及知識，具有一定的效果。未來，教育行政機關為爭取社會大眾的支持，扮演著教育傳播者之角色將益形重要。

貳、教育行政組織的功能

教育行政存在的價值，在於為教育界服務，為師生提供最好的學習環境。因此，它須負起計畫、執行、考核和研究發展的責任。其主要功能可歸納如下（註五）：

一、制定教育政策，推展教育活動

教育行政機關和人員根據教育目標、社會需求和經濟發展，計畫和擬訂各級各類教育政策，作為推動學前教育、初等教育、中等教育、技職教育、高等教育、師資培育、社會教育、資訊教育、環保教育、原住民教育等方面的指針。

二、提供支援服務，增進教育效能

教育行政或學校行政的本質，在於扮演協助者的角色，故它應有效支援各種教育活動。在推展教育活動中，經常需要足夠的人力、物力或經費的協助，才能使活動順利進行。所以，教育效果的發揮，有

賴行政提供各種支援服務，此亦是教育行政機關或人員責無旁貸。

三、評估教育成效，改進教育事業

各級各類教育活動實施成效如何，常常是社會各界和教育界關心的課題。因為教育活動中所投入的經費，大部分是來自人民所繳的稅，所以人民有權利要求提供高品質的教育。為了讓人民接受高品質的教育，政府或學校必須針對教育活動進行有系統、客觀的評鑑，以瞭解教育成效，並就其缺失，提出改進對策，使教育事業更具績效。

四、引導研究發展，促進教育革新

教育是促進社會進步的原動力，所以教育行政機關或學校行政單位應該配合時代潮流、掌握社會脈動，從事各種教育研究及實驗，使教育活動更具活力與創新，展現出教育生命力。因此，教育要追求革新與進步，研究發展是頗為重要的課題。

教育加油站

教育行政體制的類型

教育行政體制，依其權力分配，主要有下列三大類型：

一、中央集權制：中央教育行政機關，具有絕對的決定權力；地方教育行政機關需奉行中央的命令，接受中央的領導與監督。在主要國家中，採取中央集權制型態的國家，以法國最具代表性，而其他國家如日本、俄羅斯、中國大陸均屬之。

二、地方分權制：地方享有教育行政自主的權力，中央教育行政機關居於協助、指導的地位，不直接介入地方教育事務。此種地方分權的教育行政體，以美國為代表。此外，德國、英國、加拿大均屬之。

三、均權制：將教育行政權力依據教育特性和功能分配於中央和地方政府，不偏於中央集權，也不偏於地方分權。凡教育事務有全國一致之性質者劃歸中央，有因地制宜之性質者劃歸地方。此種均權制的教育行政型態，由於何者事務屬於中央，何者事務劃歸地方，不容易切割清楚，因此很難舉出眞正的均權制的國家，我國雖號稱均權制國家，但實際運作卻偏向中央集權制。

········· 第三節　教育行政機關的組織與運作 ·········

我國政府體制原本爲中央、省（直轄市）、縣三級制，但因2000年增修憲法，臺灣省虛級化，地方政府只剩下直轄市、縣一級。整個政府體制也成爲中央—直轄市、縣的局面。因此，教育行政機關遂成爲中央教育行政機關和地方教育行政機關兩級制。中央教育行政主管機關爲教育部，而地方教育行政主管機關，在直轄市爲教育局，在縣（市）爲縣（市）政府。

🌼 壹、中央教育行政機關

中央教育行政機關之權限，主要見諸於教育基本法和教育部組織法之相關規定。

依《教育基本法》第九條規定，中央教育行政機關權限之內容如下：
一、教育制度之規劃設計。
二、對地方教育事務之適法監督。
三、執行全國性教育事務，並協調或協助各地方教育之發展。
四、中央教育經費之分配與補助。

五、設立並監督國立學校及其他教育機構。

六、教育統計、評鑑與政策研究。

七、促進教育事務之國際交流。

八、依憲法規定對教育事業、教育工作者、少數民族及弱勢群體之教育事項，提供獎勵、扶助或促其發展。

　　前項列舉以外之教育事項，除法律另有規定外，其權限歸屬地方。

　　復依《教育部組織法》第 2 條規定：「本部掌理下列事項：

一、高等教育、技術職業教育政策之規劃，大專校院發展、師資、招生、資源分配、品質提升、產學合作之輔導及行政監督。

二、終身教育、社會教育、成人教育、家庭教育、藝術教育、進修補習教育、特殊教育、性別平均教育、公民素養、閱讀語文、教育基金會政策之規劃、輔導與行政監督，與所屬社會教育機構之督導、協調及推動。

三、國際與兩岸教育學術交流、國際青年與教育活動參與、海外華語文教育推廣、留學生、外國學生、僑生、港澳生與陸生之輔導、外僑學校、大陸地區臺商學校與海外臺灣學校之輔導及行政監督。

四、師資培育政策、師資職前教育課程、師資培育大學之獎補助與評鑑、教師專業證照與實習、教師在職進修、教師專業組織輔導、教師專業發展與教師評鑑之規劃、輔導及行政監督。

五、學校資訊教育、環境教育政策之規劃、輔導與行政監督、人文社會、科技教育政策之規劃、協調與推動、學術網路資源與系統之規劃及管理。

六、學生事務之輔導及行政監督、學校全民國防教育、校園安全政策之規劃、輔導與行政監督，學校軍訓教官與護理教師之管理及輔導。

七、原住民族及少數族群教育、學校衛生教育政策之規劃、輔導及行

政監督。

八、中小學與學前教育、青年發展、學校體育、全民運動、競技運動、運動產業、國際與兩岸運動及運動設施政策之規劃、輔導及行政監督。

九、教育人事政策之規劃、教育人事法令之訂定、解釋與私立學校教職員退休、撫卹、資遣之規劃、輔導及行政監督。

十、其他有關教育事項。」

　　以上規定，明確規範教育部組織權限，茲將教育部組織圖，歸納如〔圖 10-2〕所示。

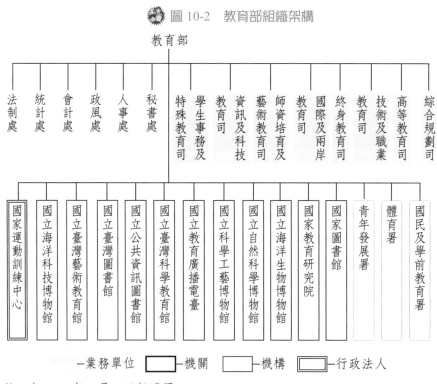

圖 10-2　教育部組織架構

教育部

法制處｜統計處｜會計處｜政風處｜人事處｜秘書處｜特殊教育及學生事務司｜教育司｜資訊及科技｜藝術教育司｜師資培育及｜教育司｜國際及兩岸｜終身教育司｜教育司｜技術及職業｜高等教育司｜綜合規劃司

國家運動訓練中心｜國立海洋科技博物館｜國立臺灣藝術教育館｜國立臺灣圖書館｜國立公共資訊圖書館｜國立臺灣科學教育館｜國立教育廣播電臺｜國立科學工藝博物館｜國立自然科學博物館｜國立海洋生物博物館｜國家教育研究院｜國家圖書館｜青年發展署｜體育署｜國民及學前教育署

〔　　　〕—業務單位　〔　　　〕—機關　〔　　　〕—機構　〔　　　〕—行政法人

註：自 2013 年 1 月 1 日起適用

貳、地方教育行政機關

地方政府教育權限之規定，主要見諸於地方制度法。依《地方制度法》第二條第二款規定：「自治事項：指地方自治團體依憲法或本法規定，得自爲立法並執行，或法律規定應由該團體辦理之事務，而負其政策規劃及行政執行責任之事項。」以及《地方制度法》第十九條第四款規定縣（市）關於教育文化及體育事項如下：

一、縣（市）學前教育、各級學校教育及社會教育之興辦及管理。
二、縣（市）藝文活動。
三、縣（市）體育活動。
四、縣（市）文化資產保存。
五、縣（市）禮儀民俗及文獻。
六、縣（市）社會教育、體育與文化機構之設置、營運及管理。

爲了瞭解各地方政府教育權限，茲以臺北市政府教育局、高雄市政府教育局之組織爲例說明之；至於各縣市之組織，差異性仍大，但因《特殊教育法》第七條規定：「各級主管機關爲執行特殊教育工作，應設專責單位。特殊教育學校及設有特殊教育班之各級學校，其承辦特殊教育業務人員及特殊教育學校之主管人員，應進用具特殊教育相關專業者。前項具特殊教育相關專業，指修習特殊教育學分三學分以上者。」各縣市基於此項規定設立特殊教育專責單位—特殊教育科；此外各縣市基於幼兒教育發展之業務需求，亦設立幼兒教育科。然而各縣市政府受經費和員額所限，乃採取權宜之計，將特殊教育科和幼兒教育科加以合併。

一、臺北市政府教育局職掌及組織架構

(一) 職掌

局長：承市長之命，綜理局務，並指揮監督所屬機關學校及員工。

副局長：襄理局長處理局務。

綜合企劃科：掌理研究發展、高等教育、國際教育等事項。

中等教育科：掌理中等教育事項。

國小教育科：掌理國民小學教育事項。

學前教育科：掌理幼兒教育事項。

特殊教育科：掌理特殊教育事項。

終身教育科：掌理社會教育事項。

體育及衛生保健科：掌理學校、社會之體育及衛生、保健等
事項。

工程及財產科：掌理市立學校、社會教育機構等用地取得與財產
管理事項及市立各級學校、社會教育機構營繕工
程設計、規劃、發包、監造之事項。

資訊教育科：掌理行政電腦化及協同各科室辦理資訊教育事項。

秘書室：掌理事務、文書、出納及不屬於其他科室事項。

軍訓室：掌理中等以上學校軍訓及護理事項。

督學室：掌理各級學校及社會教育機關之指導考核及策進等
事項。

會計室：依法辦理歲計、會計、帳務檢查等事項。

統計室：依法辦理統計事項。

人事室：依法辦理人事管理事項。

政風室：依法辦理政風事項。

(二) 組織架構

根據上述職掌，臺北市政府教育局組織，可歸納如圖〔10-3〕
所示。

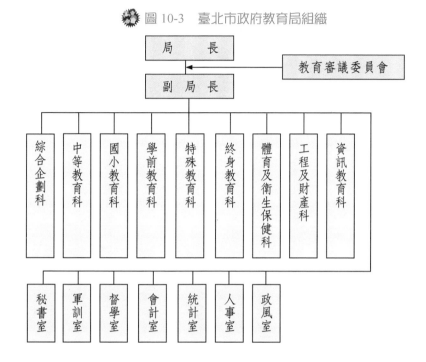

圖 10-3　臺北市政府教育局組織

局長 ← 教育審議委員會
副局長

綜合企劃科　中等教育科　國小教育科　學前教育科　特殊教育科　終身教育科　體育及衛生保健科　工程及財產科　資訊教育科

秘書室　軍訓室　督學室　會計室　統計室　人事室　政風室

二、高雄市政府教育局職掌及組織架構

(一) 職掌

局長：承市長之命，綜理局務，並指揮監督所屬機關學校及員工。

副局長：襄理局長處理局務。

高中職教育科：掌理高中教育、技職教育等事項。

國中教育科：掌理國中教育事項。

國小教育科：掌理國民小學教育事項。

幼兒教育科：掌理幼兒教育事項。

社會教育科：掌理社會教育及補習教育事項。

體育及衛生保健科：掌理學校體育及衛生、保健等事項。

特殊教育科：掌理特殊教育事項。

工程管理科：掌理校園土木工程整理規劃、設計、督導考核
　　　　　事項。

資訊及國際教育科：掌理教育資訊及科技、國際教育等事項。

秘書室：掌理文稿審查、研考、府會列管案、施政計畫、局處協
　　　　調等事項。

校園安全事務室：掌理中等學校校園安全事項。

督學室：掌理各級學校及社會教育機關之指導考核及策進等事項。

會計室：依法辦理歲計、會計、帳務檢查等事項。

人事室：依法辦理人事管理事項。

政風室：依法辦理政風事項。

(二) 組織架構

　　根據上述職掌，高雄市政府教育局組織，可歸納如〔圖 10-4〕
所示。

圖 10-4　高雄市政府教育局組織

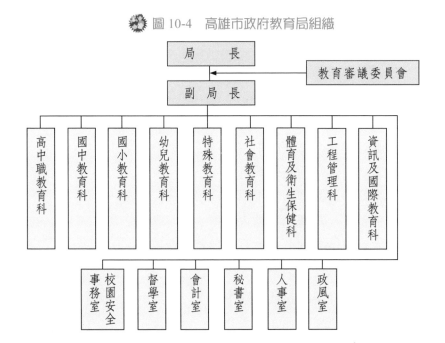

三、縣（市）政府教育處執掌及組織架構

臺灣地區各縣（市）政府教育處因有其區域和特殊性考量，所成立的單位有異有同，因宜蘭縣政府教育處之各單位有其特殊性，茲以該處為例說明如下：

(一) 職掌

處長：承縣（市）長之命，綜理處務，並指揮監督所屬機關學校及員工。

副處長：襄理處長處理處務。

督學室：綜理各級學校之督導及考核等業務。

學務管理科：綜理教師介聘及進修、教育人事、學生編班及學生評量、友善校園及性平、學生事務等業務。

教育資源管理科：綜理防災教育、教育設施整建、校地管理、土地價購與租金、空間活化、校產管理、學校整併與轉型等業務。

多元教育科：綜理短期補習班管理、兒童課後照顧、教育基金會、藝術教育、新住民教育、教師表揚、終身學習等業務。

體育保健科：綜理體育運動、衛生教育、營養午餐、學生平安保險、員生消費合作社等業務。

課程發展科：綜理課程改革及教學發展事務。

特殊及幼兒教育科：綜理特殊教育及幼兒教育等業務。

另有些縣市，基於幼兒教育業務愈來愈繁重，乃增設幼兒教育科。

(二) 組織架構

各縣（市）政府教育處組織皆不太一致，大致有其共通之處，茲

歸納如〔圖 10-5〕所示。

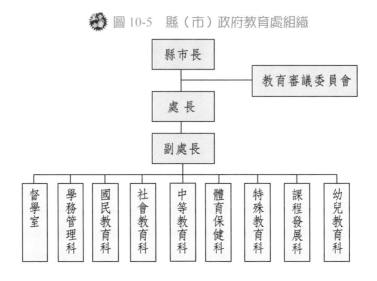

🌸 圖 10-5　縣（市）政府教育處組織

················ 第四節　　教育行政的發展趨勢 ················

　　教育自由化和教育現代化，已經成為二十一世紀教育發展的主軸，為配合教育自由化和教育發展化的主體追尋，未來教育行政發展必須建立在「專業、多元、民主、科技」基礎之上。因此，未來教育行政發展的趨勢，可以歸納如下：

一、教育行政人員專業化

　　教育行政是一種專業性的工作，需要專業人力素質，才能發揮行政效果。因此，建立教育行政人員專業化的培訓、認證和進修工作，已經成為主要國家教育行政工作的革新要項之一，英、美和澳等國除了於各大學開設教育行政學程培養教育專業人才之外，亦紛紛設立校

長中心（principal center），進行校長培育和認證工作，以提升校長專業素質。未來校長專業化和校長證照，仍是重要的課題。至於我國教育行政人員，係來自高普考及格人員擔任，這些人員本身在職前教育階段不一定接受教育行政專業養成教育，導致執行教育行政工作有力不從心之感，這也是我國教育行政發展的困境。所以，我國教育行政專業化，仍有一段很長的路要走。

二、教育行政決定民主化

現在是一個開放和民主的社會，任何教育行政決定力求公開化和透明化，經得起社會大眾的檢驗。值此民智大開的時代，不管是教師團體或家長團體都要求參與教育事務的決策，因此傳統由首長主導行政決定，不僅不符時代潮流，而且也會遭受社會批評。尤其在教育基本法和教師法當中，明定家長和教師團體參與相關教育事務的權利，更確立教育行政決定民主化的法律依據。此外，在英、美、法、日等國亦設置各種教育審議委員會，擴大參與層面，亦是教育行政決定民主化的做法。任何教育行政決定，攸關人民權益甚鉅，故決定之前，必須格外慎重，宜廣徵社會大眾意見，集思廣益，獲得共識之後，一旦推動，才能減少阻力，收到效果。因此，教育行政決定民主化，是未來必須走的一條路。

三、教育權力運作分權化

我國教育行政體制，雖標榜著「均權制」，但實際運作卻向中央集權制傾斜，導致各項教育事務的推動，未能完全符應地方需求，而且阻礙地方和學校發展其特色。當今英國、美國和澳洲等國實施「學校本位管理」（school-based management, SBM）或「學校自我管理」（self-managing school），將地方教育當局的權限下放給學校，讓學校在預算、人事、課程與教學、學生管理與服務等方面具有自我決定的權利。由於英美澳等國係實施地方分權制國家，都採取權力下放學

校，未來我國教育行政運作逐漸走向分權，將是必然趨勢，讓學校擁有更大的行政自我決定權力，何況我國「地方制度法」也規定地方擁有自我決定教育和文化的權利。所以，教育權力運作分權化將為大勢所趨。

四、教育行政管理資訊化

隨著資訊科技和網際網路時代的來臨，不僅影響人類的生活方式，而且也衝擊到教育行政的經營與管理。在一個知識經濟的社會，資訊科技已經成為人類生活的一部分，善用資訊科技，亦是人類不斷向前發展的動力，為使教育行政管理更具效率（efficiency）與效能（effectiveness），充分運用科技力量，已是重要的促動因子。目前各教育行政機關積極推動資訊基礎設施的建置，將資訊融入在教育行政工作之中，就是教育行政管理資訊化最好的印證，不管時代如何進步，教育行政管理走向資訊化將是一股不可逆轉的潮流。

五、教育行政方法科學化

教育行政是一種實用科學，不管是計畫、執行、決定或評鑑所使用的方法，已逐漸揚棄傳統的憑空主觀論斷或直覺臆測的方式，轉而採取客觀而有系統的方法，讓決策更具有品質和可行。尤其近年來，教育行政相當重視資料蒐集、分析和研判，作為決策的依據，此種數據管理或事實管理，亦是教育行政方法科學化的一種具體實踐。此外，美、日、韓等國亦成立教育研究機構，有系統從事教育研究，因此未來教育行政方法朝向科學化的方向邁進，已是大勢所趨，所以強化行政人員系統思考、邏輯思考和運用數據能力，將是極為重要的課題。

六、教育行政資訊公開化

教育行政是屬於公共領域的行政，關係著全體國民的福祉，教育

經費來自於國民，國民對於教育資訊有知的權利。基於此，愈來愈多的國家將教育的資訊公開，讓國民有充分資訊做最好的教育選擇，例如：英國、美國和加拿大等國會將教育視導報告、會議紀錄公布於網站（註六）。我國自從行政程序法公布之後和行政資訊公開辦法發布之後，教育行政資訊公開，已爲法所明訂，任何教育行政機關當不能違背法令之規定，因爲「依法行政」爲教育行政運作最高準則，所以教育行政資訊公開化，將是未來重要發展趨勢之一。

七、教育資源分配合理化

教育資源分配，涉及到經費、人力和物力等方面，有效的教育資源分配，對於教育品質和整體發展是有其積極的作用，反之則否。因此，教育資源合理分配，成爲社會大衆關注的焦點，亦是教育行政的重要任務之一。過去教育資源分配不當，常常衍生了下列的問題：㈠城鄉教育素質的落差；㈡公私立學校間資源的懸殊；㈢不同社會階層間教育費用負擔的差別；㈣各級教育間教育經費的差距。因而，造成受教者在教育質和量機會的不公平。爲了落實教育機會均等，未來教育資源的分配，宜根據資源多寡和地區需求研訂合理可行的方案，讓弱勢者亦有機會接受優質的教育，才是社會正義的眞正實踐。

八、教育行政作爲績效化

教育行政不是有做就好，最重要的是要做得更好，這種品質的觀念，可說是追求卓越和達成績效的第一步。近年來，英美國家積極倡導「績效責任」（accountability），要求教育機構及其相關個人負起教育和學生成敗的責任，並作爲獎懲的依據（註七），可說展現出教育行政作爲績效化的具體做法。由於政府財源愈來愈有限，加上社會大衆對於教育品質的要求愈來愈高，教育行政推動「績效責任制」（accountability system），要求教育機構提出「績效報告」（accountability card），將是不可避免的教育行政發展趨勢。

🌸 *教育小檔案*

主要國家中央教育行政機關的名稱

　　主要國家之教育行政機關名稱因受到法律和文化有所不同，而且有時隨著社會需求而調整其名稱，茲將主要國家中央教育行政機關的列舉如下：

一、美國：教育部（Department of Education）

二、英國：教育部（Department for Education）

三、德國：教育科學部（Bundesministerium fur Bildung und Wissenschaft）

四、法國：青年、教育與研究部（Ministry of Youth, National Education and Research）

五、日本：文部科學省

六、中國大陸：教育部

七、韓國：教育科學技術部

🌸 *教育小檔案*

教育改革審議委員會

　　臺灣歷經戰後五十年的發展，已由傳統農業社會轉變為現代工商社會，政治、經濟、文化均受到現代化、工業化、科技化的衝擊，面臨結構性的調整和重建。教育改革正是其中影響最深遠、牽涉最廣泛的一項重大改革，影響國家新世紀國家的自我定位、社會意識的凝聚、未來新文化的建立及國家競爭力的發展。有鑑於此，政府於1994 年 9 月 21 日成立行政院教育改革審議委員會，由李遠哲擔任召集人，張京育擔任副召集人，包括林清江在內委員二十九位。歷經兩年期間，於 1996 年 12 月 2 日提出「教育改革總諮議報告書」，計提

出五大建議：一、教育鬆綁：解除對教育的不當管制；二、發展適性
適才的教育：帶好每位學生；三、打開新的「試」窗：暢通升學管道；
四、好還要更好：提升教育品質；五、活到老學到老：建立終身學習
社會。由於教育改革審議委員會屬任務編組，因而提出「教育改革總
諮議報告書」之後，就宣布解散。

附　註

註一：黃昆輝（1993）。教育行政學。東華，第 20 頁。

註二：秦夢群（1997）。教育行政—理論部分。五南，第 12 頁。

註三：謝文全（2003）。教育行政學。高等教育，第 3 頁。

註四：林天祐、吳清山、張德銳、湯志民、丁一顧、周崇儒、蔡菁芝
　　　（2003）。教育行政學。心理，第 5 頁。

註五：同註四，第 12-13 頁。

註六：同註三，第 558 頁。

註七：吳清山、黃美芳、徐緯平（2002）。教育績效責任研究。高等教
　　　育，第 5-6 頁。

摘　要

- 教育行政的意義，係指教育機關對於其所掌理的教育事務，透過計
  畫、決定、溝通、協調、激勵、領導、組織、視導、評鑑等管理，以
  謀求經濟有效的方法，促進教育事業健全發展，俾實現所訂教育目標。
- 教育行政機關受人民付託，行使教育公權力，提供人民各種學習機
  會。其所扮演角色主要有八：政策計劃者、政策引導者、政策執行者、
  政策評鑑者、經費補助者、教育監督者、教育研究者、教育傳播者。
- 教育行政存在的價值，在於為教育界服務，為師生提供最好的學習環
  境，其主要功能為：一、制定教育政策，推展教育活動。二、提供支援
  服務，增進教育效能。三、評估教育成效，改進教育事業。四、引導
  研究發展，促進教育革新。

- 教育行政體制的類型主要有三種：中央集權制、地方分權制和均權制。
- 我國政府體制原本為中央、省（直轄市）、縣三級制，但因民國89年增修憲法，臺灣省虛級化，地方政府只剩下直轄市、縣一級。整個政府體制也成為中央─直轄市、縣的局面。因此，教育行政機關遂成為中央教育行政機關和地方教育行政機關兩級制。中央教育行政主管機關為教育部，而地方教育行政主管機關，在直轄市為教育局，在縣（市）為縣（市）政府。
- 臺灣地區各縣（市）政府教育局因有其區域和特殊性考量，所成立的單位具有其差異性，但基於法令之規定，設置特殊教育科、幼兒（學前）教育科、終身（社會）教育科等則有其共同之處。
- 教育自由化和教育現代化，已經成為二十一世紀教育發展的主軸，為配合教育自由化和教育發展化的主體追尋，未來教育行政發展必須建立在「專業、多元、民主、科技」基礎之上。因此，未來教育行政發展的趨勢如下：一、教育行政人員專業化。二、教育行政決定民主化。三、教育權力運作分權化。四、教育行政管理資訊化。五、教育行政方法科學化。六、教育行政資訊公開化。七、教育資源分配合理化。八、教育行政作為績效化。

評量題目

一、請說明教育行政意義和功能。

二、請分析中央集權制和地方分權制的利弊得失。

三、請依教育基本法之規定，說明中央教育行政機關之教育權限。

四、請列舉教育行政機關的重要角色。

五、請比較直轄市和縣（市）教育局（處）組織架構之差異。

六、就你所知，提出增進縣（市）教育局（處）功能的有效途徑。

七、請說明教育行政未來發展趨勢。

◆ 教育小故事

多給學生一次機會

幾年前我任職的高職，有一個二年級的學生，累計大小過共六次。其中違規抽菸三次，共記六個小過；違規騎機車兩次，記四個小過；違規不假外出（越牆），記大過一次，違規累計共四個大過。期末學校學生事務處召開操行會議，依校規辦法，在校期間功過相抵後，滿三大過者，議決勒令這名學生退學。

會議紀錄送到我（當時擔任校長）桌上，我批示，通知學生限期提出申訴。本案提出申訴委員會研議，結論還是票決開除這位學生。

我仍不願就此放棄他，於是請家長向教育部上訴，教育部中部辦公室後來派駐區督學來校瞭解本案。我對督學解釋，這名學生的大過是小過累積而來；而且學生犯的錯，並不是同一件事、同一問題累犯，也不是在同一學期就犯了三大過。

因此，這名學生的記過累計不應追訴一年級的記過累積。教育部中部辦公室接受了我的解釋，因而讓這名學生沒有被踢出學校，可以留下繼續升讀三年級。

這名學生就讀高三後，發奮圖強，並被選拔參加全國高級中等學校農業類科學生技藝競賽，獲得農業機械職種第二名。後來他參加國立屏東科技大學保送甄試一試及格，成為屏東科技大學的新鮮人。

那年暑假結束前，這名學生和父親來拜訪我。學生回憶起高職三年遭遇的大風大浪，感慨萬千，尤其感謝我不放棄他，拉他一把，他才能踏上大學之道，二人於是製作瓷盤一只，送給已離職的我，這也成為我任教多年收到最感動的禮物。

註：這位校長就是曾任教育廳督學、教育局長、高職校長、觀護人員志工的胡鍊輝先生，我與胡鍊輝有數面之緣，深為其教育愛心和熱心所感動，特摘錄胡先生大作，以饗讀者，並致謝忱。

資料來源：胡鍊輝（2003 年 8 月 3 日）。多給學生一次機會。**聯合報**，B8。

個案討論

學生操行成績該不該廢除

學生操行成績實施多年以來，部分人士認為目前的學生操行成績評量方式過於僵化，無法落實對於學生性格發展自主與自由性的基本尊重，影響到人權教育的實施，建議教育部應逐步取消學生操行成績；然而有些人士認為現行操行成績的評定，仍有其存在的價值，不僅對於學生有警惕的作用，而且更有激勵作用，有助於激發向上向善的效果，雖然現行評量方式不一定具有適切性，但是是可以修訂的，而不是一味的加以廢除。

思考問題

一、你是否贊成廢除學生操行成績？理由何在？

二、學生操行成績的廢除可能涉及哪些教育法規？

三、現行國民中小學學生操行成績評量方式有哪些改善的空間？

第十一章

學校教育的制度

 學習目標

一、瞭解學校教育制度的意義及制定
　　原則。

二、熟知主要國家（美、英、德、法、
　　日、俄羅斯和中國大陸）之學校教
　　育制度概況。

三、理解我國近代學校教育制度的建立
　　與發展。

四、認清現代學校教育制度的發展趨勢。

五、熟悉十二年國民基本教育制度。

　　學校教育制度，是推動教育的依據，由於學校教育制度受到社會文化環境影響甚鉅，故各國所發展和建構的學校教育制度，不盡相同，惟其目的都在於提供學生適當的學習機會。

　　本章首先說明學校教育制度的基本概念，其次因為主要先進國家學校教育制度發展要比我國為早，故乃先加以介紹主要國家的學校教育制度；然後再說明我國學校教育制度的建立與發展，最後分析現代學校教育制度的發展趨勢。

············ 第一節　學校教育制度的基本概念 ············

　　從學校教育制度的發展而言，在原始人類社會中，並無所謂的「學校」或「學校制度」；後來隨著人類社會生活的進展、社會組織日趨複雜，才慢慢成立學校；當初的學校教育僅限於少數人接受教育，到了十九世紀中葉以後，隨著公共教育思想（國家應負起教育人民的功能）興起和教育機會均等理念（人人都有教育同等質和量的機會）提倡，於是各國乃根據其歷史文化、政治經濟文化和社會需求，逐漸形成了學校教育制度。

壹、學校教育制度的意義

　　學校教育制度，又稱學校制度，簡稱學制，它是由「學校」和「制度」兩個要素所形成的。所謂「學校」即為施教的場所，而「制度」則是指一個組織體系之間的關係。

　　學校教育制度可以界定為：一個國家規定各級各類學校上下銜接、左右連貫的相互關係。因此，在學校教育制度中，對於學校的性質、任務、入學條件、學習年限及學校之間的銜接關係，均有明白的規定，俾供人民遵循。所以，學校教育制度，可分為學前教育、初等

教育、中等教育、高等教育和繼續教育等層面。而各種層面當中，又含括各類型教育，例如：廣義的學前教育包括托兒所教育和幼稚園教育，狹義的學前教育則僅指幼稚園教育；初等教育則指國民小學教育；中等教育亦有國民中學教育、高級中等學校教育和高級職業學校教育；高等教育又有專科學校教育、大學教育（一般大學、科技大學、師範校院、技術學院）和研究所教育；繼續教育則是終身教育為主，例如：成人識字班、補習學校、社區大學、松年大學、長青大學等。

貳、學校教育制度制定的原則

學校教育制度的發展，可能受到歷史傳統文化、經濟環境狀況、政治背景和體制、國際發展和教育理念的影響，而產生不同的學制。然而，在制定學制，仍有一些原則可資遵循（註一）：

一、顧及學生身心發展

學制中各級學校的入學年齡和修業年限，要能配合學生身心發展，使施教者和受教者達到教學和學習效果。

二、適合社會發展需要

學制的產生，有其社會的背景，為使學制能夠普遍推行，任何學制的制定和改革，必須適合其社會發展和經濟狀況，方易奏效。

三、促進教育機會均等

基本上，學制應讓人人有接受均等教育的機會，並使人人能夠接受適合其能力的教育，故各國大都採取單軌精神。

四、符合終身教育理念

教育具有連續性，很難予以切割，從嬰幼兒到老年可能都要接受一些正規和非正規的教育，故在學制制定上，若能符合終身教育理念，則有助學制的完整性。

五、便於銜接和聯繫

學制從縱的方面來說，要使各級學校之間互相銜接，不致脫節；在橫的方面來看，要使各類學校能夠相互聯繫，密切配合，以便學生轉學。

……………… 第二節　主要國家學校制度概述 ……………

就各國學校制度歷史發展來看，歐洲各國先有貴族和僧侶學校，後有大多數平民學校。先有大學（創始於十一世紀中葉以後，最早是義大利於 1060 年所設的薩拉羅大學）和大學的預備學校（在中世紀之後，英國的文法學校，德國的文科中學，均屬此類），後有為全民而設的小學（始自於十六世紀宗教改革閱讀聖經之需要）（註二）。

茲分美、英、德、法、日、俄羅斯、中國大陸等國之學校制度說明如下。

壹、美國學校制度概述

美國學校教育的發展，可追溯到 1630 年代，當時清教徒移居在麻薩諸塞州時，認為教育具有維持人民宗教信仰和穩定社會秩序的功能，所以乃設立一些小學來教育兒童。當初教導兒童是以讀、寫為主，其目的在使個人能閱讀聖經和理解宗教教義，以及使個人成為良

好的工人，並服從社區的法律。到了 1830 年代，公立學校運動逐漸受到社會各界重視。1834 年，賓州是第一個州提供免費的公立學校教育；而麻州則在 1852 年通過《義務教育法》（Compulsory School Attendance Law），成為美國第一個通過該項法案的州。

基本上，美國的小學教育是從六歲入學，但因各州、各地方學區有各種不同的學制，如6-3-3制、4-4-4制、6-6制、7-5制、5-3-4制、6-2-4制、3-3-3-3制等，故入學年齡和畢業年齡會有所差異。

中等教育是從七年級或九年級開始到十二年級為主。學生通常在十七或十八歲讀完十二年級。主要分為初級中學和高級中學兩個階段。由於初級中學無法發揮統整、探索、輔導、分化、社會化和銜接的功能，在 1950 到 1960 年代初期，教育界乃主張設立「中間學校」（middle school）取代初級中學，所謂「中間學校」是包括五或六年級至八年級，採用分組教學和新式教學方法，重視對於課程的探索和培養學生獨立自主學習能力，以適應十至十四歲青少年的教育需求，由於中間學校較傳統的初級中學更能發揮教育功能，已成為美國教育的主流。

美國高級中學主要有三種型態：㈠綜合高中（comprehensive high schools）：提供所有學生的通識教育，以及為學生升學或就業而準備；㈡職業、技藝、專門高中（vocational or technical schools）：提供學生畢業後進入勞力市場的課程，為適應學生將來需求；或者為學生進入高級技術教育作準備，有商業、工業等各類型學校；㈢專門高中（specialized high schools）：以培養某些專門人才為目標，其課程以適應學生的特別需求為原則，各類藝術、體育、數理等資賦優異學校（註三）。

美國第一所高等教育學校係於 1636 年成立的哈佛學院（Harvard College），即目前的哈佛大學（Harvard University），到了十九世紀初，各州政府才開始建立屬於該州的州立大學。美國高等教育學校類型有兩大類型：㈠社區學院（community college）：設立目的在於提

高成人的教育水準和培養社區中級技術人才，修業年限兩年，惟入學
資格較爲寬鬆，課程內容多樣，涵蓋普通課程及適合當地社區需求的
職業課程，學生畢業之後，可以取得副學士學位，可以作爲上大學的
準備。㈡學院（大學）（university）：包括大學部和研究所兩個階
段，大學部以四年制居多；而研究所修業年限由一至十年不等，碩士
修業年限約爲一至三年，博士則是二至十年左右，視各校而定。

美國現行學校制度，如〔圖 11-1〕所示。

貳、英國學校制度概述

英國教育受到教會影響相當大，直到 1870 年通過傅斯特教育法
案（Forster's Education Act）（註四），才建立了公共的初等教育制
度。爾後逐漸形成公立學校（政府補助學校，maintained sector）和
私立學校（independent sector）兩套的學校教育制度。

英國的初等教育，不管是在英格蘭或蘇格蘭地區，兒童滿五足歲
即須入學，由於有公立、私立學校之別，學生接受初等教育修業年限
不同。

一、公立學校系統

公立學校係由政府補助，在蘇格蘭地區，兒童通常於五歲入學，
至十二歲時再轉入中學就讀。但在英格蘭、威爾斯及北愛爾蘭等地，
大致分成兩大階段：第一階段以五至七歲學童爲主要對象，通常稱爲
幼兒學校（infant school）；第二階段以七歲以上至十一歲之學童爲
主，通常稱爲初級學校（junior school）（註五）。

二、私立學校系統

私立學校系統亦分成兩階段，第一階段爲預備前學校（Pre-
preparatory school），入學年齡爲五至七歲；第二階段爲預備學校

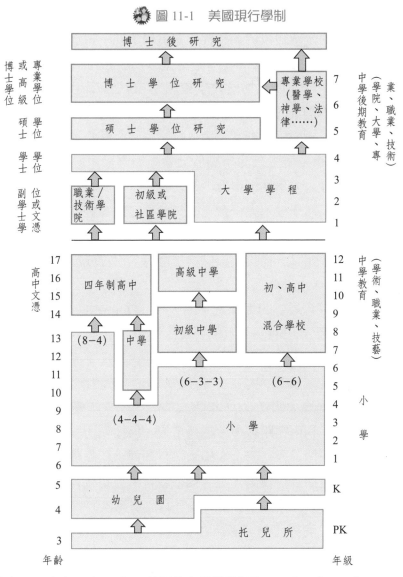

 圖 11-1　美國現行學制

資料來源：吳清山（1994）。**美國教育組織與行政**。五南，第 98 頁。

（preparatory school），入學年齡爲七歲以上至十三歲爲主。預備學校學生全部或部分寄宿校內，課程偏重於學術性，特別是古典語文，畢業後升入公學（public school）。

英國最初中學主要包括三類學校：㈠文法中學：以升入大學做準備，學術性教育是重點，其修業年限爲五至七年。㈡技術中學：大部分附屬於技術學院，畢業生進入技術學院，其修業年限爲五至七年。㈢現代中學：學生來源多屬於社會下層階級家庭，爲其畢業後就業做準備，升入大學比例很低，最初修業年限爲五年，後來延長至七年。由於這三類學校不太符合青少年心理發展、經濟發展和民主化思潮，1960 年代綜合中學逐步取代這三類學校，綜合中學招收十一至十八歲學生，開設多樣化課程供學生修習，已經成爲英國中學教育的主流。

英國高等教育最早的大學是牛津大學（Oxford University），創辦於 1249 年，至今已有三十六所學院（註六）。高等教育包括自治大學和公立高等學校，其中自治大學包括古典大學（牛津大學和劍橋大學）、近代大學（倫敦大學）、新大學（60 年代由國家創辦授予學位的大學）、開放大學（1971 年正式成立，學生不受年齡、社會地位和學歷限制，利用遠距教學，透過電視、廣播和函授進行教學），大學學位分爲四個等級：學士、碩士、哲學博士和高級博士；至於公立高等學校則包括多科技術學院、繼續教育學院和教育學院，多科技術學院係在 1966 年由政府建立，其目的在使高等教育與工商界密切合作，教學與工商業有更緊密結合（註七）。而繼續教育學院在提供逾齡成人有繼續接受高等教育機會，畢業生可參加各種證書和文憑考試。至於教育學院係在 1975 年正式納入高等教育，以培育師資爲主。

現行英國學校制度，如〔圖 11-2〕所示。

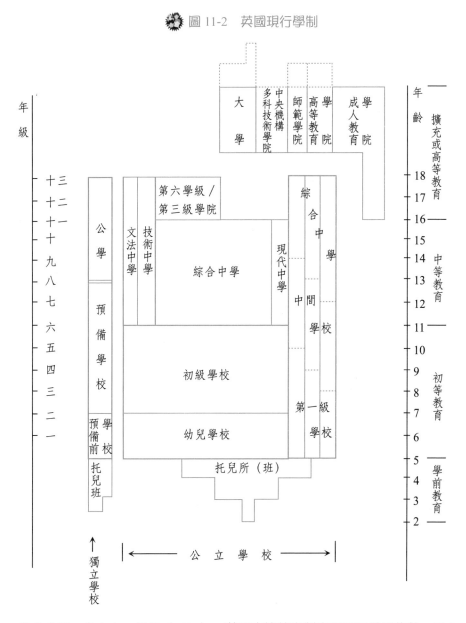

圖 11-2　英國現行學制

資料來源：詹火生、楊瑩（1989）。**英國高等教育制度現況及發展趨勢**。國立
教育資料館，第 4 頁。

◆ 教育小檔案

英國公學

英國公學是最古老的一種獨特的私立學校，具有四百年以上的歷史，整個管理權操之在教會和貴族手裡，學費昂貴，非一般平民所能負擔，只有貴族子弟才能入學，學生採寄宿方式，課程與文法學校類似。幾個世紀以來，高等學校，特別是牛津、劍橋兩所大學的學生大部來自公學。本世紀 80 年代，仍在牛津、劍橋占有相當比例的學生。

❀ 參、德國學校制度概述

德國於一次世界大戰後，建立了威瑪共和國，在 1920 年通過了《基礎學校法》，建立了初等教育機構 —— 四年制的基礎學校（Grundschule），規定年滿六歲學齡兒童均需進入基礎學校就讀。二次世界大戰後，德國分裂成東德和西德兩個國家，西德又稱德意志共和國，於 1949 年通過《基本憲法》，授予各邦教育權責，1989 年10 月東西德統一，學校制度仍以原來的西德為骨幹。

在 1977 年以前，基礎學校修業年限除不來梅、漢堡和西柏林為六年外，基餘各邦均為四年；目前只有西柏林為六年（註八）。學齡兒童完成共同的「基礎學校」之後，依其學業成績與智能，分別進入各種不同中等教育第一階段中學。一般學生進入國民中學（又稱主幹學校，hauptschule）、中等智能者進入實科中學（realschule）、才賦優異者升入完全中學（gymnasium）。至於綜合中學（gesamtschule），雖然基礎學校都可進入，在校內也須依照自身能力分別接受不同種類中學第一階段教育（註九）。

德國高等教育在傳統上有兩大任務：一是科學研究；二是教學。目前德國高等教育形成了多樣化的結構。就正規大學系統來說，共有七種大學類型，其中包括大學（含綜合性大學、工科大學與專業性大學）、高等師範學校、高等藝術學校、神學院、高等專科學校、綜合高等學校和職業學院。此外，德國還有哈根遙授大學（主要借助電視、廣播和函授進行教學，提供成人接受高等教育機會）和國防軍事學院（註十）。德國大學修業年限，至少四年；高等師範學校修業年限，至少三年；高等專科學校修業年限，多數規定為三年。

　　德國現行學校制度，如〔圖 11-3〕所示。

🌼 肆、法國學校制度概述

　　法國自 1789 年大革命以後，初等、中等、高等三級組織的學校制度逐漸形成，至今仍保留著。惟學校制度必須不斷隨著社會的變遷而加以調整，直到 80 年代初，法國的學制大致穩定下來，這時，義務教育階段由雙軌制向單軌制的過渡已經完成，形成了幼兒學校一至三年，小學五年，初中四年，高中三年的學制（註十一）。目前法國的義務教育，是從小學到高中第一年，所有兒童都接受相同的教育。

　　法國初等教育的小學，接受六至十一歲的兒童。小學階段共五年，第一年係連接幼稚園與小學的預備級課程，第二年、第三年為初級課程，第四年、第五年為中級課程（註十二）。小學畢業後，可直接升入初中，前兩年屬於「觀察階段」，主要任務是藉由觀察兒童的能力和愛好，為以後的方向指導做準備；後兩年屬於「方向指導階段」，即根據前兩年觀察的結果進行升學與就業方向指導。高中主要有兩大類型：一是普通高中；二是技術高中，經過三年的學習，必須參加中學畢業會考（baccalaureat），通過者取得中學畢業會考文憑（註十三）。

圖 11-3　德國學制

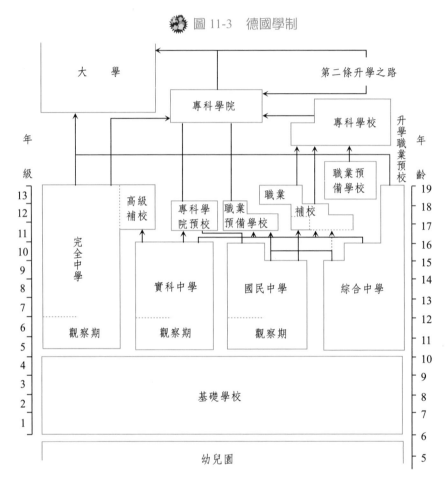

資料來源：嚴翼長（1986）。歐洲學制的比較。載於李恩國等著：**歐洲各國教育制度**。幼獅文化，第 118 頁。

　　法國高等教育歷史悠久，巴黎大學創立十二、三世紀，被稱為「大學之母」。現行高等教育機構包括四大類：大學（含國立綜合技術學院）、大學校、短期技術學院和科學文化教育大機構。大學實施分段式教學，共有三個階段，第一階段和第二階段為大學本科教學階段，各二年；第三階段為博士培養階段，平均三至五年。大學校是大學以外其他各種高等專業院校（不含短期高等教育機構在內）的總

稱，學生修業年限四至五年。短期高等教育包括大學技術學院和高級技術員班。大學機構包括歷史悠久，學術地位高的法蘭西學院、自然歷史博物館、巴黎天文臺、國立工藝博物館、天文事務局、高等研究實用學校、巴斯德學院等，這些都是成人繼續教育的重要場所（註十四）。

　　法國現行學校制度，如〔圖 11-4〕所示。

伍、日本學校制度概述

　　日本近代學校制度是從明治維新以後開始建立的，制度建立當初以歐洲各國為仿效標的，在教育理念上學習英國，制度上則模仿法國與德國。第二次世界大戰結束後，受以美國為首的盟軍占領統治，因此改模仿美國 6-3-3 學制，並於 1947 年公布《教育基本法》與《學校教育法》，確立現代的學校系統（註十五）。

　　依照日本學制，日本的義務教育為九年，其中初等教育的年限為六年，實施機構為「小學校」，兒童六歲入學，十二歲畢業，隨後升學至「中學校」，修業三年。日本的中等教育分為兩個階段，「中學校」屬於七至九年義務教育，也稱為前期中等教育階段，而「高等學校」，即為我國之高級中學，則為後期中等教育階段之學校，修業年限三年。日本將各階段的學校以「學校種類」稱呼之，各種類的學校除小學校、中學校、高等學校外，還有九年一貫制的「義務教育學校」，以及完全中學型態的「中等教育學校」。

　　日本高等教育的類型，主要有四：大學、大學院、短期大學和高等專門學校。大學招收高中畢業生，基礎修業年限為四年。大學院即我國的「研究所」，是培養碩士與博士的場所。碩士基本修業年限為二年，優秀者可縮短至一年取得學位，博士則為三年，優秀者可縮減至二年取得學位，此外，為培養高度實務人才，碩士學位另設有實務導向的「專門職大學院」，同時招收在職生和大學直升學生，最有名

🌸 圖 11-4　法國學制

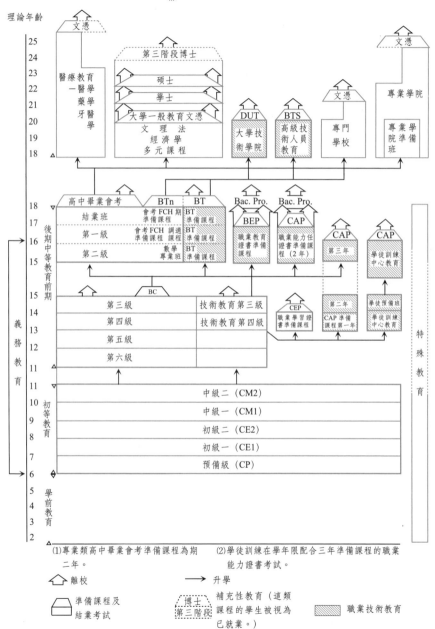

資料來源：林貴美（1991）。**法國教育制度**。國立編譯館，第 32 頁。

者爲「法科大學院」和「教職大學院」。短期大學的目的是傳授和研究專門的學術技藝，培養職業或實際生活所必須的能力，修業年限爲二至三年。高等專門學校（高專）是包含後期中等教育階段之五年制學校，其教育目的是傳授專業的科學和技藝，培育職業上必要之能力（註十六）。高專招收中學畢業生，修業年限除商船科爲五年半外，基本上爲五年）。此外，還有可授予學士及碩、博士學位的放送大學（空中大學），屬於利用電視、廣播和函授的開放性大學，提供國民終身學習之機會。

日本現行學校制度，如〔圖 11-5〕所示。

陸、俄羅斯學校制度概述

蘇聯原係由十五個聯邦共和國、一百二十個自治共和國、八個自治區及十個民族區所組成。1991 年 12 月戈巴契夫垮臺之後，聯邦共和國紛紛獨立，其中代表蘇聯前身，即爲俄羅斯共和國，其學制仍是承襲 1984 年蘇聯普通學校和職業學校改革以後所實行的新學制。

俄羅斯學校教育主要有四大塊：普通教育、職業教育、中等專業教育、高等教育。依照俄羅斯學制，其義務教育年限爲十一年，初等教育屬於普通教育的一部分，實施普通教育的機構爲普通中小學，它有下列各種類型：㈠ 小學：兒童六歲入學，修業四年，然後升入不完全中學或中學的五年級學習；㈡ 不完全中學（九年制學校）：兒童六歲入學，修業九年。㈢ 中學（十一年制學校）：兒童六歲入學，修業十一年。

職業教育又分爲四個等級：初等職業教育（相當於職業技術教育）、中等職業教育（相當於中等專業教育）、高等職業教育（相當於大學本科教育）、高校後職業教育（相當於研究生教育）。學生從基礎中學（初中）畢業後進行分流：一部分進入普通高級中學（修業二至三年）；一部分進入初等職業學校（修業二至三年）；一部分進

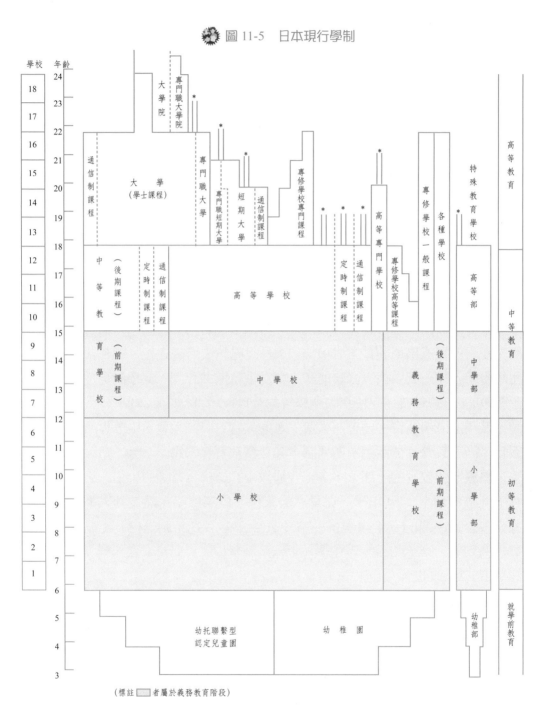

圖 11-5　日本現行學制

（標註 ▢ 者屬於義務教育階段）

註：譯自**諸外国の教育統計**：令和 3（2021）年版（頁 8）。文部科學省，2021。https://
www.mext.go.jp/content/20210602170043-mxtchousa 02-000015333_00.pdf

入中等職業學校（修業四至五年）。而普通高級中學畢業生又再次分流：一部分進入高等職業學校（修業二至五年），一部分進入中等職業學校（修業二至三年），一部分進入初等職業學校（修業一年）。由此可見，俄羅斯的職業教育結構呈現多元和多級化。

　　高等教育則分爲三級：㈠不完全高等教育：包括學士教育計畫前二年的學習和一至一‧五年相當於水平的職業培訓；總共三至三‧五年教育，畢業後可獲得不完全高等教育證書；㈡基礎高等教育：修業年限不得少於四年，凡完成基礎高等教育者，發給高等教育證書，授於學士學位；㈢基礎後高等教育：它有三種形式：一是以普通完全中學畢業爲起點，按照傳統的培養本科畢業專家，即文憑專門人才（如文憑工程師）的方式實施，學習年限五至六年，其畢業可獲得高等教育的相應文憑，並授予所學專業的相對應資格；二是以基礎高等教育畢業爲起點，按以上「文憑專門人才」的培養方向來實施，學習期限一至三年，其畢業可獲得該類高等教育的相應文憑，並授予所學專業的相對應資格；三是以基礎後高等教育畢業爲起點，按「科學碩士」的培養方向來實施，重在培養研究人才，學習期限二至三年，其畢業可獲得此類高等教育的相應文憑，並授予科學碩士學位（註十七）。

　　俄羅斯學校制度，如〔圖11-6〕所示。

柒、中國大陸學校制度概述

　　中共於 1949 年建立政權以來，學校制度受到政治環境的改變而不斷地調整。至 1986 年，中共第六屆人民代表大會第四次會議通過「義務教育法」，決定實行九年制義務教育，學制才穩定下來。

　　目前在廣大的中國大陸，小學、初中的學制大多數採用「6-3制」，而偏遠地區仍然採用「5-3制」。近年來，在中國大陸各地區進行了「5-4制」的改革實驗後，人們已基本形成共識，認爲「5-4

圖 11-6　俄羅斯現行學制圖

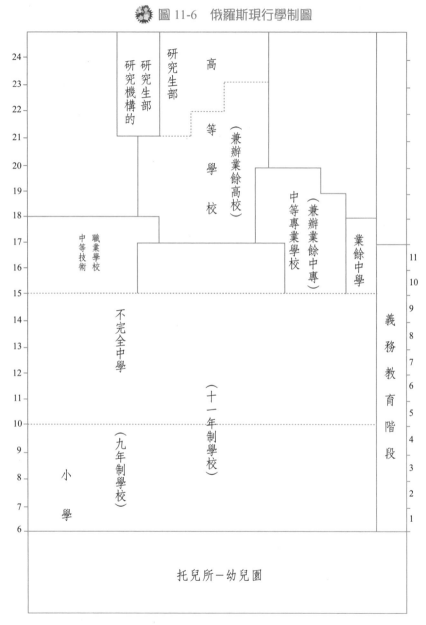

資料來源：吳文侃（1992）。蘇聯教育。載於吳文侃和楊漢清主編：**比較教育學**。五南，第 246 頁。

制」是一種符合中國實際的教爲理想的學制，適於作爲義務教育的基本學制，而實施義務教育學校的學校包括下列六類：㈠ 全日制小學、全日制普通中學。㈡ 九年一貫制學校。㈢ 初級職業學校。㈣ 各種形式的簡易小學和教學點（班或組），主要設在邊遠山區、自然條件差、居住分散的農村。㈤ 盲童學校、聾啞學校、弱智兒童輔讀學校（班）。㈥ 工讀學校：中小學生中有違法不良行爲、不宜在普通中、小學校接受教育者（註十八）。中國大陸兒童六歲或七歲入小學，至十一或十二歲畢業，可升入初中，接受義務教育。

　　初中畢業之後，可升入高級中學，修業年限二年或三年，或升入職業學校接受教育，這些機構包括中等職業學校、技工學校和中等專業學校。中等職業學校是實施普通教育和職業技術教育相結合的中等學校，修業年限二年或三年；而技工學校是勞動部門和工廠企業培訓中等技術工人的專門學校，學生入學年齡可從十五至二十二歲，招收初中畢業者，修業三年，收高中畢業者，修業二年；至於中等專業學校是進行職業技術教育的正規教育機構，依其性質可分爲工業、交通、農業、林業、師範等類，修業年限二年或三年。

　　高等教育分爲專科教育、本科教育和研究生教育。實施專科教育的學校有高等專科學校和短期職業大學，修業年限二年或三年。實施本科教育的學校包括綜合性大學和專門院校（培養某類學科人才爲主的學校），修業年限四年或五年。至於研究生教育分爲碩士班研究生教育和博士班研究生教育，前者修業年限二年或三年，後者修業年限三年或四年。

　　中國大陸現行學制，如〔圖 11-7〕所示。

圖 11-7　中國大陸現行學制圖

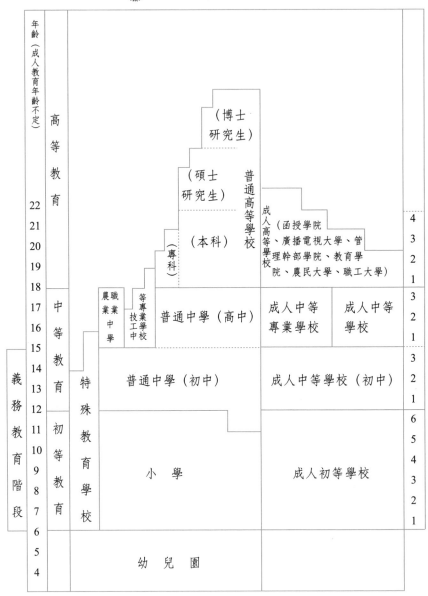

資料來源：吳文侃（1982）。中國大陸教育。載於吳文侃和楊漢清主編：比較
　　　　　教育學。五南，第 292 頁。

·········· 第三節　我國學校制度的建立和發展 ··········

我國正式有系統的學校制度，始自於清末。西元 1902 年（光緒 28 年），張百熙進呈之欽定學堂章程頒布，是年歲次壬寅，故稱壬寅學制，在該學制中，將整個教育分爲三段七級，如〔圖 11-8〕所示。其中有關初等教育部分，即爲蒙學堂、初等小學堂和高等小學堂；蒙學堂六歲入學，修業年限四年；初等小學堂十歲入學，修業年限三年；畢業後升入高等小學堂或簡易實業學堂，十三歲入學，修業年限三年。

1903 年（光緒 29 年），歲次癸卯，張百熙、張之洞、榮慶會同修訂欽定學堂章程，另頒奏定學堂章程，簡稱癸卯學制，整個教育亦分爲三段七級，如〔圖 11-9〕所示，初等教育階段分蒙養院、初等小學堂及高等小學堂三級。蒙養院收受三至七歲之兒童，以「蒙養院輔助家庭教育，以家庭教育包括女學」爲宗旨，初等小學堂，收受年滿七歲之兒童，五年畢業，以「啟其人生應有之知識，立其明倫愛國之根基，並調護兒童身體，令其發育」爲宗旨。高等小學堂招收初等小學堂畢業生，修業四年，以「培養國民之善性，擴充國民之知識，壯健國民之氣體」爲宗旨（註十九）。

1911 年 9 月，教育部頒布學制，稱爲壬子學制，如〔圖 11-10〕所示，整個學制分爲三段四級，其中第一段爲初等教育七年（分初等小學校四年和高等小學校三年二級），小學校是以「留意兒童身心之發育，培養國民道德之基礎，並授以生活所必需之知識技能」爲宗旨（註二十）。

1922 年，參考美國單軌制，教育部公布新的學校系統，一般稱爲「新學制」，亦稱壬戌學制，如〔圖 11-11〕所示。新學制實施之後，至 1928 年第一次全國教育會議時，曾商議加以修訂，結果通過後並未公布，爾後因延長義務教育年限，中等學校取消 4-2 制改用 3-3 制，略有增改，但仍不離新學制之精神。

🌸 圖 11-8　壬寅學制

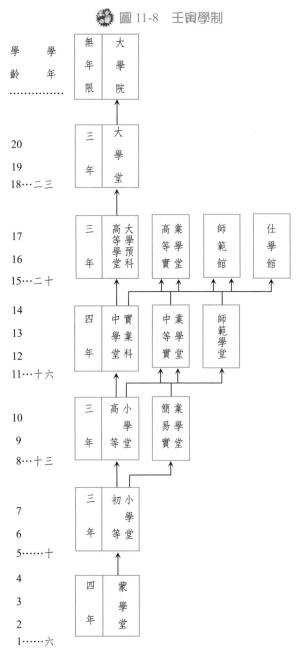

資料來源：教育部教育年鑑編纂委員會（1985）。第五次中華民國教育年鑑。
正中，第 31 頁。

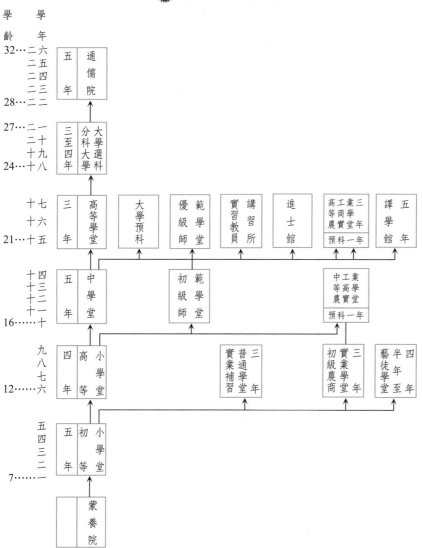

圖 11-9　癸卯學制

資料來源：教育部教育年鑑編纂委員會（1985）。第五次中華民國教育年鑑。
　　　　　正中，第 32 頁。

🌸 圖 11-10　壬子學制

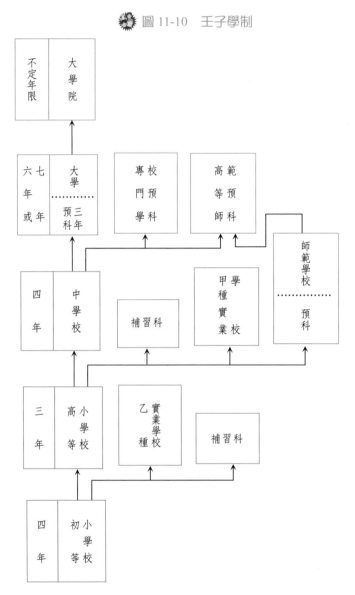

資料來源：教育部教育年鑑編纂委員會（1985）。第五次中華民國教育年鑑。
　　　　　正中，第 33 頁。

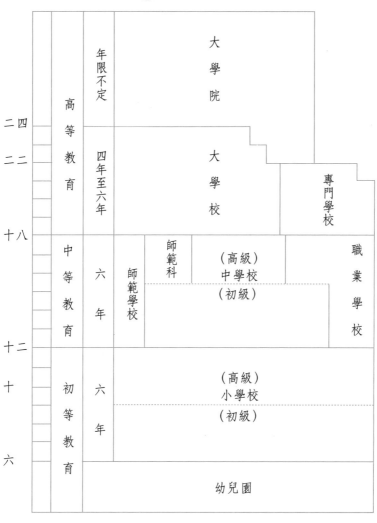

圖 11-11　新學制

資料來源：教育部教育年鑑編纂委員會（1985）。**第五次中華民國教育年鑑**。
正中，第 34 頁。

　　1968 年，政府實施九年國民教育之後，國民教育階段由六年延
長為九年學制，可說有重大改變；1983 年，教育部鑑於學制無法適
應社會變遷和社會需求，乃成立「學制改革研究小組」研修學校制

度改革方案，但因牽連甚廣，教育部並未採行該小組所提方案，2011
年總統公布《幼兒教育及照顧法》，原有的幼稚園修正爲幼兒園。目
前由於技術職業教育、特殊教育和社會教育日受重視，乃形成了現行
學制，如〔圖 11-12〕所示。

綜觀將近九十餘年來，有關教育學制之發展，歷經了至少六次重
大變革（光緒 28 年壬寅學制、光緒 29 年癸卯學制、民國元年壬子學
制、民國 11 年新學制、民國 57 年學制、民國 103 年以後學制），而
這些變革，大都參酌美、日學制，例如：清末民初學制係仿自日本學
制；而民國 11 年則仿自美國學制。由此可見，我國學制較欠缺本土
化的色彩，故較無法彰顯在地特色。因此，今後有關學制之改革，如
何有效配合本土社會環境需求，是相當重要的一項課題。

……………… 第四節　學校制度的發展趨勢 ……………

隨著社會的進步與發展，各國爲迎接知識經濟和終身學習時代的
來臨，紛紛就學校教育制度進行相關的變革，以因應未來社會的需
求。現代學校制度的發展，可以歸納爲下列的趨勢：

一、建立彈性學制，暢通學生升學管道

學制本身具有指引教育發展的功能，但若過於制度化，缺乏彈
性，流於僵化，將有害教育發展。因此，傳統所定的學齡時期、入學
資格等限制，已不符社會需求和時代潮流，所以世界各國已逐漸採取
彈性化學制措施，只做原則性的規定，放寬入學年齡和資格，學生不
僅可在學校內取得學位和文憑，亦可透過其他方式（如空中大學）取
得學位和文憑。此外，學生亦可用同等學歷方式報考各類考試，學生
入學考試也採多元評量方法，甄選學生。是故，建立彈性化學制，暢
通學生升學管道，將是未來時勢所趨。

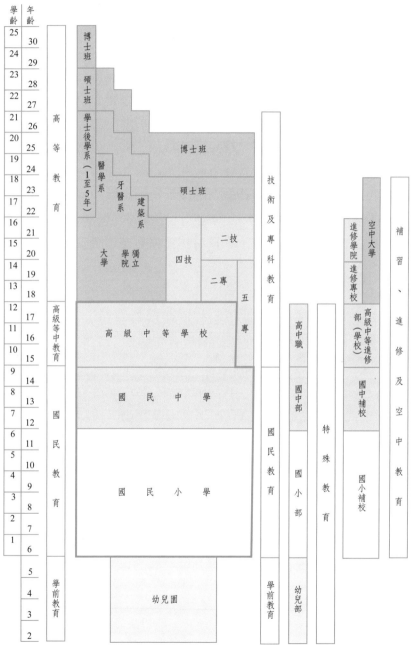

　　　　　圖 11-12　　現行學制

―――　目前已實施非學校型態實驗教育

註：碩士班修業年限為 1 至 4 年，博士班修業年限為 2 至 7 年，本圖均以 2 年表示；自 102 學年起，大學醫
　　系修業年限由 7 年改為 6 年。

二、延長義教年限，提高教育人力素質

二次大戰之後，各國經濟高度發揮，人民生活水準提高，對於教育需求更為殷切。主要國家為有效提高人力素質，紛紛將義務教育年限延長至九年以上的中等教育階段。例如：美國義務教育年限延長至十二年，德國義務教育年限延長至十二年，法國義務教育年限延長至十二年。基本上，義務教育年限延長有兩種情形：一種是向下延伸，即延伸到幼兒教育階段；另一種是向上延長，即延長到高級中學教育階段。例如：英國的義務教育從五歲開始，讓幼兒具有義務教育的機會；又如美、法、俄則把義務教育階段延長到高級中學教育階段。因此，延長義務教育教育年限，已成為世界各國的趨勢。我國於 2014 年實施十二年國民基本教育，亦是符應義務教育年限延長的趨勢。

三、確立職教地位，建立職教一貫體制

技術職業教育對於促進國家經濟發展具有重大的影響力，在 1950 年代，社會各界對於技術職業教育有強烈的需求，當時偏重初等和中等技術職業教育人才的培育；至 1970 年代以後，技術職業教育已有較大的發展，初等、中等和高等技職教育體系逐漸建立；到了 1980 年代，可說是已經確立初等、中等和高等技職教育一貫教育體系。世界各國基於社會需求和經濟發展的需求，加上資訊科技時代的來臨，基層的技術人才之需求性不再那麼強烈，因此整個技術職業教育的中心，已經從初等、中等層次轉移到中等、高等教育層次，尤其高等技術職業教育層次，更為明顯，這也是近十年來我國技術校院迅速擴增原因所在。隨著社會及人口的發展，目前高職招生愈來愈困難，轉型或朝向精緻化高職，將是高職發展的重要關鍵所在，不管是政府或學校都要及早因應。

四、鞏固特教學制，落實教育機會均等

特殊教育在社會上屬於弱勢的一群，為保障其教育機會均等，政府有責任和義務提供特殊學生適性的教育。因此，法、日、我國及中國大陸，都把特殊教育納入學制的一部分。特殊教育的實施，也從初等教育擴及到學前教育和中等教育。我國《教育基本法》第四條特別規定：「……對於原住民、身心障礙者及其他弱勢族群之教育，應考慮其自主性及特殊性，依法令予以特別保障，並扶助其發展。」因而在特殊教育法第一條明訂特殊教育法的目的在於使身心障礙及資賦優異之國民，均有接受適性教育之權利，充分發展身心潛能，培養健全人格，增進服務社會能力。所以，為了落實特殊教育的實施，應給予協助和經費補助，減少其就學的障礙，才能達到全民化、民主化和均等化的教育理想。所以，鞏固特殊教育學制地位，促進全民教育機會均等，亦是學制發展重大趨勢之一。

五、重視終身學習，實現全民教育理想

終身學習是幼兒到老年的一種繼續性的教育歷程，可以說是個人在生命全程中所從事之各類學習活動，它提供個人隨時隨地，人人可學習的教育內容。終身學習在 1960 年代已經開始萌芽，到了 1990 年代已經受到社會廣大的重視，尤其 1996 年聯合國教科文組織出版《學習：內在的財富》（*Learning: Treasure Within*）一書之後，終身學習更是受到世界各國的重視。我國也於 1998 年發表《終身學習報告書》，而且也在 2002 年總統公布《終身學習法》，其目的在於鼓勵終身學習、推動終身教育、增進學習機會、提升國民素質。為了落實終身學習理念，必須建立終身學習的教育體系，亦即政府應統整正規教育、非正規教育和非正式教育，突破現行封閉體系，加強彼此的協調互通，同時也重視終身學習成就的認證，以建立終身學習的社會。

·········· 第五節　十二年國民基本教育制度 ··········

　　十二年國民基本教育政策規劃，可追溯到1983年教育部研議「延長以義務教育為主的國民教育」，歷經三十一年的研議，2014年正式實施，乃是繼九年國民教育之後的教育發展新里程碑。茲就十二年國民基本教育的法律依據、理念和目標說明如下。

🌻 **壹、十二年國民基本教育政策的法律依據**

　　十二年國民基本教育政策的法律依據，最早源自於《教育基本法》第十一條規定：「國民基本教育應視社會發展需要延長其年限；其實施另以法律定之。」首度出現國民基本教育一詞，它是結合《中華民國憲法》規定的基本教育和《國民教育法》中的國民教育而來，然而在《教育基本法》中只概括性規定「延長年限」，並未明確指出是向上延長或向下延伸，是屬於一種彈性的規定，就十二年國民基本教育的法律規範，仍有所不足。

　　十二年國民基本教育政策的法律依據，是《高級中等教育法》，根據該法第二條規定：「九年國民教育及高級中等教育，合為十二年國民基本教育。」簡單而言，十二年國民基本教育就是九年的國民教育，再加上後三年的高級中等教育，也就是一般所說的高中、高職。

🌸 *教育加油站*

高級中等學校的類型

　　依《高級中等教育法》第五條規定，高級中等學校分為下列類型：

　　一、普通型高級中等學校：提供基本學科為主課程，強化學生通

識能力之學校。

二、技術型高級中等學校：提供專業及實習學科爲主課程，包括實用技能及建教合作，強化學生專門技術及職業能力之學校。

三、綜合型高級中等學校：提供包括基本學科、專業及實習學科課程，以輔導學生選修適性課程之學校。

四、單科型高級中等學校：採取特定學科領域爲核心課程，提供學習性向明顯之學生，繼續發展潛能之學校。

貳、十二年國民基本教育的理念與目標

理念爲引導政策規劃與實施的重要依據。具有良好的理念支持，才能研訂適切可行的教育政策。十二年國民基本教育的理念，根據《十二年國民基本教育實施計畫》所揭櫫理念如下：(註二十一)

一、有教無類

高級中等教育階段是以全體十五歲以上的國民爲對象，不分種族、性別、階級、社經條件、地區等，教育機會一律均等。

二、因材施教

面對不同智能、性向及興趣的學生，設置不同性質與類型的學校，透過不同的課程與分組教學方式施教。

三、適性揚才

透過適性輔導，引導學生瞭解自我的性向與興趣，以及社會職場和就業結構的基本型態。

四、多元進路

發展學生的多元智能、性向及興趣，進而找到適合自己的進路，以便繼續升學或順利就業。

五、優質銜接

高級中等教育一方面要與國民中學教育銜接，使其正常教學及五育均衡發展；另一方面也藉由高級中等學校的均質化和優質化，均衡城鄉教育資源，使全國都有優質的教育環境，使學生有能力繼續升學或進入職場就業，並能終身學習。

至於十二年國民基本教育的目標，根據《十二年國民基本教育實施計畫》所提出的總目標，計有下列七大項：（註二十二）

一、提升國民基本知能，培養現代公民素養。

二、強化國民基本能力，以厚植國家科技、產業與經濟競爭力。

三、促進教育機會均等，以實現社會公平與正義。

四、充實高級中等學校資源，均衡區域與城鄉教育發展。

五、落實中學生性向探索與生涯輔導，引導多元適性升學或就業。

六、有效舒緩過度升學壓力，引導國中正常教學與五育均衡發展。

七、強化國中學生學習成就評量機制，以確保國中學生基本素質。

❀ 參、十二年國民基本教育的基本內涵

十二年國民基本教育的基本內涵，主要來自於《高級中等教育法》和《十二年國民基本教育實施計畫》之規定中。

依《高級中等教育法》第二條：「九年國民教育，依國民教育法規定，採免試、免學費及強迫入學；高級中等教育，依本法規定，採免試入學為主，由學生依其性向、興趣及能力自願入學，並依一定條

件採免學費方式辦理。」換言之，九年國民教育具有免試、免學費和
強迫的特性，但高級中等學校則是免試入學和有條件免學費特性，其
中免學費的條件，就讀高職、五專前三年免學費，但就讀高中家庭收
入所得須在 148 萬以下才能免學費。

　　在《十二年國民基本教育實施計畫》中根據《高級中等教育法》
之規定，其基本內涵如下：

　　一、前九年國民教育為普及、義務、強迫入學、免學費、以政府
辦理為原則、劃分學區免試入學、單一類型學校及施以普通教育。

　　二、後三年高級中等教育階段為普及、自願非強迫入學、免學
費、公私立學校並行、免試入學為主、學校類型多元及普通與職業教
育兼顧（註二十三）。因此，在十二年國民基本教育中，前九年國民
基本教育之內涵與後三年之高級中等教育是有所差異，茲將十二年國
民基本教育架構圖，歸納如〔圖 11-13〕所示。

圖 11-13　十二年國民基本教育架構圖

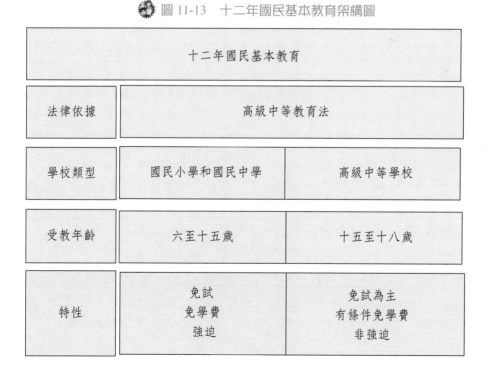

十二年國民基本教育		
法律依據	高級中等教育法	
學校類型	國民小學和國民中學	高級中等學校
受教年齡	六至十五歲	十五至十八歲
特性	免試 免學費 強迫	免試為主 有條件免學費 非強迫

附　註

註一：孫邦正（1989）。教育概論。臺灣商務印書館，第 150-154 頁。

註二：同註一，第 120-121 頁。

註三：吳清山（1994）。美國教育組織與行政。五南，第 108 頁。
　　　林寶山（1991）。美國教育制度及改革動向。五南，第 41 頁。

註四：傅斯特（W. E. Forster）係爲當時的教育署長，故乃將當時通過之教育法案，稱之爲傅斯特法案，該法案主要內容在協調國家及教會共同辦理小學教育，亦即在教會學校設施不足地區，置民選的地方教育委員會，用地方稅舉辦公立初等學校。各教派所設立的學校的地位仍然保持，但地方稅不予補助，形成了英國教育史上公立學校和教會學校並存的「雙軌制」。

註五：詹火生和楊瑩（1989）。英國高等教育制度現況及發展趨勢。國立教育資料館，第 2 頁。

註六：王承緒（主編）（2000）。英國教育。吉林教育出版社，第449頁。

註七：楊漢清（1992）。英國教育，載於吳文侃和楊漢清主編，比較教育。五南，第 144-148 頁。

註八：邵珊（1992）。德國教育。載於吳文侃和楊漢清主編：比較教育。五南，第 205 頁。

註九：鄭重信（1985）。西德教育。載於林清江主編：比較教育。五南，第 152 頁。

註十：李其龍（主編）（2000）。德國教育。吉林教育出版社，第 304-310 頁。

註十一：邢克超（1992）。法國教育。載於吳文侃和楊漢清主編：比較教育。五南，第 169 頁。

註十二：林貴美（1991）。法國教育制度。國立編譯館，第 31 頁。

註十三：同註十一，第 172 頁。

註十四：邢克超、李興業（主編）（2000）。法國教育。吉林教育出版社，第 271-307 頁。

註十五：王家通（1990）。學校制度。載於黃光雄主編：教育概論。師大

書苑，第 327 頁。

註十六：楊思偉（2020）。比較教育（第 2 版），第 344-346 頁。

註十七：王義高（2000）。蘇俄教育。吉林教育出版社，第 661-663 頁。

註十八：杜作潤主編（1999）。中華人民共和國教育制度。三聯書店，第 69-71 頁。

註十九：雷國鼎（1980）。教育概論（下冊）。教育文物出版社，第 361 頁。

註二十：王鳳喈（1986）。中國教育史。正中，第 298 頁。

註二十一：教育部（2017）。十二年國民基本教育實施計畫，第 5 頁。

註二十二：教育部（2017）。十二年國民基本教育實施計畫，第 6 頁。

註二十三：教育部（2017）。十二年國民基本教育實施計畫，第 6-7 頁。
其中就讀高職或專科前三年採免學費，而就讀普通高中則採有條件免學費，家戶年所得總額 148 萬以下者之學生，始得接受免學費補助。

摘　要

- 學校制度，簡稱「學制」，即為一個國家規定各級各類學校上下銜接、左右連貫的相互關係。一般而言，制定學制常遵循下列原則：顧及學生身心發展、適合社會發展需要、促進教育機會均等、符合終身教育理念、便於銜接和聯繫。

- 從各國學制歷史而言，歐洲各國先有貴族和僧侶學校，後有平民學校；先有大學設立，再有為全民而設的小學。

- 美國的小學教育是從六歲入學，但因採地方分權制，故各州各學區有各種不同的學制，如 6-3-3 制、4-4-4 制、6-6 制、7-5 制、5-3-4 制、6-2-4 制、3-3-3-3 制，在入學年齡、修業年限和畢業年齡均有所差異。

- 美國中等教育是從七年級或九年級開始到十二年級為主。學生通常在十七或十八歲讀完十二年級。主要分為初級中學和高級中學兩個階段。美國高級中學主要有三種型態：一、綜合高中；二、職業、技藝、專門高中；三、專門高中。

- 美國高等教育學校類型有兩大類型：一、社區學院（community college）；二、學院（大學）：包括大學部和研究所兩個階段。

- 英國小學五歲入學，五至七歲稱之為幼兒學校，八至十一歲屬於初級學校。學制分為兩大系統：公立學校系統和獨立學校系統（私立學校），最有名的為公學。英國最初中學主要包括三類學校：一、文法中學。二、技術中學。三、現代中學。1960 年代綜合中學逐步取代這三類學校。

- 英國高等教育包括自治大學和公立高等學校，其中自治大學包括古典大學（牛津大學和劍橋大學）、近代大學（倫敦大學）、新大學（六十年代由國家創辦授予學位的大學）、開放大學；至於公立高等學校則包括多科技術學院、繼續教育學院和教育學院。

- 德國小學六歲入基礎學校就讀，修業年限四年，畢業後分別進入完全中學、實科中學、國民中學或綜合中學就讀。

- 德國高等教育形成了多樣化的結構。就正規大學系統來說，共有七種大學類型，其中包括大學（含綜合性大學、工科大學與專業性大學）、高等師範學校、高等藝術學校、神學院、高等專科學校、綜合高等學校和職業學院。此外，德國還有哈根遙授大學（主要借助電視、廣播和函授進行教學，提供成人接受高等教育機會）和國防軍事學院。

- 法國初等教育的小學，接受六至十一歲的兒童。小學階段共五年，第一年連接幼兒園與小學的預備級課程，第二、三年為初級課程，第四、五年為中級課程。小學畢業後，可直接升入初中，前兩年屬於「觀察階段」，後兩年屬於「方向指導階段」。高中主要有兩大類型：一是普通高中；二是技術高中，必須參加中學畢業會考，通過者取得中學畢業會考文憑。

- 法國高等教育包括四大類：大學（含國立綜合技術學院）、大學校、短期技術學院和科學文化教育大機構。其中大學機構包括歷史悠久，學術地位高的法蘭西學院、自然歷史博物館等，都是成人繼續教育的重要場所。

- 日本學制採 6-3-3 制，其初等教育的年限為六年，實施機構為小學校，

六歲入學，十二歲畢業。日本中等教育分為兩個階段：前期中等教育機構稱為「中學校」，即初級中學；後期中等教育機構稱為「高等學校」。至於日本高等教育的類型，主要有四：大學、研究生院、短期大學和高等專科學校。

- 俄羅斯的初等教育為普通教育的一部分，實施普通教育的機構為普通中小學，有各種不同類型的學校，如小學、不完全中學和中學。俄羅斯學校教育主要有四大塊：普通教育、職業教育、中等專業教育、高等教育。

- 俄羅斯職業教育分為四個等級：初等職業教育、中等職業教育、高等職業教育、高校後職業教育，其結構呈現多元和多級化。至於高等教育則分為三級：一、不完全高等教育；二、基礎高等教育；三、基礎後高等教育。

- 中國大陸的學制採 6-3 制，初等教育實施機構為小學，六或七歲入學，十一或十二歲畢業，可升入初中，接受義務教育。初中畢業之後，可升入高級中學，修業年限二年或三年，或升入職業學校接受教育，這些機構包括中等職業學校、技工學校和中等專業學校。至於高等教育分為專科教育、本科教育和研究生教育。實施專科教育的學校有高等專科學校和短期職業大學。實施本科教育的學校包括綜合性大學和專門院校。至於研究生教育分為碩士班研究生教育和博士班研究生教育。

- 我國正式有系統的學校制度，始自於清末。民國元年，教育部頒布學制，稱為「壬子學制」；民國 11 年，政府參考美國單軌制，重新公布新的學校系統，一般稱之為「新學制」，六歲入學，修業年限六年。民國 57 年，政府實施九年國民教育，學制也隨之改變。

- 現代學校制度的發展，主要如下：一、建立彈性學制，暢通學生升學管道；二、延長義教年限，提高教育人力素質；三、確立職教地位，建立職教一貫體制；四、鞏固特教學制，落實教育機會均等；五、重視終身學習，實現全民教育理想。

- 十二年國民基本教育法律依據為《高級中等教育法》，前九年為國民教育，採普及、義務、強迫入學、免學費為原則；後三年為高級中等教

育，採普及、自願非強迫入學、免學費、免試入學為原則。

　💡 評量題目

一、學校制度的意義何在？其制定原則為何？

二、美國「中間學校」成為美國教育主流的原因為何？

三、請比較英國文法中學、技術中學和現代中學功能之差異。

四、德國基礎學校和主幹學校兩者有何差異？

五、法國高中畢業會考，其價值為何？

六、美、日兩國學制有何差異？

七、俄羅斯之職業教育可分為哪些等級？

八、中國大陸實施義務教育有哪些機構？

九、請簡述我國學制發展的過程。

十、請說明現代學制發展的趨勢。

十一、請指出十二年國民基本教育的基本內涵。

　◈ 教育小故事

其實你孩子本性也很好

　　勇郎這位小朋友，人如其名，真是一位勇敢的少年郎。可是卻常令我頭疼、吵嘴鬧事、頑劣不馴、功課不做、作業不繳；有時不來上課，說也奇怪，班上風平浪靜不少。

　　找個星期三下午到勇郎家進行家庭訪問，也許勇郎父親知道我來者不善，善者不來，馬上開口就說：

　　「老師，請坐，勇郎這個孩子，丟人現眼，整天往外跑，真讓老師操心。」

　　聽到勇郎父親一講，我只好順水推舟的說：

　　「勇郎這位孩子，其實本性很好，富有正義感，全身充滿著活

力，假如能夠好好教導，將來也會是一位人才。」

看到勇郎父親頻頻點頭，我猜想他已接納了我。於是話鋒一轉：「不過……」我把勇郎在校的表現舉一、二告知。

突然間，勇郎父親臉色大變，我看情勢不妙，這下可慘了。結果大出我意料之外，勇郎父親徐徐地說：「勇郎今天這樣的表現，實在是我們身為父母的沒有盡到責任，只是忙於自己的生意，以後我們一定會花點心血在孩子身上。」我寬心地走出勇郎家門，一直覺得今天很有收穫。最令我感到安慰，勇郎以後的表現，卻是班上同學進步最快的一位。

個案討論

教育會考

林穎升上國中之後，剛好遇到政府於 103 學年度推動十二年國民基本教育，總算可以脫離國中基測的壓力。

「將來免試入學，可以不用考基測，升學和考試壓力減輕不少。」林穎跟同學聊聊。

「別高興太早，將來還有畢業會考，它是決定您是否進入明星高中的關鍵，我媽媽每天都要我去補習，深怕我將來畢業會考考不好，就沒有本錢選學校了。」同學表達了另一種意見。

「畢業會考只有三個等級—精熟、通過、待加強，應該不會太難吧！您和您的媽媽這麼緊張，未來怎麼過日子？」林穎顯得看法跟同學不太一樣。

「不是我緊張，將來免試入學，除了比會考成績，還要比服務學習、體適能、幹部、日常生活表現……，壓力怎會減輕呢？」同學還是放心不下。

其實，部分國家（例如：英國、德國、法國、芬蘭……）為瞭解學生學習表現或提供未來升學依據，都有類似畢業會考的制度。但是國內國中學生目前仍每天面對考不完的試，畢業會考會帶給教育和學生有什麼樣的影響呢？

思考問題

一、畢業會考有哪些利與弊？

二、如何善用畢業會考，提升學生學習效果？

第十二章

教育資源的運用

學習目標

一、瞭解教育資源的意義和功能。

二、認清教育經費的運用。

三、理解學校人力資源和社會資
　　源的運用。

四、善用各項教育資訊資源。

　　教育目標的達成或教育效能的提升，除了有賴於完整計畫與認真執行之外，有效的運用資源，仍屬不可缺少的一環。身為一位教育人，對於教育資源的內涵及運用方式有所瞭解，不僅可增進自己的工作效果，而且亦有助於整個組織的發展。尤其在資訊科技的時代，教育資源愈來愈多，善用教育資源，更是教育工作者一項重要的課題。

　　本章首先說明教育資源的基本概念，其次說明教育的經費運用；復次分析教育的人力資源應用；接著探討教育的社區資源運用；最後闡釋教育的資訊資源運用。

⋯⋯⋯⋯ 第一節　教育資源的意義和功能 ⋯⋯⋯⋯

❀ 壹、教育資源的意義

　　資源（resources）一詞，就其字義而言，具有供給、幫助、救濟等之來源，以及可利用的物力或人力，後來應用到組織上，乃成為組織中的資產，形成組織運作的動力。

　　就組織的資源來看，它具有不同的資源。葛里芬（R. W. Griffin）認為資源包括財政資源（financial resources）、物理資源（physical resources）、人力資源（human resources）、資訊資源（information resources）等四大部分（註一）。而羅賓斯（S. P. Robbins）和科勒特（M. Coulter）亦將資源視為是組織的資產，包括財政（債務、產權、保留盈餘、和其他財政的股票）、物理（設備、建築物、原料、和其他具體資產）、人力（人員的經驗、技能、知識、能力）、無形（商標、專利、聲望、著作財產、資料庫）和結構／文化（歷史、文化、工作系統、工作關係、信任水準、政策、結構）（註二）。

　　依此而言，教育資源係指教育上可用的有形和無形資源，有形的資源包括財政、人力和設施，無形的資源包括歷史、文化、政策、作

品、**聲望**。由於無形的教育資源較難測量，而且是日積月累而成。因此，本章之教育資源偏重於較爲狹義的有形教育資源爲主。

貳、教育資源的功能

基本上，教育資源之所以受到重視，主要在於它有其價值性，具有下列的三項功能：

一、確保教育事務順利運作

俗語說：「巧婦難爲無米之炊」，多好的教育政策或教育計畫，若無適切的經費、人力和物力的支援，實在很難發揮作用。所以，爲使教育政策有效推動，並確保教育事務順利運作，提供足夠的教育資源是必要的，這也是教育界相當重視教育資源的爭取和運用之原因所在。

二、達成教育目標重要手段

任何一個組織都有其發展願景和經營目標，而決定願景的實現和目標的達成，則有賴於資源的提供，所以資源可以說是達成目標的重要手段。教育事業亦是如此，它是以「育人」爲目標，而要培育高素質的人才，則必須投入更多的人力和物力，始有可能達成其目標。

三、促進教育持續發展動力

教育事業是一種永續性的工作，「十年樹木，百年樹人」，其理在此。教育永續發展，不能流於口號，必須付諸行動，而支撐行動的後盾，除了人的意志力之外，資源亦屬相當重要。所以，爲了推動教育改革方案，促進教育革新與發展，常常需要龐大的人力和經費，以使教育改革無後顧之憂。

·············· 第二節　教育經費的運用 ··················

　　教育經費是執行教育事務的油料，如果油料不足，就很難啟動教育事業。因此，教育經費在教育事務的推動扮演著相當重要的角色。茲就教育經費之籌措與來源、教育經費運用的原則分別說明之。

壹、教育經費的籌措與來源

　　教育經費，簡而言之，是指教育發展需要所編列的經費，依《教育經費編列與管理法》第二條：「教育經費，係指中央及地方主管教育行政機關與所屬教育機構、公立學校，由政府編列預算，用於教育之經費。」

教育加油站

教育經費補助

　　依《教育經費編列與管理法》第八條之規定：中央政府對地方政府之教育補助分為一般教育補助及特定教育補助，其內容如下：

　　一、一般教育補助：用於直轄市、縣（市）政府所需之教育經費，不限定其支用方式及項目，並應達成教育資源均衡分配之目的。

　　二、特定教育補助：依補助目的限定用途。

教育加油站

校務發展基金

　　依「教育經費編列與管理法」第十四條規定：「各級政府所屬學校得設置校務發展基金，除法律另有規定外，其設置辦法，由主管教育行政機關定之。」因而各縣（市）政府訂定校務發展基金辦法。基本上，學校校務發展基金經費來源如下：一、家長、校友或其他團體及個人之捐贈。二、孳息收入。三、其他收入。至於學校校務發展基金之用途如下：一、購置學校急需之器材或設備。二、教學教材之研究發展。三、學生課外活動之訓練指導費。四、學生之獎助學金。五、學生清寒急難之救助。六、辦理親職教育活動。七、辦理學校社區服務。八、教師及職員特殊卓越表現之獎勵。九、學校接受委辦活動之支出。十、配合政府重大教育政策之支出。十一、學校專案建設或計畫。十二、辦理校務發展基金行政業務支出。十三、其他與校務發展有關之支出。

　　我國教育經費，在 1947 年 12 月 25 日公布的《中華民國憲法》第一六二條規定：「教育、科學、文化之經費，在中央不得少於其預算總額百分之十五，在省不得少於其預算總額百分之二十五，在市縣不得少於其預算總額百分之三十五，其依法設置之教育文化基金及產業，應予以保障。」確立我國教育經費法律保障依據。由於部分財政學者對此保障有異議，加上政府財源有限，2000 年 4 月 25 日公布《中華民國憲法增修條文》第十條規定：「教育、科學、文化之經費，尤其國民教育之經費應優先編列，不受憲法第一六四條規定之限制。」自此以後，教育經費不再受到《憲法》占預算總額比例保障，這項修正條文當時也受到教育界相當多的批判。後來乃在《教育基本法》第五條規定：「各級政府應寬列教育經費，並合理分配及運用教育資

源。對偏遠及特殊地區之教育，應優先予以補助。教育經費之編列應予以保障；其編列與保障之方式，另以法律定之。」

　　為了符應《教育基本法》對於教育經費的規定，政府乃制定《教育經費編列與管理法》，在第三條規定：「中央、直轄市及縣（市）政府（以下簡稱各級政府）應於國家財政能力範圍內，充實、保障並致力推動全國教育經費之穩定成長。各級政府教育經費預算合計應不低於該年度預算籌編時之前三年度決算歲入淨額平均值之百分之二十三。」我國教育經費的法律保障，總算再次確立。

　　基本上，我國教育經費來源，主要有下列五大類：㈠賦稅收入：政府統徵各項稅收，再按需要分配於各部門或者自行徵收專門教育稅捐，全部或大部用於教育；㈡學費收入：義務教育階段，其經費由國家支付，學生免繳學費，義務教育以上階段之學生須繳學費，作為教育經費來源一部分；㈢捐獻收入：私人或公益團體捐獻給學校或教育機構，亦可作為教育經費來源一部分；㈣借貸收入：部分國家教育經費不足時，可發行公債，作為教育經費來源，我國較為少見；㈤營運收入：公立中小學學校對於提供產品或服務的經費收入，繳給國庫，可作為教育經費的一部分，公立大學實施校務基金制，則可移做校務基金（註三）。

　　政府辦理國民教育所需經費，由直轄市或縣（市）政府編列預算支應，財源如下：

一、直轄市或縣（市）政府一般歲入。

二、直轄市或縣（市）政府依平均地權條例規定分配款。

三、為保障國民教育之健全發展，直轄市或縣（市）政府，得依《財政收支劃分法》第十八條第一項但書之規定，優先籌措辦理國民教育所需經費。

貳、教育經費運用的原則

　　教育經費的運用，應以提高經費使用效率和達成教育目標為最高指導方針。依此而言，教育經費有效運用，應該遵循下列三項原則：

一、優先原則

　　不管是中央、地方或學校教育經費，相當有限，所以經費的運用必需考慮其優先次序，而優先次序的決定，則需考量政策及最迫切解決問題，凡屬政策性及需立即解決問題，則可列為第一優先。例如：學校發生災害，需立即搶修，所需經費應列為第一優先，以免影響學生學習。

二、績效原則

　　教育經費的運用，要以最少的經費，收到最大的效益，此即績效原則。由於國家財政支出項目浩繁，教育所分配經費亦屬有限，所以經費使用不僅要節約減少浪費，而且更要讓它發揮最大的功效，所謂「錢花在刀口上」，任何教育經費的支出，都能夠反映出實際的價值，而且有助於教育目標的達成，才能符合績效的原則。

三、彈性原則

　　教育經費的運用，應以實際需要酌加調整，此即彈性原則。由於社會變遷快速，教育發展亦有其不確定性，所以教育經費的運用，若是一成不變，缺乏彈性，將難以產生良性積極作用。而且教育經費的編列都要比真正使用晚一年，因此若依原定預算項目支應，教育經費的運用效果必屬有限，因此必須能夠彈性運用，才能發揮其效果。

第三節　學校人力資源的運用

🌼 壹、學校人力資源的基本概念

人力資源（human resources）是組織運作的關鍵，具有優秀的人力，組織目標較易達成。所謂「人力資源」，係指組織中人員展現其知識和能力，促進整體組織的正常運作與健全發展。

廣義的學校人力資源，應該包括教職員工生及家長的人力，狹義的人力資源，則只限於教職員工及家長的人力，不包括學生的人力。基本上，教職員工及家長的人力充分發揮，有助於提供學生優質的學習環境。

教學人力和行政人力，可說是學校人力的主力，而家長人力，可視為學校人力的輔力。學校整體運作如果能夠結合三者的力量，將可使學校更能發揮團隊的力量。

學校人力資源的最高的境界乃是使組織中較好的人員達成較佳的成果。正如西諺：「給他一條魚，餵飽他一天；教他去釣魚，餵飽他一生。」（Give a person a fish, and you feed that person for a day; Teach a person to fish, and you feed that person for life.）所以，學校人力資源的有效運用，就是人人能夠發揮其潛能，奉獻和投入於學校工作之中。

🌼 貳、有效運用學校人力資源的策略

人力是組織最重要的資產，學校如果能夠善用人力資源，對於學校校務推動和教育目標的實現，具有其積極的作用。因此，為了有效運用學校人力資源，必須從人力資源的計畫、進修和評估等方面著手，方易見效，茲提出下列有效運用學校人力資源的策略，以提供參考。

一、建立學校整體性人力資料庫

　　學校人力資源，相當充沛，必須經過有系統的蒐集與整理，並建立人力資料庫，以供學校人力查詢和利用。基本上，學校整體人力資料庫，應該包括兩大部分：一是教師和行政人員專長資料庫；另一是家長人力和專長資料庫。由於不管是教師人力、行政人力或家長人力可能都會有所異動，所以學校必須指派專人隨時更新，以確保資料庫的完整性。若是學校基於校務發展或辦理活動，需要人力支援時，就可從資料庫中得到最新的人力資料。

二、系統規劃學校人力進修研習

　　學校整體性人力資料庫的建立，是一種靜態性的資料，必須善加應用，才能彰顯資料的價值性。為了使學校人力資源發揮其作用，並開發人力潛能，除了依其專長妥為分配之外，也必須有系統地規劃人力在職進修研習方案，辦理持續性和定期性的進修活動，以確保學校人力的素質。學校人力進修研習方案的規劃，應考量學校環境需要及個別需求評估，確立其進修活動內容、方式及時間。一般而言，學校人力進修研習，應該包括教師和行政人員的進修研習，以及家長的親職教育活動。

三、塑造學校成為學習型的組織

　　學校是人才培育的搖籃，亦是師生學習的園地。學校人才資源的開發與應用，必須建立在學習型組織（learning organization）的基礎之上，才能可長可久。由於學校本身具有持續學習的性質，所以形塑學校成為學習型組織，是具有其有利的條件。所謂「學習型組織」，依聖吉（P. M. Senge）的看法，包括了五項修鍊：系統思考（systems thinking）、自我超越（personal mastery）、心智模式（mental models）、建立共享願景（building shared vision）、團隊學

習（team learning）（註四），學校成爲一種學習型組織，不僅有助於個人學習和團隊學習，而且更能擴大組織學習效果，對於人力資源的應用，形成一股很大的助力。

四、整合學校各種人力資源力量

學校具有高素質的人力，而且人才濟濟，若將家長人力加進去，學校人力資源實乃相當可觀。雖然學校人力資源充沛，如未能妥善整合，仍無法發揮人力資源的功效。所以，有效整合學校人力資源，可謂一項相當重要的課題。爲了有利於學校人力資源整合，首先要瞭解現有的人力資源及預期未來可用人力資源；其次將分配現有人力適才適所，發揮既分工又合作的力量；最後應避免學校人力資源閒置不用或有勞逸不均現象，以減少人力的分散和浪費。學校人力資源的有效整合，是確保學校效能提升的要件。

五、評估學校人力資源運用效果

學校人力資源的運用，不能只停留在執行層面，其績效評估亦屬相當重要。學校人力資源的評估，可用訪談方式，亦可用問卷調查方式，其評估結果最好是質的描述和量化數據並用，才能瞭解學校人力資源實際運用的成效，以作爲爾後改進的參考。學校人力資源運用的評估，應視爲一種全校性的工作，不宜由個別處室單位負責，否則將無法深入瞭解學校人力資源運用的全貌。評估是一項費時費力的專業性工作，學校人員需要耐心、人才和時間的配合，才不會讓評估流於形式，無法發揮實質效果。

◆ *教育補給站*

人力資源管理

　　人力資源管理（human resource management）是指有效發揮組織成員的工作潛力、擴大成員參與組織決定，以同時滿足個人目標與組織目標的一套原理原則與方法。1970 年代以後，由於電腦科技的發達、人力素質提高的必要性以及人力投資概念的興起，人力資源的概念乃逐漸受到重視，而人力資源管理的方法與策略，遂成為組織研究的重要課題之一。人力資源管理的基本假設是，人有從事有意義工作的意義與傾向，管理者的重要使命在於設計一套原理原則與方法，全力開發員工的潛能，因而人員的進修、考核、待遇、激勵等方面，成為人力資源管理研究的主題之一。

資料來源：吳清山、林天祐（2003）。教育小辭書。五南，第 4-5 頁。

◆ *教育補給站*

學校如何推動家長志工制度

　　家長是學校重要人力資源之一，有效組織家長人力，成為學校志工，對於校務推動具有其價值。學校要有效推動家長志工制度，可朝下列途徑著手：

一、調查家長參與學校的意願和專長。

二、分析學校各項工作志工需求情形。

三、依家長志工意願和專長分配適當工作。

四、提供家長志工適當的辦公場所。

五、強化家長志工和學校彼此合作關係。

六、辦理家長志工各項研習活動。

七、獎勵和表揚優良家長志工人員。

⋯⋯⋯⋯⋯ 第四節　學校社區資源的運用 ⋯⋯⋯⋯⋯

🏵 壹、社區資源的意義與功能

　　社區（community），根據《韋氏大辭典》的解釋，具有一群人的集合體、一個社會、以及共同所有權或參與、共同的特質、社會的活動、社會的狀況等意思。所以社區可以界定為：「一群人住在同一塊土地的人，彼此分享活動、生活，形成共同價值、情感、信念和文化。」（註五）

　　因此，社區資源，顧名思義，即為社區所擁有的有形資源和無形資源，有形資源包括：名勝古蹟、建築文物、社區人力等；無形資源包括社區文化和特色等。詳細而言，社區資源的種類，可分為四大類：㈠人／人力資源：「人」是社區工作的根本，亦是社區工作的能量來源，也是延續社區工作的重要關鍵。社區中的「奇人」，是社區的重要資源。例如：地方仕紳、耆老、具有民俗技藝專長等，都是人力資源的一部分；㈡物力資源：社區內所保存的各種文物、古蹟和建築物等；㈢組織資源：社區內不同民俗藝術團體、文教機構、廟宇委員會等；㈣自然資源：社區內地理環境、交通情形和自然景觀等。

　　學校社區資源，即學校附近內社區所擁有的各項人文和自然資源，可提供教師教學和學生學習之用，它可以豐富學生學習內涵和擴大學生學習視野。在學校的鄉土教學、社會領域教學或綜合活動，社

區資源都是極為常用的教材。所以，社區資源的功能，主要具有下列
三項：

一、豐富學生學習內涵

　　學校內資源有限，學校外資源無盡；教師教學能夠善用社區資
源，作為學生學習內容的一部分，可以激發學生學習興趣，體認社區
與個人的關係，擴大學生學習領域，並豐富學生學習的內容。

二、發展學生社區意識

　　學校與社區息息相關，學校不能脫離社區的環境而進行教學，尤
其學生來自於社區，更有必要讓其瞭解社區的環境，進行培養愛社區
和鄉土的價值觀，而社區資源的充分運用，正是建立學生社區意識最
有效的方式之一。

三、促進學校社區交流

　　社區資源不是靜態的資料展示，它具有動態的交流功能，經由社
區資源的媒介，可以促進學校與社區人員的相互交流，社區可以協助
學校辦理一些教育活動，增進校務健全發展，而學校亦可提供社區服
務，協助社區建設，提升社區居民的生活水準。

貳、學校有效運用社區資源的策略

　　學校社區資源為學校行政和教學可貴的資產，能夠善用社區資
源，可以擴大辦學績效和教學效果。因此，有效運用社區資源，成為
學校經營重要的策略之一，茲將學校有效運用社區資源的策略說明
如下：

一、調查社區現有資源，瞭解社區資源現況

　　學校運用社區資源的第一，必須先瞭解學校鄰近有哪些社區資源可用。因此，調查社區現有資源，加以整理歸類，實屬重要的工作。為了做好調查和整理歸類工作，學校宜請專人負責或請家長志工協助，除了將所整理出的社區資源現況編印成冊之外，亦可將資料上網或燒成光碟，並定時將社區資源之資料更新，以確保社區資源資料的正確性和時效性。

二、建構社區資源網路，提供未來運用參考

　　學校建立完整的社區資源資料之後，緊接而來應將社區資源建構一個網路系統，這個社區資源網路系統可以包括醫療網路（社區鄰近醫療機構）、社會輔導網路（各鄰近大學或機構設置輔導或諮商中心）、社區資料網路（社區內重要的政府和文教機構）、社區文物網路（社區內各種文物和名勝古蹟），將此四種網路構成一個綿密網路系統，以供行政或教學之需。

三、結合社區資源內容，擴展學生學習內涵

　　社區資源能夠作為教學之用，才能彰顯社區資源的價值。所以教師教學時，不能只限於教室內書本的傳授，更應走出校外，結合社區資源，才能讓學生學到實用和活用的知識。學生從社區資源的學習過程中，除了體驗社區文化的多樣性之外，亦可擴展學生學習內涵，並發展其社區意識。因此，學校或行政機關宜辦理社區資源的研習活動，並鼓勵教師運用社區資源，活潑其教學內容。

四、發展社區親密關係，共構學生學習環境

　　學校不能脫離社區之外，社區亦不能忽略學校教育功能。學校是社區的精神堡壘，而社區為學校的重要場所。所以，學校與社區極為

密切，彼此應該加強聯繫，緊密結合，這也是政府積極倡導「學校社區化」的重要原因所在，透過政策的導引，學校除了提供社區參與和活動的空間，亦可成為社區發展的動力，而社區也支援和協助學校各種教學活動。學校與社區建立一種緊密關係，就能建構學生優質的學習環境，進而達到學校運用社區資源的效果。

◈ **教育補給站**

學校社區化

　　學校社區化，是指學校向社區開放，其一切教育目標、課程內容以及教學行為等，都允許社區人士參與，在「培育健全公民、教育優良下一代」的共同理念下，教育當局和社區人士應有一致的目標，以及一致的做法，並將教育對象，擴及社區內的成人。因此，學校社區化一方面能夠充分利用社區內的人力、物力、財力，以及組織、機構等資源，以改善學校教育，提升教育品質；一方面學校運用各種方法與策略，影響社區民眾，建立共識，以期幫助社區教育發展，改進社區生活，並推展成人教育，實現終身教育的理想。所以，學校社區化的基本意涵包括三項：一、學校要轉變為社區居民共同學習的中心；二、學校要成為校內外人員共同研討組織發展的中心；三、學校要成為校內外所有成員共同成長的中心。

資料來源：1. 張德永（2002）。學校社區化的社會學理論基礎。**教育資料集刊**，**27**，11-34 頁。

　　　　　2. 楊國德（2002）。成人教育在學校社區化的角色與功能。**教育資料集刊**，**27**，73-92 頁。

第五節　教育資訊資源的運用

　　二十一世紀是知識經濟的時代，資訊科技和網路科技的高度發達，提供人類取得和傳播知識的便利和效率。「知識」（knowledge）和「資訊」（information）不僅是社會的資產，亦是社會不斷創新和持續發展的關鍵。為了提升教育的效果，對於教育資訊資源的應用，更有其必要性。

壹、教育資訊資源的意義

　　教育資訊資源（educational information resources），是由「資訊資源」發展出來。所謂「資訊資源」，是由資訊、人、符號、載體四種基本要素所組成，可分為內部資訊資源及外部資訊資源，內部資訊資源指企業內部產生的資訊，如技術文件、合約、公文等不對外公開之資料；外部資訊資源指可公開蒐集到之資料（註六）。因此，資料可說是資訊資源的重要核心。

　　依此而言，教育資訊資源，可以界定為教育中可利用的各種知識與訊息的材料，它包含了教育內部的資訊資源（如：學校內部的文件和著作）和教育外部的資訊資源（如學校外部所蒐集到的各種資料）。而教育資訊資源透過各種載體，以各種語言、文字、符號、圖表或影像來紀錄，具有下列各種不同的類型（註七）：

一、以記錄方式和載體型式而言：可分為書寫型、印刷型、微縮型、機讀型及視聽型。

二、以資料內涵及出版型式而言：可分為一般圖書、期刊、報紙、教學活動設計、研究報告、研討會資料、學位論文、政府文件及網路資源。

　　目前國內紙本教育資訊資源，除了存在於各大、中、小學之外，

國家圖書館、國家教育研究院、國立政治大學社會科學資料中心（典藏 1956 年以後臺灣地區各大學研究所博碩士論文）、行政院國家科學委員會（典藏國科會專案研究報告）及國立臺灣師範大學，可說是教育資訊資源的大宗。至於全國性的教育網路資源，主要有：教育部網站、國家教育研究院網站、國家圖書館全球資訊網站、大中小學網站，以及各縣市政府教育局（處）網站。

◈ 教育小檔案

國家教育研究院

　　國家教育研究院於 2011 年 3 月 30 日正式成立，具有研究、研習和服務三大任務，扮演教育智庫角色。依《國家教育研究院組織法》第二條規定，主要掌理下列事項：一、教育制度、教育政策及教育問題之研究。二、教育決策資訊及專業諮詢之提供。三、教育需求評估及教育政策意見之調查。四、課程、教學、教材與教科書、教育指標與學力指標、教育測驗與評量工具及其他教育方法之研究發展。五、學術名詞、工具用書及重要圖書之編譯。六、教育資源之開發整合及教育資訊系統之建置、管理及運用。七、教育人員之培訓及研習。八、教育研究整體發展計畫之擬訂及執行。九、教育研究成果之推廣、服務、學術交流與合作。十、其他有關國家教育研究事項。

　　國家教育研究院前身為國家教育研究院籌備處，整併臺灣省國民學校教師研習會和臺灣省中等學校教師研習會；正式成立後，亦整合了國立編譯館和國立教育資料館，並擴大這兩館原有業務之功能。目前有三峽總院區、臺北院區和臺中院區等三個院區。

網址：http://naer.edu.tw

地址：新北市三峽區三樹路 2 號

🌸 **教育小檔案**

國家圖書館

　　國家圖書館是全國唯一的國家級圖書館，原名國立中央圖書館，1933 年籌設於南京，對日抗戰時期播遷至重慶，勝利後遷返首都，1949 年隨政府來臺，迄 1954 年始在臺復館。原館址初設於臺北市南海路植物園內，後以藏書及讀者人數激增，舊址不敷所需，規劃遷建新館，於 1986 年 9 月落成啟用。該館服務以協助學術研究，推行文教活動，並促進全國圖書館事業之發展為目的，主要任務包括：蒐集、整理、典藏國家圖書文獻，廣徵世界各國重要文獻資料，編印書目索引，提供參考閱覽與資訊服務，辦理出版品國際交換，加強國內外圖書館間的交流與合作，研究與輔導圖書館事業的發展；此外，並兼辦「漢學研究中心」業務，以充實漢學研究資料、提供研究服務為工作要項。

　　網址：http://ncl.edu.tw

　　地址：臺北市中山南路二十號

🌸 貳、有效運用教育資訊資源的途徑

　　教育資訊資源，不管是紙本式或網路式，可說愈來愈豐富，身為教育工作者為吸收新知，增進專業知能，善用教育資訊資源，乃是相重要的工作。為了有效運用教育資訊資源，茲提供下列途徑以供參考：

一、確立蒐集資訊資源目的

　　教育工作者蒐集教育資訊資源有各種不同目的，有些是為了研究

所需；有些是爲了改進工作實務；有些是爲了增長專業知能；有些是基於興趣。這些不同目的多多少少會影響到爾後資料蒐集的方式和內容。例如：爲了研究之需，它可能要上網搜尋相關研究訊息，若只是興趣而已，可能到各圖書館或各網站逛逛。因此，有效運用教育資訊資源的第一步，必須先確立蒐集資訊資源的目的。

二、瞭解各類資訊資源來源

各類教育資訊資源，就其存放位置而言，有些必須親自前往圖書館或政府機構查詢；有些只要上網查詢即可，例如：要進行漢學研究或者要找古籍文獻，上網或親自到國家圖書館，才能找到資料。因此，瞭解各類教育資訊資源的來源所在，實爲相當重要，否則很難找到所需的資料。萬一不知哪些教育資訊資源的來源，可向圖書館專業人員或向師長同事請教。

三、熟悉資訊資源取得方式

教育資訊資源、電子資料庫及多媒體資料庫種類眾多，有不同的取得管道、不同的檢索方式、不同的檢索指令，而且相當分散，彼此缺乏整合，帶給使用者相當不便。所以，必須瞭解各類教育資訊資源的使用方式及指令，否則將浪費很多的時間和心力。目前國內重要教育資訊資源機構或各大學都有圖書館人員服務，若是不太熟悉使用方式，可請求專業協助。

四、整理蒐集資訊資源內容

蒐集教育資訊資源是相當辛苦的事，然而所蒐集的資料如果未能善加整理，則等於做了一半，無法發揮資料的作用。所以，必須將所蒐集的資料加以整理分類，以供研究或其他用途。一般人常會覺得蒐集到相當多的資料，但經過整理之後常發現適用或合用的資料有限，這是很正常的現象，不必氣餒，也不必灰心。基本上，若是本身有知

識管理的素養，對於資訊資源的整理歸類具有很大的助益。

五、利用資訊資源改進實務

教育資訊資源不是為資料蒐集而蒐集，應該是為了改進實務而蒐集。因此，教育工作者從事教育資訊資源的蒐集，應該將所蒐集到資訊資源，轉化為有用的知識，並用來改進教學或行政實務。惟有如此，才能彰顯教育資訊資源的價值。值此知識管理受到重視的時代，教育資訊資源更是知識管理的內涵之一，若能有效運用教育資訊資源，將有助於教育實務的改進及教育效果的提升。

六、擴大資訊資源知識分享

教育資訊資源的有效利用，可說是一件益己利人的工作，一方面能夠豐富自己的教育內涵，一方面能夠與他人分享知識習得的喜悅。因為將所得到教育資訊資源，加以整理之後，與同事們相互分享，的確是令人愉快之事。然而，教育資訊資源的分享，需要校長和主任們的激勵與倡導，當然學校如能提供知識分享的時間和空間、氣氛與文化，對於知識分享也是一股助力。

附　註

註一：Griffin, R. W. (1990). *Management*. Houghton Miffin, p. 599.

註二：Robbins, S. P. & Coulter, M. (2002). *Management* (7th ed.). Upper Saddle Prentice-Hall, p. 231.

註三：秦夢群（2003）。教育行政─實務部分，第 294-295 頁。

註四：Senge, P. M. (1990). *The fifth discipline: The art & practice of learning organization*. Currency Doubleday, p. 6-10.

註五：吳清山、蔡菁芝（2002）。國民中小學學校社區化的重要理念與實施策略，教育資料集刊，第 27 期，第 158 頁。

註六：陳昭珍、林珊如、蘇諼、林麗娟（2000）。資訊資源管理。國立空

中大學。

註七：謝雅惠（2002）。教育資訊資源整合之研究—以臺北市國民小學爲例。臺北市立師範學院國民教育研究所未出版碩士論文，第15-16頁。

摘　要

・教育資源係指教育上可用的有形和無形資源，有形的資源包括財政、人力和設施，無形的資源包括歷史、文化、政策、作品、聲望。無形的教育資源較難測量，而且是日積月累而成。

・教育資源的功能具有三項功能：一、確保教育事務順利運作。二、達成教育目標重要手段。三、促進教育持續發展動力。

・教育經費係指中央及地方主管教育行政機關與所屬教育機構、公立學校，由政府編列預算，用於教育之經費。

・我國教育經費來源，主要有五大類：一、賦稅收入。二、學費收入。三、捐獻收入。四、借貸收入。五、營運收入。

・政府辦理國民教育所需經費，由直轄市或縣（市）政府編列預算支應，財源如下：一、直轄市或縣（市）政府一般歲入。二、直轄市或縣（市）政府依平均地權條例規定分配款。三、為保障國民教育之健全發展，直轄市或縣（市）政府，得依財政收支劃分法第十八條第一項但書之規定，優先籌措辦理國民教育所需經費。

・教育經費運用應該遵循下列三項原則：一、優先原則。二、績效原則。三、彈性原則。

・廣義的學校人力資源，應該包括教職員工生及家長的人力，狹義的人力資源，則只限於教職員工及家長的人力，不包括學生的人力。教職員工及家長的人力充分發揮，有助於提供學生優質的學習環境。

・學校人力資源的有效運用，計有下列的策略：一、建立學校整體性人力資料庫。二、系統規劃學校人力進修研習。三、塑造學校成為學習型的組織。四、整合學校各種人力資源力量。五、評估學校人力資源運用效果。

- 社區資源，顧名思義，即為社區所擁有的有形資源和無形資源，有形資源包括：名勝古蹟、建築文物、社區人力……；無形資源包括社區文化和特色等。社區資源的種類，可分為四大類：一、人／人力資源。二、物力資源。三、組織資源。四、自然資源。

- 學校社區資源的功能，主要有三項：一、豐富學生學習內涵。二、發展學生社區意識。三、促進學校社區交流。

- 學校有效運用社區資源，主要有下列策略：一、調查社區現有資源，瞭解社區資源現況。二、建構社區資源網路，提供未來運用參考。三、結合社區資源內容，擴展學生學習內涵。四、發展社區親密關係，共構學生學習環境。

- 教育資訊資源是由「資訊資源」發展出來，可以界定為教育中可利用的各種知識與訊息的材料，它包含了教育內部的資訊資源（如：學校內部的文件和著作）和教育外部的資訊資源（如學校外部所蒐集到的各種資料）。而教育資訊資源透過各種載體，以各種語言、文字、符號、圖表或影像來記錄，具有下列各種不同的類型：一、以記錄方式和載體型式而言：可分為書寫型、印刷型、微縮型、機讀型及視聽型。二、以資料內涵及出版型式而言：可分為一般圖書、期刊、報紙、教學活動設計、研究報告、研討會資料、學位論文、政府文件及網路資源、各校網站。

- 有效運用教育資訊資源的途徑，計有下列六項：一、確立蒐集資訊資源目的。二、瞭解各類資訊資源來源。三、熟悉資訊資源取得方式。四、整理蒐集資訊資源內容。五、利用資訊資源改進實務。六、擴大資訊資源知識分享。

💡 評量題目

一、何謂教育資源？其功能何在？

二、教育經費來源有哪些？有效的教育經費運用包括哪些原則？

三、學校的人力資源包括哪些？如何有效加以運用？

四、學校有哪些社區資源可資利用？一位教師教學時，如何有效運用社區

資源？

五、教育資訊資源，依其記錄方式和載體型式而言，可分為哪幾種類型？

六、教育資訊資源相當豐富，如何有效運用？

◆ 教育小故事

愛心媽媽

　　杜媽媽自從孩子就讀國小以後，就開始擔任學校愛心媽媽的工作，接著老二、老三也繼續讀國小，一轉眼，就十二年了，從未間斷，真是不簡單。

　　杜媽媽擔任學校志工，從不計較，先後擔任圖書館志工、輔導志工、交通導護志工等，有人問杜媽媽：「你是何種趨力，讓你無怨無悔從事這麼多年的工作？」

　　「歡喜做，甘願受，只求付出，不求回報，樂在其中。」杜媽媽不疾不徐的回答。

　　學校為了感謝杜媽媽的付出及對學校的貢獻，校長特別在校慶典禮當天頒發獎牌一面，寫著：「愛心無限，功在學校」。

　　杜媽媽接到獎牌之後，只簡單講了一句話：「心中有愛，教育無礙」，多麼富有哲理。

◆ 個案研討

學期報告資料哪裡找

　　「同學們，不要忘了學期書面報告，不得少於三千字，學期結束後一周繳，逾時不候。」王老師再次提醒。

　　「老師，有沒有限定哪些題目？有沒有統一格式？」方同學

問著。

　　「題目自訂，惟必須與修習內容有關，寫作格式請參考 APA 格式。」王老師明確回答。

　　這時同學交頭接耳，好像有問題似的。

　　「其實，寫學期書面報告，說容易很容易，說難也很難，但不能閉門造車，必須掌握訣竅。」同學一聽之下，趕快舉手發問。

　　「老師，什麼訣竅？」

　　「訣竅就是多上網找資料，多去圖書館找資料，將資料加以整理歸類並融會貫通，學期書面報告一點也不難。」王老師回答。

思考問題

一、王老師所言的 APA 格式，究竟是指什麼？

二、你在搜尋寫作參考資料時，曾遭遇哪些問題？

三、你如何有效找到你寫文章所需之參考資料？

第十三章

教育的研究方法

 學習目標

一、熟悉教育研究法的意義、類
　　型、過程、變項以及其他相
　　關問題。

二、瞭解教育研究計畫的意義、
　　功能、形式和內容。

三、熟知參考文獻的寫作格式。

四、明瞭研究報告的格式和撰寫
　　原則。

教育需要不斷研究，才能促進教育進步與發展。身為教育人員，對於教育研究方法，必須有所瞭解，也才能帶動教育的革新。

本章分別就教育研究法基本概念、研究計畫與報告撰寫格式，和參考文獻撰寫格式說明之。

⋯⋯⋯⋯ 第一節　教育研究法的基本概念 ⋯⋯⋯⋯

🌸 壹、教育研究法的意義

「研究」一詞，就其中文字義而言，「研」字本義磨字，以石磨物、細磨等之意，後來引申為「究」；至於「究」有探究之意，亦即：對事務細心探求。在《辭海》乃將「研究」解釋為：「用嚴密之方法探求事理，冀獲得一正確之結果，謂之研究。」

其次究其英文字義而言，「研究」稱之為 research，係由 re ＋ search 兩字，「re」有「再」的意思，「search」即為「尋找」之意，合而言之，即為「再深入探究」的意思。故在《韋氏新國際辭典》將「研究」解釋為：「嚴密的探索、考驗或調查，以發現新的事實、理論或法則。」

由此可知，「研究」可定義為：運用客觀、有系統的方法，去探求各種事理或現象，以發現事實、建立原則或解決問題。

基本上，教育研究乃是以「教育」為研究的對象和主體，「研究」則為瞭解教育現象的方法，簡而言之：透過研究的方式，來瞭解教育事理。所以，教育研究法可視為：「運用一套客觀而有系統的方法，去探究教育的本質、現象、活動或問題等方面，藉以瞭解教育現象、發現事實、建立理論或解決問題。」

貳、教育研究法的類型

研究之類型，要做一個明確的區分，是很難的一件事。若依其研究目的而言，研究之類型，依其功能主要可區分為基礎研究（basic research）、應用研究（applied research）和評鑑研究（evaluation research），茲說明如下：

一、基礎研究

它主要目的在於獲得驗證性的資料，用來形成、發展或評估理論，並不以解決問題為導向，所以基礎研究所關心的在於發現事實、擴充知識或建立法則，常常在實驗室進行。

二、應用研究

它主要目的在解決實際問題，是故在實際的問題情境中來考驗理論的概念。當然，這種區分方式，仍不夠周延。事實上，應用研究仍須以基礎研究為依據，而基礎研究有時是應用研究的前導工作。

三、評鑑研究

它主要目的係針對特定現場的特定教育措施，依特定的標準來評估其優劣得失或成敗（註一）。例如：針對九年一貫課程的實施，依特定標準評鑑其效果，以瞭解是否達成目標，此即為評鑑研究。

目前教育研究法的分類，各家說法不一，茲說明如下：

(一) 二分法

1. 量的研究（quantitative research）

蒐集具有數據的資料，用統計的方法加以分析和解釋，以瞭解事實或變項之間的關係。

2. 質的研究（qualitative research）

觀察自然情境中的人或事，將所得的資料用文字描述的方式呈現，以瞭解在特定情境中對人或事的影響。

(二) 三分法

1. 歷史研究（historical research）

分析或解釋過去所發生的現象，藉以發現並瞭解過去，及過去對現在的啟示，甚至預測未來。

2. 敘述研究（descriptive research）

描述或解釋目前所存在的現象和事實，藉以瞭解或改進現況，又可分爲：調查研究法、發展研究法、相關研究法等。

3. 實驗研究（experimental research）

在控制情境中，研究者操弄一個或以上之自變項，藉以瞭解對依變項的影響。

(三) 四分法

將三分法中的敘述研究又分爲量的敘述研究和質的敘述研究兩類。

(四) 五分法

依三分法中的分類，另加事後回溯法和質的研究兩種。其中事後回溯法（causal-comparative）係指在現象發生過後，用追溯的方式探求此種現象的有關因素，研究者無法操弄自變項。

教育加油站

教育行動研究

教育行動研究（action research）係指教育人員在實際的教育情境中，針對自身的問題，從事研究，以理解問題的性質、來源，進而提出改進策略，以謀求問題解決的一種彈性、循環的過程。

由於教育問題相當複雜，單靠一個人的力量進行研究，效果較為有限，最好能夠集合一群志同道合者進行研究，效果較佳。若是一個人想獨立進行研究，最好也能夠尋求資源，由專家協助和指導下進行研究，可以解決一些研究方法上所遇到的困難。

一位教育人員要進行行動研究，基本上要掌握 6W：Why、What、Who、Where、When、How，才能釐清研究重要內涵。

· Why：為什麼要進行研究這個題目，理由何在？亦即行動研究的原因。
· What：題目選定之後，就要思考要研究哪些問題？亦即行動研究的內容。
· Who：誰是行動研究對象，可能是一個人，可能是一個班級，可能是一所學校，也可能是一個方案。
· Where：我們在哪裡進行研究，班級或學校？
· When：我們從什麼時候開始進行研究，研究需要多長時間？
· How：我們如何進行研究設計，如何蒐集資料？

參、教育研究的過程

教育研究正如其他研究一樣，經常需要遵循一定的步驟或程序進行，才能使研究順利進行及得到正確的研究結果。一般在進行教育研究時，大都依下列步驟進行：

一、界定研究問題

它是進行研究的第一個步驟，也是很困難的過程。一般而言，在界定問題時，必須考慮可行性（容易實施）、明確性、重要性及顧及倫理性（不傷害研究對象）。

二、蒐集相關文獻

根據所界定的題目，積極進行相關文獻的蒐集及閱讀，藉以瞭解過去相關研究的情形，而且有助於未來研究設計的釐訂，文獻探討最大好處之一，就是不會讓自己憑空想像。

三、建構研究假設

研究假設是研究問題暫時性的答案，它常常涉及到重要的研究變項。因此，在假設所提到的變項，為求清楚明確，必須進行概念性定義和操作性定義。

四、釐訂研究設計

研究設計是研究的核心所在，它通常包括：研究對象的選擇、研究工具的選擇或設計、研究變項的操弄、資料分析方法、資料蒐集方式等。

五、從事資料分析

一旦研究資料蒐集齊全，緊接著利用適當的統計方法進行分析，以瞭解實際研究結果及考驗假設。

六、撰寫研究報告

它是研究過程最後的步驟，報告撰寫架構講求嚴謹，目次、表次、圖次都不能省略，文字表達力求通暢，結果分析不做過度推論，建議宜根據研究結論，不做泛泛之建議。

肆、教育研究的變項

一、變項的意義

變項（variable）代表人或事物的特徵，它具有各種不同的數值（value），例如：性別、高度、教學方法、認知能力……。

二、變項的類型

(一) 自變項與依變項

自變項是研究者操縱的變項，可以瞭解對另一變項的影響，又稱原因變項。依變項是受自變項影響的變項，又稱結果變項。例如：智力對學業成就的影響，其中「智力」是自變項，而「學業成就」是依變項。

(二) 連續變項與類別變項

連續變項是具有順序數值的變項，又稱數量變項，例如：智力、成績……；類別變項係以類別為其特徵的變項，沒有數量或程度的差異，只有質的差異，例如：性別、種族……。

(三) 控制變項與混淆變項

控制變項是研究者加以控制，避免對結果的影響；混淆變項則是研究者未能控制的變項。

其他常見變項的名稱，例如：中介變項（是指研究者無法直接觀察、測量或操縱的因素，但會影響自變項與依變項的關係，如：動機、焦慮）、調解變項（本質上是屬於自變項，一般將之稱為次級自變項，研究者可以加以測量、操縱、選擇，以發現自變項對於所觀察的現象是否具有調解作用）。

三、研究變項的定義

在研究過程中，為使研究明確，以及讓別人容易理解，必須在研究內容中所使用變項或名詞，加以界定清楚，所以在一篇完整的報告或論文中，經常有「名詞釋義」（definition of terms）這一部分。

變項之界定，主要有兩類：一是概念性定義（conceptual definition）；另一是操作性定義（operational definition）。茲分別說明如下：

(一) 概念性定義

對於變項，僅就字義上或學理上解釋其意義。一般字典上的解釋，即屬於概念上定義，例如：「創造力」是指一個人流暢、變通、獨特和精進的能力；「自尊」是指個體對自己價值觀的感受。就概念性定義而言，它無法直接觀察，所以意思較為模糊。

(二) 操作性定義

對於變項，採用可觀察、可測量或可操作來加以界定其定義，所以很明確。一般而言，這種操作性定義常常是研究者自己的意思，但仍必須有理論作為基礎，方為有效。例如：「創造力」可界定為：「一個人在拓思創造力測驗上所得的分數」；「自尊」可界定為：「受試者在自尊量表上所得的分數」。

在撰寫論文時，其中「名詞釋義」這部分中常常先寫概念性定義，然後再寫操作性定義。

🌼 伍、教育研究問題與假設

在教育研究過程中，一旦確定研究題目之後，接著要從研究的動機和目的發展出研究的問題，然後再從研究問題中提出研究假設，所

以研究目的、研究問題和研究假設三者關係是環環相扣。

　　一般而言，敘述研究問題時，應該清楚明確，最好採用問句方式呈現，例如：智力和學業成就關係如何？校長領導風格是否因不同性別而有差異？等。

　　問題確定後，開始提出假設，它是一種猜測，也是問題暫時性的答案。假設主要有兩類：一種是研究假設（research hypothesis）又稱科學假設（scientific hypothesis）：係指對未來的研究結果，做一種肯定性的陳述，例如：智力和學業成就具有正相關。另一種是虛無假設（null hypothesis）又稱統計假設（statistical hypothesis）：係指對未來的研究結果，做一個否定的陳述，例如：智力和學業成就無相關。所以，在「虛無假設」都用「無相關」、「無差異」、「無影響」的形式陳述之，這種大都用在推論統計的假設考驗。

　　一般的研究論文報告中，大都採用研究假設，虛無假設採用者較少，在一篇嚴謹的論文中，研究問題與研究假設是論文不可或缺的要項之一。

陸、教育研究的倫理

　　教育研究的主要對象，是以人為主。因此，在進行以人為研究對象時，應該遵循一定的規範，避免因學術研究而忽視受試者的安全與權益，這就涉及到研究倫理（ethics）的問題。

　　一般談到研究倫理時，首先會想到一個問題：「我的研究結果是否對個人有任何心理或生理的傷害呢？」的確，沒有一位研究者希望會發生此種事情。

　　所以，一位研究者進行研究時應該考慮下列四個原則：㈠ 尊重參與者的意願，任何一位研究者，不能強迫個人作為自己的研究對象；㈡ 個人是否參與研究，都有說「不」的權利；㈢ 研究者一定要尊重當事者的意願；㈣ 即使研究對象中途退出，研究者也不可給予

任何傷害。

其餘尚須注意之原則有：

一、保護參與者避免受到傷害

任何以人為研究對象時，保護參與者避免受到傷害或任何不愉快之事，應是每位研究者的責任；萬一研究有危險性，亦應清楚明確告知參與者，並且要求正式填寫同意書。

二、確保研究資料隱密性

研究者所蒐集到的資料，不能讓無關的第三者接觸到；若是資料上有參與者的名字，最好將其塗掉，未來出版時，更不能把參與者的名字寫出來，以保護參與者的隱私權。

三、不能欺騙參與者

在進行研究之前，研究者在適當時機，向受試者說明研究性質、目的及程序，並取得受試者的合作；當然，有些研究基於研究需要（譬如：實驗組與控制組），不能明白告知受試者，若有所隱瞞，也要有教育的價值。

若是以兒童為研究對象，最好也能遵循下列原則：

㈠徵求家長或監護人的同意。

㈡研究者不能以諮商人員或診斷人的身分將研究結果告知家長或監護人；而且也不能私自秘密告訴學生。

㈢兒童不能被強迫參與研究。

㈣任何形式的報酬，不得違反研究倫理原則。

············· 第二節　研究計畫內容和格式 ·············

壹、研究計畫的意義

研究計畫（research proposal 或 research plan）係研究者在研究過程中所草擬的書面計畫（written plan）。它就像一位建築師所畫的藍圖一樣，作為未來執行參考依據。

貳、研究計畫的功能

一、準備的功能

研究者事先構思研究題目、進行方式、範圍及限制，將來實際進行研究前有一個心理的準備。

二、引導的功能

研究計畫事先擬好研究方法、設計與實施，提供未來實際進行研究的方向。

三、溝通的功能

提供研究者與他人溝通的機會，藉以修正研究計畫，使研究計畫更具可行性。此外，亦可用來爭取研究經費補助。

參、研究計畫形式和內容

一、量的研究

(一)緒論
　　研究動機與目的
　　研究問題與假設
　　名詞釋義
　　研究範圍與限制
(二)文獻探討
　　理論基礎
　　相關研究
(三)研究方法
　　研究架構
　　研究對象
　　研究工具（或材料）
　　研究程序
　　資料處理
(四)預期效益
(五)研究進度
(六)研究經費預算＊
(七)研究人員＊
(八)參考文獻
＊申請政府經費補助或其他單位經費補助適用之。

二、質的研究

(一)緒論
　　問題敘述

問題重要性

研究目的

待答問題

名詞釋義

研究範圍與限制

㈡ 文獻探討

㈢ 研究方法

場所選擇

研究角色

研究取樣

資料蒐集策略

資料分析

㈣ 預期效益

㈤ 研究進度

㈥ 研究經費預算 *

㈦ 研究人員 *

㈧ 參考文獻

＊申請政府經費補助或其他單位經費補助適用之。

肆、研究計畫評鑑

一、研究題目方面

範圍是否太大？是否具體可行？

是否有價值？是否有助解決教育問題或建立教育理論？

二、研究問題方面

是否明確提出待答問題或研究問題與假設？

研究問題中之主要變項或名詞是否界定清楚？

研究問題之範圍與限制是否清楚？

三、文獻探討方面

文獻是否切合研究主題？

重要文獻是否包括在內？

探討是否有系統有條理？

是否從文獻中發展研究概念架構？

四、研究方法方面

研究方法是否適切？

研究對象或抽樣是否說明清楚？是否合理？

研究工具是否考慮信度和效度？

研究過程是否說明清楚？

資料蒐集程序是否明確？

資料之分析或統計方法是否適當？

五、其他方面

文字是否清楚流暢？

組織結構及章節是否適當？

人力配置是否合理？*

經費預算編列是否合理？*

＊係指向有關單位申請經費補助適用之。

第三節　參考文獻的寫作格式

資料引用在一篇論文中，是相當重要的一件工作；它不僅提供研究立論的基礎，而且亦可供讀者查證之用。故在一篇較為嚴謹的論

文，必須完整註明所引用資料來源，以代表作者誠實與負責的態度。

　　目前，國內各學術研究刊物為利於稿件編輯，和提升學術研究水準及品質，都會要求作者依一定格式撰寫參考文獻或書目。由於國內教育與心理學界尚未發展一套共同遵循的格式，故大都採用美國心理學會（American Psychological Association, APA）出版手冊（*Publication Manual*）所用格式（註二）。因此，本文所介紹格式，主要是參酌 APA 格式，讀者有興趣的話，可進一步參考潘慧玲（2004）出版的《教育論文格式》一書或林雍智（2021）出版的《教育學門論文寫作格式指引：APA 格式第七版之應用》一書。

◈ 教育小百科

APA 格式

　　APA 格式是美國心理學會所出版，當初旨在規範該學會所屬旗下刊物的寫作格式，包括：資料的引用和參考文獻的撰寫方法，以及表格、圖表、註腳和附錄的編排方式，後來很多心理學門和教育學門參考應用。目前國內教育學門，除了教育哲史等領域外，大都遵循 APA 格式。

　　APA 格式起源於 1929 年，當時只有 7 頁，刊登於《心理學期刊》（*Psychological Bulletin*），後來在 1944 年首次發行出版手冊（*Publication Manual*），就是第一版，後來每隔一段時間修正，1974 年的第二版、1983 年的第三版、1994 年的第四版、2001 年的第五版、2009 年的第六版，到了 2019 年已經是第七版了。

資料來源：American Psychological Association (2020). *Publication manual*. Author.

壹、參考文獻寫作格式

作者在撰寫論文時,最常引用的資料有:書籍、雜誌期刊、學位論文、會議文章專門及研究報告、報紙和網路資料,茲列舉參考文獻寫作格式如下:

一、圖書類

參考文獻所引用之圖書類,主要有一般專書、編輯書、文集書、機構出版書、翻譯書、百科全書等,茲說明如下:

(一) 專書類

參考文獻若是專書時,中文書名採黑體字,英文書名採斜體字,其他則是採一般字體;至於英文書名之寫法,除第一個字需大寫外,其餘字均採小寫,在 APA 第七版中規定,文獻來源有 DOI,則需列在該筆文獻之後,無者免列,此外,書籍類的出版地點不必列出,只列出出版社即可,其格式如下:

作者(出版年代)。書名。出版社。

例子:
〔中文〕
林生傳(2003)。**教育研究法─全方位統整與分析**。心理。
〔英文〕
McMillan, J. H. (2011). *Educational research: Fundamentals for the consumer*. Pearson.

(二) 編輯書類

參考文獻若是編輯書時,必須於作者之後註明主編等字,中文書

名採黑體字，英文書名採斜體字，其他則是採一般字體；至於英文書
名之寫法，除第一個字需大寫外，其餘字均採小寫，其格式如下：

作者（主編）（出版年代）。書名。出版社。

例子：

〔中文〕

洪若烈主編（2012）。**國民中小學各類課程內涵與取向分析**。
國家教育研究院。

〔英文〕

Darling-Hammond, L., & Sykes, G. (Eds.) (1999). *Teaching as the
learning profession: Handbook of policy and practice.* Jossey-
Bass.

(三) 文集類

參考文獻若是文集類時，屬於多人作者時，而只引用其中一章
時，先寫出索引用的作者及章名，再寫出主編及書名，書名後面並註
明所引用章名的頁數。其中文書名採黑體字，英文書名採斜體字，其
他則是採一般字體；至於英文書名之寫法，除第一個字需大寫外，其
餘字均採小寫，其格式如下：

作者（出版年代）。章名。載於○○（主編）。書名（章名頁
數）。出版社。

例子：

〔中文〕

何卓飛（2012）。新世紀提升大學競爭力工程—邁向頂尖大
學計畫。載於吳清基主編：**開創教育新境界**（第 210-240
頁）。師友。

〔英文〕

Guskey, T. R. (2007). Formative classroom assessment and Benjamin S. Bloom: Theory, research, and practice. In J. H. McMillan (Ed.), *Formative lassroom assessment: Theory into practice* (pp. 63-78). Teachers College Press.

(四) 機構出書類

參考文獻若是屬於機構出版的專書，中文書名採黑體字，英文書名採斜體字，其他則是採一般字體；至於英文書名之寫法，除第一個字需大寫外，其餘字均採小寫，其格式如下：

機構名（出版年代）。書名。作者。

例子：
〔中文〕
教育部（2011）。**中華民國教育統計**。作者。
〔英文〕
American Psychological Association (2009). *Publication manual of American Psychological association* (6th ed.). Author.

(五) 翻譯書類

參考文獻若是屬於翻譯書，國內並無統一做法，綜合各版本之寫法，以林天祐所提格式，較為適切，先註明中文翻譯者，以及譯本年代，接著寫出書名採黑體字，並於書名後列出原作者。最後將譯本出版地點及出版商和原作者年代列出，若無原作者年代，則省略。其格式如下：

譯者（譯）（譯本出版年代）。書名（原作者）。譯本出版社
（原著出版年代）。

例子：
張善楠譯（2008）。**大學教了沒？哈佛校長提出的 8 門課。**
　　（原作者：D. Bok）。天下（原著出版年：2005 年）。

㈥百科全書類

　參考文獻若是百科全專書時，宜註明主編，其中文書名採黑體
字，英文書名採斜體字，其他則是採一般字體；至於英文書名之寫
法，除第一個字需大寫外，其餘字均採小寫，其格式如下：
　○○主編（出版年代）。書名。出版社。

例子：
〔中文〕
賈馥茗（主編）（2000）。**教育大辭書。**國立編譯館。
〔英文〕
Dunkin, M. J. (Ed.) (1987). *The international encyclopedia of
　teaching and teacher education.* Pergamon.

二、雜誌期刊類

　參考文獻若是屬於雜誌期刊時，先寫出作者及出版年代。接著寫
出章名及雜誌或期刊名稱，最後列出卷期數及頁數，其章名採一般字
體，惟中文雜誌名或期刊名採黑體字；英文雜誌名或期刊名採斜體
字，若是包含卷期的話，則卷採黑體或斜體即可，期依一般字體撰
寫，若是只有期無卷，則期採黑體或斜體。至於英文雜誌或期刊名稱

之寫法，除了介詞外，所有字均需大寫，倘若該筆文獻有 doi，則需加以列出。其格式如下：

作者（出版年代）。文章名稱。雜誌或期刊名稱，卷期，頁數。

例子：

〔中文〕

王如哲（2012）。當前教育行政研究趨勢分析：資料探勘樹之應用。**教育行政研究**，**2**（1），1-20。

〔英文〕

Halling, P. (2005). Instructional leadership and the school principal: A passing fancy that refuses to fade away. *Leadership and Policy in Schools, 4*, 1-20.

Tem, S., Kuroda, A. & Tan, K. N. (2020). The importance of soft skills development to enhance entrepreneurial capacity. *International Educational Research, 3*(3), 1-7. https://doi.org/10.30560/ier.v3n3p1

三、學位論文類

參考文獻若是學位論文時，中文論文名稱採黑體字，英文書名採斜體字，其他則是採一般字體，由於英語系國家之大學甚多，撰寫參考文獻時，均須列出該大學之所在地，以幫助瞭解；至於中文學位論文則並不統一，其格式如下：

作者（通過年代）。論文名稱（未出版博、碩士論文）。學校別，地址。

例子：

〔中文〕

王令宜（2011）。**我國高等教育品質保證體系建構之研究**（未
　　出版之博士論文）。臺北市立教育大學，臺北市。

〔英文〕

Cook, J. W. (2011). *Examining leadership styles in ten high poverty
elementary schools* (Unpublished doctoral dissertation).
Loyola University Chicago, Chicago, IL.

四、會議文章類

　　參考文獻若是會議文章時，除作者之後增加年月之外，中文論文
名稱採黑體字，英文論文名稱採斜體字，其他則是採一般字體，並於
論文名稱之後註明會議名稱及會議地點，若研討會無主持人，則可省
略，其格式如下：

　　作者（發表年月日）。文章名稱。研討會主持人（主持人）。會
議名稱，會議地點。

例子：

〔中文〕

楊振昇、劉仲成、劉源明（2011 年，12 月 3 日）。**探討政府
　　組織改造之中央教育行政組織結構與運作發展之願景**〔論
　　文發表〕。吳清山（主持人），2011 建國百年教育百持竿
　　頭學術研討會，中臺科技大學。

〔英文〕

Wu, Ching-Shan & Chen, Jung-Cheng. (2012, May, 3). [paper
present] *A study on key performance (KPIs) for basic education*

in Taiwan. International Conference Innovation Research in a Changing and Challenging World, Phuket, Thailand.

五、專門及研究報告類

參考文獻若是屬於專門及研究報告時，先寫作者和年代，接著寫報告名稱及註明委託單位名稱和編號，若無編號則可省略，中文報告名稱採黑體字，英文報告名稱採斜體字，其他則是採一般字體，其格式如下：

作者（年代）。報告名稱。○○研究成果報告（編號：xxxx），未出版。

例子：

〔中文〕

張鈿富（2010）。**文化因素、PISA 科學、閱讀表現與態度關聯之研究（I）**。行政院國家科學委員會專題研究計畫成果報告（NSC 99-2410-H-260-046-），未出版。

〔英文〕

Hallinger, P., Lu, J. F., & Liu, X. Q. (2011). *NPQH Redesign: Analysis of MBA/MPA Management Education Programmes*. UK: National College for Leadership of Schools and Children s Services.

六、報紙類

撰寫論文時，有時候會引用到報紙資料，其中有作者之報導和沒有作者之報導寫法不一樣。有作者，其格式為：作者（出版年，月

日）。文章標題。報紙名，版別或頁碼。無作者為：文章標題。（出
版年，月日）。報紙名，版別或頁碼。若是取自網路資料，則須列出
資料來源。

例子：
〔有作者之報導〕
阮筱琪、楊惠芳和洪素蓉（2020 年 8 月 27 日）。教師月謝師
　　恩　雙北贈禮券、送優惠。國語日報，15。
林曉雲（2020 年 8 月 23 日）。全台一半縣市都有新生 1 人
　　學校。自由電子報，https://news.ltn.com.tw/news/life/
　　paper/1394813
Portnoy, L. (2020, Jul.31). Coronavirus: Remote learning turns
　　kids into zombies because we're doing it all wrong. *USA
　　Today*. https://www.usatoday.com/story/opinion/2020/07/31/
　　covid-19-education-online-learning-tools-classroom-
　　column/5503493002/
〔沒有作者之報導〕
師資難覓　關鍵在師培（社論）。（2020 年 8 月 25 日）。國
　　語日報，綜合新，2。
做好境外生返台防疫措施（社論）。（2020 年 8 月 22 日）。
　　人間福報。https://www.merit-times.com/NewsPage.
　　aspx?unid=595165
One-party rule versus democracy (Editorial) (2020, Aug, 25).
　　Taipei Time, 8. Should you get coronavirus test? (Editorial)
　　(2020, Aug, 13). The New York Times. https://www.nytimes.
　　com/2020/08/16/opinion/us-coronavirus-testing.html

七、網路資料類

隨著網際網路之發展，撰寫文章引用網路資料愈來愈普遍，其參考文獻寫法大致與一般格式相似；此外，所查網路資料有日期，則註明年代；如所查網路資料無日期，在年代部分中文註明（無日期），而英文則註明（n.d.），其格式如下：

作者（年代）。章名。網址。

例子：
〔中文〕
張郁雯（2012）。**學習進展：形成性評量與總結性評量之整合架構**。http://study.naer.edu.tw/UploadFilePath//dissertation/1029_04_04vo1029_04_04.pdf
〔英文〕
SDEL (n.d.). *Professional learning communities: What are they and why are they importan?* http://www.sedl.org/change/issues/issues61/beginnings.html

以上僅就常用參考文獻之寫法，作扼要說明，對於初學者應有所裨益。事實上，參考文獻之寫法，亦是相當複雜，讀者如需進一步研究，可參閱 APA 的出版手冊或者有關教育研究法書籍。

貳、撰寫參考文獻常犯的毛病

不管初學者或研究生撰寫一篇論文時，在引用文獻和撰寫參考文獻常常出現下列毛病：

一、內文引用別人資料，參考文獻未列出

　　撰寫一篇論文不是在寫小說、詩歌，或散文，它多多少少會引用別人資料，基於學術研究道德，作者都會把所引用資料列在參考文獻，以示負責，並供讀者查證之用。觀之國內部分論文或研究生學位論文，常常發現內文中引用別人資料，可是在參考文獻卻找不到，導致讀者很難判斷其所引用資料的真假或適當性，非常不利於學術研究發展。因此，凡是在文中引用到資料，不管是中文或英文，一定要在參考文獻列出。

二、引用二手資料，當作一手資料處理

　　一般而言，引用資料最好是一手資料或原始資料，國內部分作者在撰寫論文時，由於未能找到一手資料，只好將所看到的二手資料當作一手資料處理。最明顯的例子，莫過於作者所引用英文資料，在國內是找不到，內行人一看即知，可是作者在某一本書看到，乃照章引用過來。當然，二手資料不是不能引用，萬一要引用時，最好註明來源。例如：你引用 Hersey 和 Blanchard（1993）的情境領導理論，是在吳清山的《學校行政》一書中看到；而你沒有看到 Hersey 和 Blanchard 的原著，最好撰寫如下：

　　根據 Hersey 和 Blanchard 情境領導理論的準備度，包括成員的能力和意願（引自吳清山，2001）。

　　這種撰寫方式，讓讀者瞭解你所引用資料是二手資料，讀者如需進一步瞭解，可再查閱吳清山所著的《學校行政》。

三、文末參考文獻，未能依姓氏筆畫列出

　　在撰寫參考文獻時，中文文獻依作者姓氏筆畫順序排列，若姓氏

筆畫相同，則以名字筆畫少者排在先，筆畫多者排於後；英文文獻依
作者姓氏字母順序排列。部分論文卻未能遵循此一原則，一般最容易
混淆之處，乃是英文姓名，部分作者看了英文名字，很難判斷何者是
姓名（name），何者是名（first name）。為了幫助讀者理解，茲舉
一例，以供參考：

> John W. Best，其中姓是 Best，名字是 John；至於 W. 是中名（現
> 代歐美人姓名夾在姓與名之間）。當然，英文名字亦可寫成：Best,
> John W.。注意逗號（，）前面是姓氏。

參考文獻之寫法，屬於技術層面問題，這種技術對於論文品質仍
是相當重要，一篇優良的論文，是不會忽略參考文獻的格式。讀者如
需對教育論文格式有更進一步瞭解，可參閱林雍智著的《教育學門論
文寫作格式指引：APA 格式第七版之應用》。

第四節　研究報告的格式和撰寫

研究報告的撰寫是研究過程中最重要的一部分，它必須掌握一定
的撰寫原則與技巧，才能有效地表達報告內容。一份研究報告內容必
須讓別人能夠清楚瞭解，則才有價值。事實上，研究報告的撰寫，涉
及到一些學術上的專業，所以必須遵守學術論文的規範。

壹、撰寫報告的一般原則

一份研究報告是屬於科學的文獻，它不是一篇小說或散文。所以
在寫作時，不能過於主觀或使用一些情緒上的字眼等現象。它必須以
一種精確、清晰、簡單、客觀、直截了當的方式陳述報告內容，忠實

的呈現研究結果。

　　吳明清（註三）曾指出撰寫研究報告時，宜遵守下列原則：

一、撰寫研究報告要及時，在研究資料之蒐集及分析工作完成後立即進行。若拖延時日太久，一則動機可能減弱，二則可能遺忘重要的相關資料，均有不利的影響。

二、在撰寫研究報告之前，宜全盤規劃報告內容與結構，使綱目清晰、結構均勻、內容周延。

三、撰寫研究報告時，態度要客觀，以事實為依據，避免主觀情緒與意見的影響，故遣詞用句以「中性」為原則。

四、研究報告中的用語要明確，但不武斷。對於事實資料的報導絕不可模稜兩可；但對於意見、解釋，以及結論的陳述，宜留有彈性，避免極端主張。

五、研究報告中表達觀念及陳述意見時，要合乎邏輯順序，避免支離破碎。

六、研究報告宜用過去時態，儘量避免使用第一人稱；名詞的使用必須前後一致。

七、在研究報告中如須引用人名時，直稱姓名即可；若引用外國人名時，行文中列出姓氏（last name）即可，但在附註及參考文獻中須列出全名。如需引述機構或組織名稱時，宜避免縮寫或簡稱。

　　上列七點，在寫作時頗具參考價值；但對於第七點所指出：「若引用外國人名時，行文中列出姓氏（last name）即可。」則可能有不同看法；由於外國人名姓氏一樣甚多，一篇論文中若只列出姓氏，極易造成混淆，所以一般在引用外國人名（無年代時），都會把姓名一起列出；若是外國人名後面還有年代者，則只須列出姓氏即可，例如：Gay（1988），因為可從參考文獻中找到其姓名。

貳、研究報告的格式

　　研究報告經常有各種不同形式，例如：學位論文報告、期刊論文報告、會議論文報告等等，其中以學位論文報告格式較為複雜。在學位論文報告的格式，一般分為三大部分：㈠ 論文前列資料（preliminary pages）；㈡ 論文主體（text）；㈢ 補充資料（supplementary pages）。在期刊論文或會議論文中，則可省略第一項。為便於說明，乃以學位論文之格式為主。

一、學位論文之格式

㈠ 論文前列資料

題目
謝詞
摘要
目次
表次
圖次

㈡ 論文主體

第一章　　緒論
　　　　　　第一節　研究動機與目的
　　　　　　第二節　研究待答問題
　　　　　　第三節　重要名詞釋義
　　　　　　第四節　研究方法與步驟
　　　　　　第五節　研究範圍與限制
第二章　　文獻探討
第三章　　研究設計與實施

第一節　研究架構
　　　　　　第二節　研究對象
　　　　　　第三節　研究工具
　　　　　　第四節　實施程序
　　　　　　第五節　資料處理與統計方法
　　第四章　結果分析與討論
　　第五章　結論與建議
　　　　　　第一節　主要研究發現
　　　　　　第二節　結論
　　　　　　第三節　建議
　　參考文獻
　　　　　　中文部分
　　　　　　英文部分

〔附　錄〕

註：本格式係以量的研究為主。
　　圖表宜加以分開呈現，先表後圖。

參、撰寫研究報告的技巧

研究報告的撰寫，宜依格式而來，再講求技巧，茲扼要說明如下：

一、論文前列資料

‧題目頁宜將學校系（所）名、指導教授、題目、作者、日期註明清楚。
‧謝詞誠懇地表達對於協助論文完成之謝意，避免過於誇張。

二、摘要

- ・中文和英文分開，先列中文，再列英文。
- ・中英文摘要不宜過長，最好不超過一頁；若依 APA 格式之規定，英文的實證性研究以 100-120 字爲限；理論性的文章以 75-100 字爲限，中文部分因採全形，可增加一倍字數。
- ・摘要宜將研究目的、研究方法、研究發現扼要說明即可。
- ・文末加關鍵詞（key words），即研究主題中重要的名詞，不宜列出太多，三至五個即可。

三、目次

依章節列舉清楚。

四、表次

依表出現的先後順序加以排列，每一個表均應標明號碼以及名稱。

五、圖次

依圖出現的先後順序加以排列，每一個圖均應標明號碼以及名稱。

六、論文主體

(一) 緒論

在一般論文中，研究動機與目的分成兩部分敘寫，先說明研究動機，再說明研究目的。

研究動機之敘寫，主要在於明確指出研究者爲什麼要進行這個研究題目，所以必須將問題的背景、性質及重要性說明清楚。所以研究動機可以從實務層面及理論層面著手，然後列舉數個研究動機說

明之。

　　研究目的之撰寫，主要在說明研究的方向及價值。在撰寫時，扼要說明研究的理論或實務目的，一般先說明理論目的，然後再說明實務目的；說明理論目的時，大都用動詞（如：分析、瞭解、探討、比較、驗證、調查等）作為起頭語；至於實務目的之敘寫大都採取「根據研究結果，提出建議供政府機關參考」的方式。所列舉之研究目的，不宜過多，最好不要超過五項。

　　研究問題與假設研究問題係根據研究目的發展出來的，一般都用「疑問句」方式呈現，如：「我國國民小學教師工作滿意度實際狀況如何？」「國民小學校長領導方式與教師工作滿意度關係如何？」在敘寫研究問題時，通常先敘寫一般性或普遍性之問題，然後再敘寫特殊性問題，例如：研究者進行「國小六年級學生內在動機與學業成就之關係」，則其研究問題可採如下寫法：

　　國小六年級學生內在動機如何？
　　國小六年級學生學業成就如何？
　　不同性別之國小六年級學生內在動機是否有差異？
　　不同性別之國小六年級學生外在動機是否有差異？
　　國小六年級學生內在動機與學業成就之關係如何？

　　至於研究假設有兩種不同的看法：一是研究假設係根據研究問題發展出來的；另一是研究假設係從文獻探討推演出來的，可放在文獻探討之後。不管假設置於何處，一般都採用肯定句敘述之，研究者可採研究假設或對立假設方式呈現，但採用研究假設者較多。

　　名詞釋義根據研究所用之重要變項做一名詞解釋，必須清楚明確，才有利於研究。在進行名詞釋義時，一般先說明概念性定義；再說明操作性定義。研究範圍與限制針對研究對象、地區、方法或內容分別予以說明之。

(二)文獻探討

文獻探討在論文中可以寫得很多，也可以寫得很少，但不能省略。因為在撰寫論文過程中，很少人能夠無中生有、任意杜撰，他仍必須參考相關文獻，作為撰寫論文之依據。

文獻探討除了幫助研究者蒐集特定研究問題之概念外，亦可使研究者瞭解有關研究問題之結果。所以，研究者進行文獻探討時，一定要將所蒐集之文獻做一歸納整理，刪除一些不重要或不切題之資料，所引用之資料要有助於理論的澄清或結果的討論。

文獻探討通常包括兩部分：理論概念和相關研究。先寫理論概念，再寫相關研究。若內容繁多，寫到該章或該節最後之處，最好加以摘要，俾利於瞭解。

(三)研究設計與實施

撰寫研究架構時，必須把研究變項之關係，用「圖」的方式呈現，才能一目了然。若研究不涉及變項之關係，亦應將研究概念架構，以圖表示之。此外，若是採用實驗研究法，則也必須將研究設計逐一說明。

1. 研究對象

不管是採普查或抽樣方式，一定要把母群體說明清楚。若是採用抽樣方式，也必須明確說明採取何種抽樣方式及其理由。然後將抽樣結果，根據受試者之基本資料（性別、學歷、年資、年齡、服務地區等），以及回收率及可用率，列表說明。

2. 研究工具或材料

研究工具可採用他人的工具，但必須徵求原作者同意，並將工具之內容、信度及效度在內文中說明清楚。若是自編工具，則必須將建立工具之理論基礎、過程（例如：預試、修正），以及所建立工具之

信度及效度明確說明。此外，若是在研究過程中使用一些材料，也必須加以說明。

3. 實施程序

將研究過程中實際所作的項目，就其時間、地點、如何做等方面扼要說明。

4. 資料處理

將資料處理的方式加以描述，若是採用統計的方法，且用電腦處理，則必須敘明電腦套裝統計程式的名稱（教育最常用者為 SPSS，SAS）和統計名稱（如：卡方考驗、t-test、one-way ANOVA）。

(四) 結果與討論

結果與討論為論文報告的核心，可以併成一章寫，亦可分成兩章寫。撰寫研究結果時，最好從研究問題或假設著手，分段或分節敘寫，陳述要客觀、確實，不能流於武斷；若是實證性研究，則最好以統計圖表示之，任何一個統計圖表，必須有號碼及名稱，而且依序排列。

至於研究結果討論部分，可說論文中最難下筆之處；也最容易看出作者功力。一般撰寫討論部分，常會出現下列毛病：未能與研究問題或假設相結合，沒有指出假設被接受或拒絕的理由；未能與文獻探討相結合，憑自己臆測加以推論。

討論可將研究結果和研究問題、研究文獻統整在一起（註四）。因此，討論較佳方式，係根據研究假設（或研究問題）而得到研究結果解釋其原因，並與文獻探討相印證。

(五) 結論與建議

正常而言，結論與建議是屬於論文最後一部分。結論係將研究結

果做一摘要，不能做過度推論，最好是從研究問題或假設發展出來。

　　至於建議可從教育上和未來研究上兩部分來寫，一般研究者最大缺失，則是建議未能與結論相結合，換言之：未能針對研究結論發展出建議，即使不做研究，亦能提出建議，這種建議可能無多大價值。

七、參考文獻

　　先寫中文部分，再寫英文部分。其撰寫技巧可參閱上節資料。

八、附錄

　　依順序將預試問卷、正式問卷、施測對象、函件……等列在附錄，並列出附錄一、附錄二、……。

參、研究報告的評鑑

一、研究題目方面

　　範圍是否太大？是否具體可行？
　　是否有價值？是否有助解決教育問題或建立教育理論？
　　研究問題方面是否明確提出待答問題或研究問題與假設？
　　研究問題中之主要變項或名詞是否界定清楚？
　　研究問題之範圍與限制是否清楚？

二、文獻探討方面

　　文獻是否切合研究主題？
　　重要文獻是否包括在內？
　　探討是否有系統有條理？
　　是否從文獻中發展研究概念架構？

三、研究方法方面

研究方法是否適切？

研究對象或抽樣是否說明清楚？是否合理？

研究工具是否考慮信度和效度？

研究過程是否說明清楚？

資料蒐集程序是否明確？

資料之分析或統計方法是否適當？

四、結果分析與討論方面

結果分析是否客觀、清楚？

結果解釋是否適當？

統計圖表的應用是否清楚顯示結果？

研究結果是否做適當的討論？

討論是否中肯，不過度推論？

討論是否與文獻相結合？

是否針對研究問題或假設加以討論？

五、結論與建議方面

結論是否以研究結果和發現為基礎？

結論是否易於瞭解，不會過於冗長？

結論是否與研究問題或假設相結合？

建議是否依據結論而來？

建議是否具有教育參考和實用價值？

建議是否具體可行？

建議是否為未來研究提出建議？

六、參考文獻及附錄

文中引用資料是否全部列舉在參考文獻中？

參考文獻之內容是否依一定格式撰寫？

附錄是否齊全？

七、其他方面

文字是否清楚流暢？

組織結構及章節是否適當？

研究成果是否具見地？

附 註

註一：林生傳（2003）。教育研究法。心理，第 34 頁。

註二：American Psychological Association (2019). *Publication manual of American Psychological Association* (7th ed.). Author.

註三：吳明清（1992）。教育研究：基本觀念與方法之分析。五南，第 530-531 頁。

註四：郭生玉（2012）。心理與教育研究法：量化、質性與混合研究方法。精華書局，第 626 頁。

💡 摘 要

- 教育研究法可視為運用一套客觀而有系統的方法，去探究教育的本質、現象、活動或問題等方面，藉以瞭解教育現象、發現事實、建立理論或解決問題。

- 研究的類型，依其功能主要可分為基礎研究、應用研究和評鑑研究，教育研究法的分類，各家說法不一，有二分法、三分法、四分法和五分法等。

- 教育研究之過程，大都依循下列步驟進行：界定研究問題、蒐集相關文獻、建構研究假設、釐訂研究設計、從事資料分析、撰寫研究報告。

- 研究變項係指人或事物的特徵，它具有各種不同的數值。變項之界定，主要有兩類：概念性定義和操作性定義。
- 研究假設主要有兩類：研究假設和虛無假設；前者係對未來研究結果，做一種肯定性的陳述，後者則持否定性的陳述。
- 研究者在進行研究時，應該考慮下列的倫理原則：尊重參與者的意願、保護參與者避免受到傷害、確保研究資料隱密性，以及最好不要欺騙參與者。
- 研究計畫係研究者在研究過程中所草擬的書面計畫，具有準備、引導和溝通的功能。
- 研究計畫之形式和內容，會隨著其所使用的研究方法而有所不同。
- 研究報告所引用參考文獻的格式，國內尚未完全統一，目前大都採用美國心理學會出版手冊所用的 APA 格式。
- 研究報告的陳述必須以一種精確、清晰、客觀、直截了當的方式呈現。
- 一般報告論文主體，可分為：緒論、文獻探討、研究方法、結果分析與討論、結論與建議等五大部分。

評量題目

一、請說明教育研究法的意義。

二、請比較基礎研究、應用研究和評鑑研究三者之差異。

三、請列舉進行教育研究時的主要過程。

四、請舉例說明概念性定義和操作性定義的意義。

五、作為一位教育研究者，進行以人為研究對象時，應該遵循哪些研究倫理？

六、請說明研究計畫的意義及功能。

七、進行教育研究時，參考文獻之寫法採用 APA 格式，其價值何在？

八、請簡要寫出量化和質性研究計畫的內容。

九、撰寫研究報告時，進行文獻探討的目的何在？

十、請簡要寫出研究報告論文的主要內容。

我還是願意當國小老師

兩年前，我在超級市場購物時，人潮並不太多。

「方老師！」突然間，身旁聽到有人叫著。

我抬頭一望，不假思索、直覺地喊出：

「林財旺！」

財旺是我在十五年前服務國小時的學生，當時我所教的班級是五年級，那時發現財旺連自己的名字都不太會寫，連最基本的數學九九乘法都不會，有時還會缺課，上課也不專心聽講，老是喜歡與周圍同學講話，根據我的專業判斷和經驗，心裡想著糟了！恐怕又是一位問題學生。

於是，利用週三下午到財旺家裡訪問，瞭解財旺在家裡的情形，令我驚訝地：財旺讀國小一年級時，由於雙親仳離，只好寄養在祖父母家，祖父母本身並不識字，也不太在意財旺在學校的學習情形。

心想，可能只有我才能幫助財旺，為了使財旺具備基本讀、寫、算的能力，乃利用每天放學後一小時，從注音符號、筆順、加減、九九乘法逐一教起，結果發現財旺進步很快，不到兩個月的時間，財旺都會了，真是好有成就感。

財旺升上六年級時，由於結婚緣故，我乃請調到他縣市國小。後來也不知財旺在學校情形如何。

「報告老師，我現在已有二位孩子，一男一女，一幢樓房，並有一輛車子，現在從事房地產生意。」

原來財旺小學畢業後，並未直升國中，到臺北打工，一方面工作，一方面讀補校，完成高中補校學業後，就當兵去了。

「老師，我還想繼續讀大專夜間部或空中大學呢！」財旺說著。

多上進的一位年輕人。

「老師，我目前在成功路蓋一幢大樓，老師有需要的話，找個時間到工地看看，萬一老師中意的話，錢不夠也沒關係。」多有感情的年輕人。

說眞的！我正爲「房事」煩忙，何時才能成爲有殼蝸牛，常困擾我的家庭。既然學生有這番好意，我只好答應了。也許你不相信，我現在住的三層樓，就是財旺所經營的公司蓋的。

個案研討

論文抄襲風波

2020 年高雄市市長補選，某候選人經人檢舉碩士學位論文有抄襲之嫌，引起教育界很大震撼，授予該學位之大學也隨即宣布啟動學術倫理委員會機制，送外審委員進行審核，以確認是否構成抄襲。

經過一個月後，學校宣布經三名校外專業公正人士審查後，均認爲該碩士論文抄襲事證明確，經第二次審定會議出席委員討論與投票，全數同意論文抄襲情節嚴重，將依學位授予規定，決議報請學校撤銷該碩士學位。

在《專科以上學校教師資格審定辦法》對抄襲有如下的界定：援用他人之申請資料、研究資料或研究成果未註明出處；而《學位授予法》第十七條規定：論文、作品、成就證明、書面報告、技術報告或專業實務報告有造假、變造、抄襲、由他人代寫或其他舞弊情事，學校授予之學位應予撤銷。

論文抄襲，涉及重大學術研究倫理案件，經查證屬實，都會受到撤稿或撤銷學位之處分。

思考問題

一、身為一位研究者，如何遵守學術研究倫理？

二、請說明論文抄襲風波案，對你有哪些啟示？

第十四章

教育的革新與展望

學習目標

一、瞭解我國教育發展的挑戰。
二、知悉我國教育革新的途徑。
三、理解我國教育的未來展望。

······· **第一節　我國教育發展的挑戰** ·······

　　教育涉及到人的一生，業務千頭萬緒，相當繁雜，從家庭教育、學校教育到社會教育都屬教育場域；從學前教育、初等教育、中等教育到高等教育亦屬教育範圍；從技職教育、終身教育、資訊教育、國際教育、特殊教育到師資培育也屬教育領域；從教育體制、教育資源到教育評鑑，仍屬教育範疇。因此，教育工作成效要符合全民期望，實在是一項高難度的挑戰。

　　回顧百年來的教育發展，不管是量的增加或質的提升，都可看到其成效。惟當前教育面對政治、經濟、社會、文化等層面的巨大改變，尤其所面臨到的國際化、少子女化、高齡化、資訊化、M 型化以及生態環境惡化等衝擊，未來的考驗將超越往昔。我國教育未來的挑戰，可以歸納如下：（註一）

壹、多元化的挑戰

　　多元化已成為社會發展的趨勢，未來不可能回到一元化的時代，教育面對多元思維和多元價值的社會，必須思考的是教育制度、教育政策、教育作為、學校類型、課程與教材、教育人員觀念等，是否足以有效因應多元化社會需求，的確是教育的一大挑戰。

貳、少子化的挑戰

　　根據內政部人口統計，臺灣出生人口自 1998 年以後陸續下降，在 1997 年出生人口為 326,002 人，1998 年減為 271,450 人，下降了五萬多人，2000 年則只有 166,886 人，到了 2019 年，亦只有 177,767 人（註二），但少子化的趨勢，未來消除的可能性不高，這種少子化

的現象導致就學人口日益減少，影響到整體的教育發展，如何化危機為轉機，實為教育發展的重要挑戰。

參、全球化的挑戰

隨著全球人口移動的便利性，人類時空距離愈來愈短，國家和區域之間的界線逐漸模糊，甚至消失或被跨越，資本、資金、人才到處流動，全球整合成單一市場，商品、服務市場趨向自由化，可說已進入「地球村」的時代，全球化（globalization）的趨勢只會加速，不會減緩，此將會大大衝擊到教育的未來發展。

肆、科技化的挑戰

資訊通訊科技（information and communications technology, ICT）高度發展，不僅改變人類生活型態，而且也影響到教育發展；尤其未來將進入雲端科技的時代，將會改變學校的行政與教學的運作。因此，未來學校的行政管理、課程設計、教師教學與學生學習等方面，都會隨著雲端科技的發展而改變，對於未來教育發展將是一大挑戰。

伍、高齡化的挑戰

根據《民國 108 年重要人口指標》資料顯示：我國老年人口於 2018 年 3 月底正式邁入高齡社會，達 14.05%（註三），復根據行政院國發會日前公布最新人口推估報告指出，臺灣今年人口步入負成長後，預估 2025 年臺灣就會進入超高齡社會，六十五歲以上人口占總人口 20%（註四）。臺灣邁向超高齡社會，高齡者有各種不同醫療、休閒和教育需求，教育發展如何符應社會需求、提供高齡者教育需求，以及有效善用退休教師人力，亦是未來教育發展一大挑戰。

❀ 陸、永續化的挑戰

人類面臨地球暖化和資源耗竭，加上貧富差距過大，人類生存危機不斷浮現，威脅到地球「永續發展」。永續發展不僅是政治、經濟、區域和國際問題，而且也是教育問題，臺灣未來勢必會面臨到經濟永續、環境永續、社會永續和教育永續等問題，未來教育如何有效培養師生永續發展核心素養，以及建立永續化校園，促進教育永續發展，亦為未來教育發展挑戰之一。

❀ 柒、M 型化的挑戰

臺灣面積不大，但是受到地理區位和交通因素影響，城鄉發展出現落差現象，已經愈來愈明顯，這種城鄉落差也影響到城鄉師資素質的落差及城鄉學生學習成就的落差，未來如何運用有效教育策略，以縮短城鄉教育落差和數位學習落差，亦屬未來教育發展相當大挑戰。

❀ 捌、績效化的挑戰

教育發展受到市場化的影響，競爭日益激烈，追求有績效的學校，乃成為未來學校必須走的一條路。處在家長和民意高漲之際，社會大眾實無法容忍沒有績效的學校存在，這些缺乏績效的學校終將為市場所淘汰。因此，如何維持具有績效的學校，以及強化學生學習力，可說是未來教育發展的重大挑戰。

◆ *教育加油站*

全國教育會議

全國教育會議的緣起，乃鑑於配合政府施政方針與建設的需要，並研議各種計畫或實施方案，促進教育發展、推動社會進步，以充實國家的力量。

自國民政府奠都南京以來，全國性的教育會議迄今（2004 年）共舉行了八次，每次會議舉辦的目的，均負有時代的使命。

第一次的全國教育會議於 1928 年在南京市召開，由蔡元培先生主持，確立了我國的教育宗旨以三民主義爲根據的基本原則。第二次全國教育會議與第三次的全國教育會議分別於 1930 年、1939 年在南京市、重慶市召開。分別以研訂整套的教育方案、抗戰建國時期教育實施方案爲主題。

第四次的全國教育會議，於 1962 年在臺北市召開，由教育部長黃季陸先生主持，以檢討現行的學制與當前的教育問題、研討配合經濟建設的教育方案、規劃大陸教育的重建事項、發展華僑教育，以及加強國際文教之聯繫爲主題。

第五次的全國教育會議，於 1970 年在臺北市召開，出席人員共計 428 人，由教育部長鐘皎光先生主持，此次會議的主題爲檢討當前教育問題、擬定復國建國教育綱領及教育革新方案、研討加強科學教育及文化建設並規劃大陸教育重建事項。第四、五次的全國教育會議使得我國政府遷臺後的教育事業，獲得莫大的助力與發展。

第六次的全國教育會議，於 1988 年在臺北市召開，由教育部長毛高文先生主持，各方代表分別有公私立大專院校校長、公私立中小學校長、省縣市教育行政機關首長、教育部直屬機關首長、國內外學者專家以及中小學教師代表等。本次的會議以爲我國邁向二十一世紀高度開發國家的文化基礎與人力資源預作準備，策訂教育長程發展計

畫爲主題。會議議案分爲兩大類：一爲各級教育發展計畫，以配合未來的教育發展方向；二爲各級學校課程架構研究發展計畫，以促進各級教育發展。自第六次召開全國教育會議以來，國內無論在政治、經濟、社會結構或國民知識思想等方面均有很大的變化。

第七次全國教育會議於 1994 年在臺北市召開，本次會議分二階段辦理：第一階段爲分區座談會，計有四十二場次，參加座談者約計 2,500 餘人；第二階段計邀 458 人與會，由教育部長郭爲藩先生主持，各方代表除了與第六次全國教育會議相同外，還增加了企業及產業界的代表和教育團體及民間團體代表。爲了推動多元教育、推展終身教育、提升教育品質、開創美好教育遠景，而召開此次會議。整體計畫內容以加強課程規劃、改進教學方法爲主，並兼含本土化、國際化與世界觀爲發展方向。

第八次全國教育會議於 2010 年 8 月 28、29 日在國家圖書館舉行，以「新世紀、新教育、新承諾」爲大會願景；以「精緻、創新、公義、永續」爲大會主軸。大會主題包括十大中心議題：1. 現代公民素養培育。2. 教育體制與教育資源。3. 全民運動與健康促進。4. 升學制度與 12 年國民基本教育。5. 高等教育類型、功能與發展。6. 多元文化、弱勢關懷與特殊教育。7. 師資培育與專業發展。8. 知識經濟人才培育與教育產業。9. 兩岸與國際教育。10. 終身學習與學習社會和 53 項子議題。大會獲致結論及共識，並作爲教育部於 2011 年 3 月發布《中華民國教育報告書—黃金十年　百年樹人》的依據。

資料來源：部分取自全國教育會議（無日期）。http://nioerar.edu.tw/
basis1/706/04/04-01.html

◆ 教育小檔案

1992 年、1999 年、2004 年與 2010 年
社會大眾對未來國民教育發展看法的比較

根據國立教育資料館委託吳清山進行 1992 年、1999 年、2004 年與 2010 年國民教育政策與問題調查報告，社會大眾對未來國民教育發展看法的比較如下表：

(一) 國小部分

項　　目 \ 類別及時間	1992 年 （2000年）	1999 年 （2005年）	2004 年 （2010年）	2010 年 （2015年）
1. 教師的地位會更提高	49.1%	27.1%	21.7%	25.6%
2. 學生課業壓力將有效減輕	50.4%	42.4%	13.7%	19.1%
3. 青少年犯罪比率將有效降低	26.1%	15.3%	11.8%	19.5%
4. 國民教育品質會更提高	68.9%	56.5%	39.1%	47.6%
5. 社會大眾對於國民教育會更支持	76.2%	70.5%	54.6%	57.5%
6. 國民教育對社會的影響會更大	82.2%	79.6%	68.9%	70.8%

註：表中括弧年代為未來發展年代。

(二) 國中部分

項　　目 \ 類別及時間	1992 年 （2000年）	1999 年 （2005年）	2004 年 （2010年）	2010 年 （2015年）
1. 教師的地位會更提高	40.7%	28.4%	21.4%	23.5%
2. 學生課業壓力將有效減輕	52.4%	45.2%	15.0%	20.3%
3. 青少年犯罪比率將有效降低	22.2%	15.6%	14.7%	22.3%
4. 國民教育品質會更提高	54.8%	46.4%	37.7%	36.3%
5. 社會大眾對於國民教育會更支持	67.3%	62.9%	51.8%	43.4%
6. 國民教育對社會的影響會更大	79.7%	78.0%	73.5%	48.9%

註：表中括弧年代為未來發展年代。

資料來源：吳清山、劉春榮、陳明終、黃旭鈞、吳明玨、陳賢舜、王令宜、林慈、李昆穎（2010）。**2010 年國民教育政策與問題調查報告**。國立教育資料館，第 108-117 頁。

··········· 第二節　我國教育革新的途徑 ·············

教育是帶動人類社會進步的關鍵，所以在邁向二十一世紀之時，各國紛紛致力於各種教育改革，以提升教育品質，培育優秀人才，蔚為社會所用。我國教育可謂相當普及，對國民知識水準的提升具有相當大的貢獻，但是在發展過程中，受到政治、經濟、社會、傳統文化等外在系統及內在系統（如行政體制、教師素質、學生來源等）的影響，致使產生了各種問題，也面臨到多元化等各種挑戰，因而有加速革新之必要，茲將我國教育革新途徑說明如下：

🌼 壹、積極強化幼兒教育品質

幼兒教育是基礎教育，其成效與否，深深影響未來的教育發展。為了讓幼兒能夠接受高品質的教育。教育行政機關應加強幼兒教育機構的督導、輔導和評鑑工作，辦理成效卓著者，給予補助和獎勵，辦理成效欠佳者，要求改善，若始終未能有效改善，則應減少招生人數或停招，以確實做好幼兒教育品質把關。此外，政府宜廣設公立幼兒園及非營利幼兒園，讓幼兒都能有接受高品質幼教的機會，並減輕中下階層家庭的經濟負擔。

🌼 貳、增加學校自我管理能力

我國教育行政體制，實際運作上偏重於中央集權，致使學校習於聽從指揮，或者慣於事事向上級請示，不敢自我作主，所以很難發展具有特色的學校；而且學校行政組織也缺乏彈性化，處處受到人事、會計的掣肘，增加學校運作之困難。行政院教育改革審議委員會的《教育改革總諮議報告書》特別將「中小學教育的鬆綁」列為教育改

革優先項目之一，其中提出：學校應有足夠的自主與彈性空間，在最低標準之規範上規劃課程，以落實教師共同經營課程的辦學理念；校長應享有對人事及會計主管之任免同意權，並在總人事經費額度之範圍內得經由校務會議自行調整內部行政組織架構，在預算編列上宜以大項而非細目編製，在預算額度內享有更大彈性之使用權（註五）。為讓學校能發展特色，賦予學校更多的行政、人事和經費的自我管理，實屬重要革新課題。

參、強化家長教育子女責任

目前很多學生問題行為的產生，大部分是家庭因素造成的。由於工商業社會，家長忙於生計，無暇照顧子女，疏於管教子女，致使子女產生偏差行為而不自覺；尤其學校很多活動，需要家長配合，可是部分家長卻經常無法撥出時間參與，導致親職教育活動效果有限。一旦家長無法負起輔導或管教子女行為之責，學校教育效果必受到影響。其實管教或輔導子女，也是家長義不容辭之事，但社會上就是有很多父母不願負起責任。因此，為了強化家長教育子女責任感，政府有必要訂定「家庭教育法」來規範父母教育子女之責，使一些不負責任之父母受到法律制裁。

肆、有效縮短城鄉教育差距

過去省（市）教育經費寬裕程度不一，造成有些學校設備不足和教師福利不均的現象，在偏遠、山地和離島地區之學校較為嚴重。經過教育部推動「發展與改進國民教育」計畫及「教育優先區」計畫，硬體設備獲得改善，逐漸與城市拉平；可是在教師素質及學生文化刺激方面，城鄉差距仍舊很大，所以為了縮短城鄉教育差距，光靠經費補助、硬體設備充實，仍是相當有限，它必須有一批優秀教師能夠願

意到偏遠地區任教，方有效果。因此，提升鄉村師資素質，也是一項相當重要的工作。此外，提供鄉村地區學生有數位學習機會（digital learning opportunity），提升學生資訊素養，亦屬重要課題。

✿ 伍、落實學校教師評鑑工作

教師影響學生學習與人格發展甚鉅，一位優良教師，可使學生如沐春風，享受學習樂趣；反之，學生可能如坐針氈，抹煞學習興趣。所以，如何讓每位學生都能得到好的教師教學，實在很重要。不可否認的，目前各校仍有一些不適任教師，透過有效公平的教師評鑑方式，使這些教師能辦理資遣或自願離開工作崗位，是相當必要的。不適任教師之處理，的確對學校或教育行政機關，都是很困擾的一件事，只有訂定不適任教師處理辦法及加強教師評鑑工作，才會有所效果。

✿ 陸、有效調節師資培育人數

師資培育多元化的政策，的確充裕師資來源，相對地，也造成師資「供過於求」的現象，導致修畢教育學程之學生面臨「失業」的困境，這也是一種教育投資的浪費。雖然師資培育走向多元是一種趨勢，但不意味著多元不需要管制，其實培育方案多元化，也是一種途徑。為了確保師資的品質與避免教育投資浪費，適度的管制和調整是必要的，因此未來對於師資培育機構的招生審核，應該兼顧「市場需求」和「質重於量」原則，才能有效掌控師資培育人數。

✿ 柒、增進弱勢族群教育機會

社會弱勢學生，處於先天的不利，需要後天教育的補強，才能有

效幫助其向上提升的機會。爲了落實社會公平正義的理念，除了要消弭人爲的差別性待遇之外，更要積極提供輔助性和支持性的系統，擴大弱勢族群學生的教育機會。所以，提供相對弱勢地區多元化的資源，尊重多元文化弱勢學生個別差異及需求，以及結合民間資源共同投入弱勢地區學生的輔導工作，均屬相當重要的策略。只有透過政府機關、學校、家庭、社區和民間團體等力量，一起努力，幫助弱勢學生早日脫離學習困境，才是增進弱勢族群教育機會關鍵所在。

·············· 第三節　我國教育的未來展望 ··············

綜觀臺灣社會未來的發展，將比過去更爲迅速，人民對教育的期望將更高，教育人員的責任亦將更加重，未來教育政策如何符應全民的期許，確保學生學習福祉，提升全民教育水準，將是我們必須思考的議題。

當前臺灣教育面臨到少子高齡化、資訊科技化、多元化、國際化、地球暖化等方面的影響，加上 2020 年新冠肺炎疫情的衝擊，兼顧教育理想與現實需求，思考未來教育發展方向，茲就我國未來教育展望說明如下：

壹、學生接受教育權利受到保障

學生爲受教育主體，其學習權應該受到保障，在教育方面，它可視爲一種基本的人權。聯合國教科文組織曾對學習權的涵義有廣泛的界定：「學習權就是：閱讀和書寫的權利；提出問題和思考問題的權利；想像和創造的權利；瞭解人的環境和編寫歷史的權利；接受教育資源的權利、發展個人和集體技能的權利。」聯合國在 1989 年亦通過《兒童權利公約》，其中第二十八條屬於有關兒童教育的保障，該

條內容爲：「一、締約國確認兒童有受教育的權利，爲在機會均等的基礎上逐步實現此項權利，締約國尤應：㈠ 實現全面的免費義務教育；㈡ 鼓勵發展不同形式的中學教育，包括普通和職業教育，使所有兒童均能享有和接受這種教育，並採取適當措施，諸如實行免費教育和對有需要的人提供津貼；㈢ 以一切適當方式根據能力使所有的人均有接受高等教育的機會；㈣ 使所有兒童均能得到教育方面的資料和指導；㈤ 採取措施鼓勵學生按時出勤和降低輟學率。二、締約國應採取一切適當措施，確保學校執行紀律的方式符合兒童的人格尊嚴及本公約的規定。三、締約國應促進和鼓勵有關教育事項的國際合作，特別著眼於在全世界消滅愚昧與文盲，並便利獲得科技知識和現代教學方法。在這方面，應特別考慮到發展中國家的需要。」（註六）因此，政府、學校、教師和家長應盡全力保障兒童學習權力，提供良好的學習環境，避免其學習權益受到侵害，使其能夠接受適當有效的教育機會，開啟其潛能，也是我國未來教育重要發展方向。

貳、教師專業自主權利能夠有效維護

自從教師法公布之後，教師專業自主的權利，才受到法律應有的保障。過去中小學教師之專業自主權並未受到應有的重視，使得在教學時會受到行政或其他不當的干擾，不僅影響到教師工作士氣；而且也影響到整個教學效果的提升。事實上，自主是專業的重要特質之一，就像醫生、律師、會計師一樣，他（她）本於自己專業知能，從事專業判斷，不受他人干擾，爲自己專業行爲負責。假如把教師視爲一種專業，就應該將專業自主還給教師，讓他（她）在課程內容、教學方法、評量方式、輔導策略及班級經營等方面，能夠依其專業進行自我判斷和自我決定。惟教師享有專業自主權的同時，應該建立在其專業知能的基礎之上，並接受專業倫理的規範，才能更有效維護教師專業自主與專業尊嚴，受到社會大眾更多的肯定。展望我國未來教育

發展，應該從法治面和教學面，積極維護教師專業自主權利，讓教師更能提高其教學效果。

參、家長選擇和參與學校機會增多

面對一個開放、多元和自由的社會，人民對於政府期許和要求將愈來愈多，教育亦不例外。尤其處在「減少政府管制，增加自由選擇」的呼聲中，不管在高等教育、中等教育或初等教育，都必須速採因應之道。否則，將遭致更多的批評與民怨。現行國小和國中教育係採學區制和強迫入學方式，前者規定學生依設籍所在地入學，家長無自由選擇機會；後者規定學齡兒童一律進學校就讀，家長亦無選擇另類教育方式，雖然《教育基本法》第八條規定：「國民教育階段內，家長負有輔導子女之責任；並得為其子女之最佳福祉，依法律選擇受教育之方式、內容及參與學校教育事務之權利。」假如家長時間、資訊、知能和教育程度受限，能選擇和參與校務效果仍屬有限。目前，世界各國對於家長教育選擇權（school choice）普遍受到重視，尤其在國民教育階段，政府逐漸調整其學區方式，給予家長更多的自由，為自己的子女選擇合適的教育方式和場所，我國未來教育發展，將朝此方向邁進。

◆ 教育小辭典

在家自行教育

在家自行教育，在英文稱之為 homeschooling，意指學生不到學校接受一定的課程內容和教學時間，由家長依其需要自行在家給予孩子教導的一種教育方式。

　　在家自行教育，有兩種類型，一是針對身心障礙或行動不便學生；一是指正常的一般學生。前者教育方式，各國政府都會補助教育代金（voucher），作為教育養護之經費，同時也會派輔導員幫助家長在家輔導；後者教育方式，以美國較為普遍，家長大都基於宗教、校園暴力或性氾濫等因素，擔心孩子在校受到暴力或污染，乃向學區教育委員會依一定程序申請在家自行教育；為確保孩子的基本能力，凡是在家自行教育之孩子，需定期接受評量。

　　在家自行教育方式，是教育的另類教育選擇方式，有利有弊，主要優點是具有彈性，家長可依孩子需要實施個別教學；至於其缺點則

　　為孩子人際互動少；而且學校圖書設備較為齊全，便於孩子使用，這是在家自行教育較難以做到的。

◆ 教育充電站

實驗教育三法

　　實驗教育三法，係指《學校型態實驗教育實施條例》、《高級中等以下教育階段非學校型態實驗教育實施條例》和《公立高級中等以下學校委託私人辦理實驗教育條例》三種法律。在學校型態實驗教育則是以「公辦公營」和「民辦民營」為主的實驗教育；而非學校型態實驗教育除個人式（屬於在家自行教育）一類外，另外還包括團體式（三人以上至三十人）和機構式（每班學生人數不得超過二十五人）兩類；至於公立學校委託私人辦理實驗教育，就是我們一般所說的「公辦民營」。因為有實驗教育三法的法律依據，目前國內的實驗教育可說蓬勃發展中，它注入教育發展一股新的活力，但對學生受教權的保障，以及學生受教機會和品質，仍是值得關注的重要課題。

肆、學生教育機會均等政策能夠落實

依我國《憲法》第七條規定：「中華民國人民無分男女、宗教、種族、階級、黨派，在法律上一律平等。」復依憲法第一五九條規定：「國民受教育機會一律平等。」惟在實際執行上，一些身心障礙或偏遠地區之學生，受制於生理或經濟條件因素，往往無法與一般學生享有平等受教育機會，有違教育機會之均等。目前政府為了促進教育機會均等，投入相當多的經費，充實弱勢族群學生之學校設備，是有其功能，但如何使這些弱勢學生也能得到更好的教學，才是真正落實教育機會均等之道；否則徒有再好的設備或儀器，教師或學生都無法有效利用，也沒有什麼效果。因此，落實學生教育機會均等政策，社會各階層學生都具有良好的學習機會，不因其生理、心理或社會因素之不同受到差別待遇，才是未來教育發展所樂見。

伍、學校教育實驗與研究受到重視

教育是繼續不斷發展的事業，為了確保教育事業永續發展，永保更新能力，不斷進行實驗與研究，是相當必要的工作。實驗與研究是帶動教育組織進步的原動力，政府一方面應進行校務評鑑，以瞭解各校教育成效與缺失；一方面採獎助措施，鼓勵學校或教師進行各種實驗或研究，才能使教育事業蓬勃發展；也才能使教育事業能因應社會的變遷與挑戰。因此，展望我國未來教育發展，學校教育實驗與研究受到重視，將是提升教育品質一股重要助力。

陸、線上學習效果能夠更為精進

新冠病毒疫情除造成人員傷亡和心理恐慌之外，而且為避免校園疫情擴散，影響師生健康，部分國家不得已乃採取封校停課作法，改

以遠距教學和線上學習取代學生到校的實體教學，但由於中小學受限於家庭社經背景及資訊設備不足，學習效果受到影響甚鉅。臺灣因只有少數零星學校短期停課二週外，學生學習受到影響要比歐美國家爲小，雖然臺灣在疫情期間各縣市也啟動線上學習，就實際實施的結果，效果仍不盡理想，除了軟硬體和頻寬的限制外，教師遠距教學的專業知能亦不足，是有其改善的空間。當然，隨著疫苗的研發與應用，新冠肺炎疫情雖可有效控制，但很難保證病毒變種不會再傳播；甚至未來亦可能出現比新冠肺炎更嚴重的病毒，導致學校必須超前部署，因而投入更多資源於線上學習、強化教師線上學習知能、研發高效能的線上學習，並有效整合線上學習資源，提升線上學習效果，是有其必要性，一旦遇到各種天然災害或疫情發生，各校也都能有效採用線上學習，讓學生學習效果更爲精進。

教育補給站

雙語教學

　　面對全球化及國際化浪潮，爲提升國民英語力以增加國際競爭力，行政院國家發展委員會提出「2030 雙語國家政策發展藍圖」，以 2030 年爲目標，打造臺灣成爲雙語國家，教育部和地方政府也積極推動雙語教育，增加雙語教育經費，招聘外籍師資和雙語教學師資。

　　雙語教學，顧名思義，即採取兩種語言的教學，而不是一般所說的全英語教學。因此，教師在教學過程中，教師係混用兩種語言的教學，並非整堂課都用英語教學，就像新加坡國家一樣，英語混合中文或馬來語進行教學。雙語教學，是一種趨勢，但必須考慮師資及城鄉差距的問題，首先就師資而言，涉及到教師學科知能、雙語知能、教

學熱情，並非聘請外籍教師就能提升學生雙語能力；其次就城鄉差距而言，偏鄉地區要招聘合格師資都有其難度，招聘雙語師資和外籍師資更是不易，可能還衍生教育機會的不平等，這也是政府推動雙語教學該正視的問題。

◆ *教育加油站*

中小學國際教育

　　教育部有感於全球化促成社會、經濟與科技的快速變遷，培養中小學生具備國際素養及全球視野的人才，於 2011 年提出《中小學國際教育白皮書》，主要目標係透過教育國際化活動，培育具備國家認同、國際素養、全球競合力及全球責任感的國際化人才，當時主要推動作法則為補助中小學實施「學校本位國際教育計畫」，亦發揮一定教育效果。

　　教育重新檢視2011 年的《中小學國際教育白皮書》的實施成效，以及因應十二年國民基本教育課程的，培養學生「多元文化與國際理解」核心素養之需，在 2020 年提出《小學國際教育白皮書 2.0》，實施期程為六年（2020 至 2025 年），以「接軌國際、鏈結全球」為願景，希達成「培育全球公民、促進教育國際化及拓展全球交流」三項目標，並以「精進學校本位國際教育」、「打造友善國際化環境」、「建立國際架接機制」為執行策略，預計為第一年投入 1 億元，後依執行規模擴大逐年增加，至 2025 年增至 2.5 億元。

資料來源：教育部（2020）。中小學國際教育白皮書 **2.0**。作者。

🌸 柒、終身教育體制能夠更加完備

　　二十一世紀是知識學習的社會，也是終身學習的機會，提供全民更多學習的機會，乃是重要的教育課題。我國政府推動終身教育政策可說不餘遺力，教育部於 1998 年 3 月發布「邁向學習社會」白皮書，2002 年 6 月總統公布《終身學習法》，有助於建立終身學習社會，以及提升國民素質與國家競爭力。由於我國面臨到高齡化的現象及人口結構變化快速，需要以更全方位的思維建構終身教育體制，才能回應未來社會發展的需求。因此，完備的終身教育的體制、落實終身學習法制化、建立學習型社會、強化代間學習老少共學，以擴增全民終身學習機會，形塑終身學習風氣，才能實現終身教育的願景，進而達到「人人可學習、時時可學習和處處可學習」的社會。

🌸 捌、公義和永續教育能夠早日實現

　　教育在於開啟學生潛能和幫助學生成長。為了學生學習及身心發展，必須建立在公義和永續教育的基礎之上。所謂公義的教育，就是學生在教育過程中能夠享有均等的教育，讓弱勢學生都能有效拉拔上來，而資質優異者亦能適性發展；至於永續的教育則必須建立在人類與人類、人類與環境的互動基礎上，促進環境發展生生不息，才能有利於教育的永續發展。公義和永續教育的實現，正是體現「一個都不少，每個都教好」的教育理念，亦是學生教育幸福的有利保證。

附　註

註一：吳清山（2012）。邁向公義和永續新教育。師友，536，1-4。
註二：內政統計月報（無日期）。現住人口出生、死亡、結婚、離婚登記。
　　　取自：http://www.moi.gov.tw/files/site_stuff/321/1/month/month.htm/
註三：內政部戶政司（2020）。民國108年重要人口指標。作者，第2頁。

註四：潘姿羽（2020 年 8 月 18 日）。台灣人口提前進入負成長　2025 年邁向超高齡社會。中央社。https://www.cna.com.tw/news/firstnews/202008180215.aspx

註五：行政院教育改革審議委員會（1996）。**教育改革總諮議報告書**。作者，第 29 頁。

註六：吳清山（2003）。**教育法規：理論與實務**。心理，第 370 頁。

摘　要

- 我國教育發展的挑戰，主要有下列八項：一、多元化；二、少子女化；三、全球化；四、科技化；五、高齡化；六、永續化；七、M 型化；八、績效化。

- 當前我國教育革新的途徑，可採下列策略：一、積極強化幼兒教育品質；二、增加學校自我管理能力；三、強化家長教育子女責任；四、有效縮短城鄉教育差距；五、落實學校教師評鑑工作；六、有效調節師資培育人數；七、增進弱勢族群教育機會。

- 我國教育發展未來的展望，可歸納為：一、學生接受教育權利受到保障；二、教師專業自主權利能夠有效維護；三、家長選擇和參與學校機會增多；四、學生教育機會均等政策能夠落實；五、教育實驗與研究受到重視；六、線上學習效果能夠更為精進；七、終身教育體制能夠更加完備；八、公義和永續教育能夠早日實現。

評量題目

一、請說明我國教育發展過程中遇到哪些挑戰？

二、身為一位教師，如何確保學生受教權？

三、如何有效維護教師專業自主權？並說明教育專業自主與專業倫理的關係。

四、何謂「弱勢族群教育」？增進弱勢族群教育機會有哪些途徑？

五、何謂「教育機會均等」？並評析我國教育機會均等的落實情形。

六、請說明我國教育發展的未來展望，並提出對於未來教育發展的建議。

◆ *教育小故事*

師度、自度、度人

- 話說慧能在夜裡三更時領得六祖弘忍衣缽後，說：「我是南方人，向來不熟悉這裡山路，如何能走出到江口呢？」五祖說：「你不必憂慮，我自己送你去。」五祖一直送慧能到九江驛，然後令慧能上船，五祖自己把櫓來搖。這時慧能說：「請師父坐下，弟子應該搖櫓。」五祖說：「應該是我渡你。」
  此時慧能接著說：「迷時師度，悟了自度；度名雖一，用處不同。慧能生在邊方，語音不正，蒙師傳法，今已得悟，只合自性自度。」（取自《六祖壇經》）
- 身為師資生，必須跟隨老師學習，由老師幫助學生成長與發展，亦即為老師度化學生（師度）；而學生在老師的度化過程，必須認真學習、厚實專業知能，此即為自我修煉過程（自度），一旦修畢教育學程，通過教師檢定，取得正式教職，從事育人工作，便可度化學生（度人）。

◆ *個案研討*

開創美好未來教育

　　「教育概論」上課將近尾聲了，喜歡思考和提問的穎慧同學感覺這學期的「教育概論」還蠻有收穫，對於教育基本概論有了清楚的瞭解，也認清將來擔任教師的角色和責任，但對於未來教育發展還是充滿著好奇。心裡想一想，抓住機會問一下老師。

　　「十二年國民基本教育在 2014 年 8 月起正式實施，實驗教育三法在 2014 年公布施行，偏遠地區學校教育發展條例亦在 2017 年公布

施行，高等教育深耕計畫也在 2017 年起實施，十二年國民基本教育新課程也於 2019 年 8 月起正式實施，老師，您覺得未來教育會更美好嗎？」

「好問題，這些都屬於教育發展的重大措施，對於未來教育一定會產生深遠的影響，但非短時間內可以見到成效，雖然有好的政策，但關鍵仍在於執行力，大家能夠認真推動，全力以赴，必然可以看到教育的改變，倘若只是應付了事，恐怕不會產生政策的效益。」老師回答著。

「老師，我在問一下，執行力的關鍵是甚麼？」穎慧同學繼續追問。

「說來話長，很難用幾句話說明清楚，執行力的關鍵在於主政者的決心和智慧、執行人員的知能、資源的有效投入與評估、社會大眾（包括家長）、民間團體的參與和支持，倘若一個環節出了問題，政策執行就會產生偏差。」穎慧同學點點頭。

思考問題

一、您修完這學期的「教育概論」，您的心得感想和最大的收穫是甚麼？

二、您對於未來教育發展的想法如何？如何讓臺灣未來教育更美好？

附 錄

學習目標

附錄一　中華民國憲法（教育文化
　　　　專章）

附錄三　教育基本法

附錄三　教師法

附錄一　中華民國憲法（教育文化專章）

民國 36 年 12 月 25 日公布

第 158 條　教育文化，應發展國民之民族精神、自治精神、國民道德、健全體格、科學及生活智能。

第 159 條　國民受教育之機會，一律平等。

第 160 條　六歲至十二歲之學齡兒童，一律受基本教育，免納學費。其貧苦者，由政府供給書籍。

已逾學齡未受基本教育之國民，一律受補習教育，免納學費，其書籍亦由政府供給。

第 161 條　各級政府應廣設獎學金名額，以扶助學行俱優無力升學之學生。

第 162 條　全國公私立之教育文化機關，依法律受國家之監督。

第 163 條　國家應注重各地區教育之均衡發展，並推行社會教育，以提高一般國民之文化水準，邊遠及貧瘠地區之教育文化經費，由國庫補助之。其重要之教育文化事業，得由中央辦理或補助之。

第 164 條　教育、科學、文化之經費，在中央不得少於其預算總額百分之十五，在省不得少於其預算總額百分之二十五，在市縣不得少於其預算總額百分之三十五。其依法設置之教育文化基金及產業，應予以保障。

第 165 條　國家應保障教育、科學、藝術工作者之生活，並依國民經濟之進展，隨時提高其待遇。

第 166 條　國家應獎勵科學之發明與創造，並保護有關歷史、文化、藝術之古蹟、古物。

第 167 條　國家對於左列事業或個人，予以獎勵或補助：

一　國內私人經營之教育事業成績優良者。

二　僑居國外國民之教育事業成績優良者。

三　於學術或技術有發明者。

四　從事教育久於其職而成績優良者。

附錄二　教育基本法

民國 102 年 12 月 11 日修正公布

第 1 條　為保障人民學習及受教育之權利，確立教育基本方針，健全教育體制，特制定本法。

第 2 條　人民為教育權之主體。

教育之目的以培養人民健全人格、民主素養、法治觀念、人文涵養、愛國教育、鄉土關懷、資訊知能、強健體魄及思考、判斷與創造能力，並促進其對基本人權之尊重、生態環境之保護及對不同國家、族群、性別、宗教、文化之瞭解與關懷，使其成為具有國家意識與國際視野之現代化國民。

為實現前項教育目的，國家、教育機構、教師、父母應負協助之責任。

第 3 條　教育之實施，應本有教無類、因材施教之原則，以人文精神及科學方法，尊重人性價值，致力開發個人潛能，培養群性，協助個人追求自我實現。

第 4 條　人民無分性別、年齡、能力、地域、族群、宗教信仰、政治理念、社經地位及其他條件，接受教育之機會一律平等。對於原住民、身心障礙者及其他弱勢族群之教育，應考慮其自主性及特殊性，依法令予以特別保障，並扶助其發展。

第 5 條　各級政府應寬列教育經費，保障專款專用，並合理分配及運用教育資源。

對偏遠及特殊地區之教育，應優先予以補助。

教育經費之編列應予以保障；其編列與保障之方式，另以法律定之。

第 6 條　教育應本中立原則。

學校不得為特定政治團體從事宣傳或活動。主管教育行政機關及學校亦不得強迫學校行政人員、教師及學生參加任何政治團體或活動。

公立學校不得為特定宗教信仰從事宣傳或活動。主管教育行政機關及公立學校亦不得強迫學校行政人員、教師及學生參加任何宗教活動。

私立學校得辦理符合其設立宗旨或辦學屬性之特定宗教活動，並應尊重學校行政人員、教師及學生參加之意願，不得因不參加而為歧視待遇。但宗教研修學院應依私立學校法之規定辦理。

第 7 條　人民有依教育目的興學之自由；政府對於私人及民間團體興辦教育事業，應依法令提供必要之協助或經費補助，並依法進行財務監督。其著有貢獻者，應予獎勵。

政府為鼓勵私人興學，得將公立學校委託私人辦理；其辦法由該主管教育行政機關定之。

第 8 條　教育人員之工作、待遇及進修等權利義務，應以法律定之，教師之專業自主應予尊重。

學生之學習權、受教育權、身體自主權及人格發展權，國家應予保障，並使學

生不受任何體罰及霸凌行為，造成身心之侵害。

國民教育階段內，家長負有輔導子女之責任，並得為其子女之最佳福祉，依法律選擇受教育之方式、內容及參與學校教育事務之權利。

學校應在各級政府依法監督下，配合社區發展需要，提供良好學習環境。

第二項霸凌行為防制機制、處理程序及其他應遵行事項之準則，由中央主管教育行政機關定之。

第 9 條　中央政府之教育權限如下：

一　教育制度之規劃設計。

二　對地方教育事務之適法監督。

三　執行全國性教育事務，並協調或協助各地方教育之發展。

四　中央教育經費之分配與補助。

五　設立並監督國立學校及其他教育機構。

六　教育統計、評鑑與政策研究。

七　促進教育事務之國際交流。

八　依憲法規定對教育事業、教育工作者、少數民族及弱勢群體之教育事項，提供獎勵、扶助或促其發展。

前項列舉以外之教育事項，除法律另有規定外，其權限歸屬地方。

第 10 條　直轄市及縣（市）政府應設立教育審議委員會，定期召開會議，負責主管教育事務之審議、諮詢、協調及評鑑等事宜。

前項委員會之組成，由直轄市及縣（市）政府首長或教育局局長為召集人，成員應包含教育學者專家、家長會、教師會、教師工會、教師、社區、弱勢族群、教育及學校行政人員等代表；其設置辦法由直轄市、縣（市）政府定之。

第 11 條　國民基本教育應視社會發展需要延長其年限；其實施另以法律定之。

前項各類學校之編制，應以小班小校為原則，中央主管教育行政機關每年應會同直轄市、縣（市）政府推估未來五年學生及教師人數，以規劃合宜之班級學生人數及教師員額編制，並提供各校必要之協助。

第 12 條　國家應建立現代化之教育制度，力求學校及各類教育機構之普及，並應注重學校教育、家庭教育及社會教育之結合與平衡發展，推動終身教育，以滿足國民及社會需要。

第 13 條　政府及民間得視需要進行教育實驗，並應加強教育研究及評鑑工作，以提昇教育品質，促進教育發展。

第 14 條　人民享有請求學力鑑定之權利。

學力鑑定之實施，由各級主管教育行政機關指定之學校或教育測驗服務機構行之。

第 15 條　教師專業自主權及學生學習權、受教育權、身體自主權及人格發展權遭受學校或主管教育行政機關不當或違法之侵害時，政府應依法令提供當事人或其法定代理人有效及公平救濟之管道。

第 16 條　本法施行後，應依本法之規定，修正、廢止或制（訂）定相關教育法令。

第 17 條　本法除中華民國一百年六月十四日修正之條文，其施行日期由行政院定之外，
　　　　　自公布日施行。

附錄三　教師法

108 年 6 月 5 日修正公布

第一章　總則

第 1 條　為明定教師權利義務，保障教師工作及生活，提升教師專業地位，並維護學生學習權，特制定本法。

第 2 條　本法所稱主管機關：在中央為教育部；在直轄市為直轄市政府；在縣（市）為縣（市）政府。

軍警校院及矯正學校依本法規定處理專任教師之事項時，除資格檢定及審定外，以其所屬主管機關為本法所稱主管機關。

第 3 條　本法於公立及已立案之私立學校編制內，按月支給待遇，並依法取得教師資格之專任教師適用之。

軍警校院及矯正學校依本法及教育人員任用條例規定聘任之專任教師，除法律另有規定者外，適用本法之規定。

第 4 條　教師資格檢定及審定、聘任、解聘、不續聘、停聘及資遣、權利義務、教師組織、申訴及救濟等事項，應依本法之規定。

第二章　資格檢定及審定

第 5 條　教師資格之取得分檢定及審定二種：高級中等以下學校之教師採檢定制；專科以上學校之教師採審定制。

第 6 條　高級中等以下學校教師資格之檢定，另以法律定之；經檢定合格之教師，由中央主管機關發給教師證書。

第 7 條　專科以上學校教師資格之審定分學校審查及中央主管機關審查二階段；教師經學校審查合格者，由學校報請中央主管機關審查，再審查合格者，由中央主管機關發給教師證書。但經中央主管機關認可之學校審查合格者，得逕由中央主管機關發給教師證書。

第 8 條　專科以上學校教師資格審定辦法，由中央主管機關定之。

第三章　聘任

第 9 條　高級中等以下學校教師之聘任，分初聘、續聘及長期聘任，除有下列情形之一者外，應經教師評審委員會審查通過後，由校長聘任之：

一、依師資培育法規定分發之公費生。

二、依國民教育法或高級中等教育法回任教師之校長。

前項教師評審委員會之組成，應包括教師代表、學校行政人員代表及家長會代表一人；其中未兼行政或董事之教師代表，不得少於總額二分之一，但教師之員額少於委員總額二分之一者，不在此限。

高級中等以下學校教師評審委員會於處理第十四條第一項第七款及第十款、第十五條第一項第一款至第四款時，學校應另行增聘校外學者專家擔任委員，至未兼行政或董事之教師代表人數少於委員總額二分之一為止。

前三項教師評審委員會之任務、組成方式、任期、議事、迴避及其他相關事項之辦法，由中央主管機關定之。

第 10 條　高級中等以下學校教師之聘任，以具有教師證書者為限。

高級中等以下學校教師聘任期限，初聘為一年；續聘第一次為一年，以後續聘每次為二年；續聘三次以上服務成績優良者，經教師評審委員會全體委員三分之二以上審查通過後，得以長期聘任，其聘期由各校教師評審委員會訂定之，至多七年。

專科以上學校教師之聘任及期限，分別依大學法及專科學校法之規定辦理。

第 11 條　高級中等以下學校科、組、課程調整或學校減班、停辦或解散時，學校對仍願繼續任教且在校內有其他適當工作可以調任之合格教師，應優先輔導調整職務；在校內無其他適當工作可以調整職務者，學校或主管機關應優先輔導介聘。

高級中等以下學校或主管機關依前項規定優先輔導介聘之教師，經學校教師評審委員會審查發現有第三十條各款情形之一者，其聘任應不予通過。

第 12 條　專科以上學校系、所、科、組、課程調整或學校減班、停辦、解散時，學校對仍願繼續任教且有其他適當工作可以調任之合格教師，應優先輔導遷調，各該主管機關應輔導學校執行。

專科以上學校依前項規定優先輔導遷調之教師，經教師評審委員會審查發現有下列各款情形之一者，其聘任得不予通過：

一、第十四條第一項、第十五條第一項或第十六條第一項各款情形之一，尚在解聘或不續聘處理程序中。

二、有第十八條、第二十一條、第二十二條第一項或第二項之情形，尚在停聘處理程序中或停聘期間。

三、第二十七條第一項第二款或第三款情形之一，尚在資遣處理程序中。

第 13 條　教師除有第十四條至第十六條、第十八條、第十九條、第二十一條及第二十二條情形之一者外，不得解聘、不續聘或停聘。

第四章　解聘、不續聘、停聘及資遣

第 14 條　教師有下列各款情形之一者，應予解聘，且終身不得聘任為教師：

一、動員戡亂時期終止後，犯內亂、外患罪，經有罪判決確定。

二、服公務，因貪污行為經有罪判決確定。

三、犯性侵害犯罪防治法第二條第一項所定之罪，經有罪判決確定。

四、經學校性別平等教育委員會或依法組成之相關委員會調查確認有性侵害行為屬實。

五、經學校性別平等教育委員會或依法組成之相關委員會調查確認有性騷擾或性霸凌行為，有解聘及終身不得聘任為教師之必要。

六、受兒童及少年性剝削防制條例規定處罰，或受性騷擾防治法第二十條或第二十五條規定處罰，經學校性別平等教育委員會確認，有解聘及終身不得聘任為教師之必要。

七、經各級社政主管機關依兒童及少年福利與權益保障法第九十七條規定處罰，並經學校教師評審委員會確認，有解聘及終身不得聘任為教師之必要。

八、知悉服務學校發生疑似校園性侵害事件，未依性別平等教育法規定通報，致再度發生校園性侵害事件；或偽造、變造、湮滅或隱匿他人所犯校園性侵害事件之證據，經學校或有關機關查證屬實。

九、偽造、變造或湮滅他人所犯校園毒品危害事件之證據，經學校或有關機關查證屬實。

十、體罰或霸凌學生，造成其身心嚴重侵害。

十一、行為違反相關法規，經學校或有關機關查證屬實，有解聘及終身不得聘任為教師之必要。

教師有前項第一款至第三款規定情形之一者，免經教師評審委員會審議，並免報主管機關核准，予以解聘，不受大學法第二十條第一項及專科學校法第二十七條第一項規定之限制。

教師有第一項第四款至第六款規定情形之一者，免經教師評審委員會審議，由學校逕報主管機關核准後，予以解聘，不受大學法第二十條第一項及專科學校法第二十七條第一項規定之限制。

教師有第一項第七款或第十款規定情形之一者，應經教師評審委員會委員三分之二以上出席及出席委員二分之一以上之審議通過，並報主管機關核准後，予以解聘；有第八款、第九款或第十一款規定情形之一者，應經教師評審委員會委員三分之二以上出席及出席委員三分之二以上之審議通過，並報主管機關核准後，予以解聘。

第15條 教師有下列各款情形之一者，應予解聘，且應議決一年至四年不得聘任為教師：

一、經學校性別平等教育委員會或依法組成之相關委員會調查確認有性騷擾或性霸凌行為，有解聘之必要。

二、受兒童及少年性剝削防制條例規定處罰，或受性騷擾防治法第二十條或第二十五條規定處罰，經學校性別平等教育委員會確認，有解聘之必要。

三、體罰或霸凌學生，造成其身心侵害，有解聘之必要。

四、經各級社政主管機關依兒童及少年福利與權益保障法第九十七條規定處罰，並經學校教師評審委員會確認，有解聘之必要。

五、行為違反相關法規，經學校或有關機關查證屬實，有解聘之必要。

教師有前項第一款或第二款規定情形之一者，應經教師評審委員會委員二分之一以上出席及出席委員二分之一以上之審議通過，並報主管機關核准後，予以解聘。

教師有第一項第三款或第四款規定情形之一者，應經教師評審委員會委員三分之二以上出席及出席委員二分之一以上之審議通過，並報主管機關核准後，予以解聘；有第五款規定情形者，應經教師評審委員會委員三分之二以上出席及出席委員三分之二以上之審議通過，並報主管機關核准後，予以解聘。

第 16 條　教師聘任後，有下列各款情形之一者，應經教師評審委員會審議通過，並報主管機關核准後，予以解聘或不續聘；其情節以資遣為宜者，應依第二十七條規定辦理：

一、教學不力或不能勝任工作有具體事實。

二、違反聘約情節重大。

教師有前項各款規定情形之一者，應經教師評審委員會委員三分之二以上出席及出席委員三分之二以上之審議通過。但高級中等以下學校教師有前項第一款情形，學校向主管機關申請教師專業審查會調查屬實，應經教師評審委員會委員二分之一以上出席及出席委員二分之一以上之審議通過。

第 17 條　主管機關為協助高級中等以下學校處理前條第一項第一款及第二十六條第二項情形之案件，應成立教師專業審查會，受理學校申請案件或依第二十六條第二項提交教師專業審查會審議之案件。

教師專業審查會置委員十一人至十九人，任期二年，由主管機關首長就行政機關代表、教育學者、法律專家、兒童及少年福利學者專家、全國或地方校長團體代表、全國或地方家長團體代表及全國或地方教師組織推派之代表遴聘（派）兼之；任一性別委員人數不得少於委員總數三分之一。

第一項教師專業審查會之組成及運作辦法，由中央主管機關定之。

教師專業審查會之結案報告摘要，應供公眾查閱。

第 18 條　教師行為違反相關法規，經學校或有關機關查證屬實，未達解聘之程度，而有停聘之必要者，得審酌案件情節，經教師評審委員會委員三分之二以上出席及出席委員三分之二以上之審議通過，議決停聘六個月至三年，並報主管機關核准後，予以終局停聘。

前項停聘期間，不得申請退休、資遣或在學校任教。

第 19 條　有下列各款情形之一者，不得聘任為教師；已聘任者，應予以解聘：

一、有第十四條第一項各款情形之一。

二、有第十五條第一項各款情形之一，於該議決一年至四年期間。

有前條第一項情形者，於該停聘六個月至三年期間，其他學校不得聘任其為教師；已聘任者，應予以解聘。

前二項已聘任之教師屬依第二十條第一項規定通報有案者，免經教師評審委員

會審議，並免報主管機關核准，予以解聘，不受大學法第二十條第一項及專科學校法第二十七條第一項規定之限制；非屬依第二十條第一項規定通報有案者，應依第十四條或第十五條規定予以解聘。

本法中華民國一百零二年六月二十七日修正之條文施行前，因行為不檢有損師道，經有關機關查證屬實而解聘或不續聘之教師，除屬性侵害行為；性騷擾、性霸凌行為、行為違反相關法令且情節重大；體罰或霸凌學生造成其身心嚴重侵害者外，於解聘或不續聘生效日起算逾四年者，得聘任為教師。

第 20 條　教師有第十四條第一項、第十五條第一項、第十八條第一項及前條第一項、第二項規定之情形者，各級主管機關及各級學校應依規定辦理通報、資訊之蒐集及查詢。

學校聘任教師前，應查詢其有無前條第一項及第二項規定之情形；已聘任者，應定期查詢。

各級主管機關協助學校辦理前項查詢，得使用中央社政主管機關建立之依兒童及少年性剝削防制條例、性騷擾防治法第二十條或兒童及少年福利與權益保障法第九十七條規定受行政處罰者之資料庫。

前三項之通報、資訊之蒐集、查詢、處理、利用及其他相關事項之辦法，由中央主管機關定之。

第 21 條　教師有下列各款情形之一者，當然暫時予以停聘：

一、依刑事訴訟程序被通緝或羈押。

二、依刑事確定判決，受褫奪公權之宣告。

三、依刑事確定判決，受徒刑之宣告，在監所執行中。

第 22 條　教師涉有下列各款情形之一者，服務學校應於知悉之日起一個月內經教師評審委員會審議通過後，免報主管機關核准，暫時予以停聘六個月以下，並靜候調查；必要時，得經教師評審委員會審議通過後，延長停聘期間二次，每次不得逾三個月。經調查屬實者，於報主管機關後，至主管機關核准及學校解聘前，應予停聘，免經教師評審委員會審議：

一、第十四條第一項第四款至第六款情形。

二、第十五條第一項第一款或第二款情形。

教師涉有下列各款情形之一，服務學校認為有先行停聘進行調查之必要者，應經教師評審委員會審議通過，免報主管機關核准，暫時予以停聘三個月以下；必要時得經教師評審委員會審議通過後，延長停聘期間一次，且不得逾三個月。經調查屬實者，於報主管機關後，至主管機關核准及學校解聘前，得經教師評審委員會審議通過後，予以停聘：

一、第十四條第一項第七款至第十一款情形。

二、第十五條第一項第三款至第五款情形。

前二項情形應經教師評審委員會委員二分之一以上出席及出席委員二分之一以上之審議通過。

第23條　教師停聘期間，服務學校應予保留底缺；終局停聘期間遇有聘約期限屆滿情形者，學校應予續聘。

依第十八條、前條第一項或第二項規定停聘之教師，於停聘期間屆滿後，學校應予復聘，教師應於停聘期間屆滿次日向學校報到復聘。

依前條第一項或第二項規定停聘之教師，於停聘期間屆滿前，停聘事由已消滅者，得申請復聘。

依前項規定申請復聘之教師，應經教師評審委員會委員二分之一以上出席及出席委員二分之一以上之審議通過後復聘。

依第二十一條規定停聘之教師，於停聘事由消滅後，除經學校依前條第二項規定予以停聘外，學校應予復聘，教師應於事由消滅後次日向學校報到復聘。

經依法停聘之教師，未依第二項規定於停聘期間屆滿次日或未依前項規定於事由消滅後次日向學校報到復聘，或未依第三項規定於停聘事由消滅後三個月內申請復聘者，服務學校應負責查催，教師於回復聘任報到前，仍視為停聘；如仍未於接到查催通知之日起三十日內報到復聘者，除有不可歸責於該教師之事由外，視為辭職。

第24條　受解聘、不續聘或停聘之教師，依法提起救濟後，原解聘、不續聘或停聘決定經撤銷或因其他事由失去效力，除得依法另為處理者外，其服務學校應通知其復聘，免經教師評審委員會審議。

依前項規定復聘之教師，於接獲復聘通知後，應於三十日內報到，其未於期限內報到者，除經核准延長或有不可歸責於該教師之事由外，視為辭職。

依第一項或前條第二項、第三項或第五項規定復聘之教師，服務學校應回復其教師職務。

第25條　依第十八條第一項或第二十一條第二款、第三款停聘之教師，停聘期間不發給待遇。

依第二十一條第一款、第二十二條第一項、第二十三條第六項停聘之教師，於停聘期間不發給待遇；停聘事由消滅後，未受解聘或終局停聘處分，並回復聘任者，補發其停聘期間全數本薪（年功薪）。

依第二十二條第二項停聘之教師，於停聘期間發給半數本薪（年功薪）；調查後未受解聘或終局停聘處分，並回復聘任者，補發其停聘期間另半數本薪（年功薪）。

第26條　學校教師評審委員會、性別平等教育委員會或依法組成之相關委員會依第十四條至第十六條規定作成教師解聘或不續聘之決議，或依第十八條規定作成教師終局停聘之決議後，除本法另有規定外，學校應自決議作成之日起十日內報主管機關核准，並同時以書面附理由通知當事人。

高級中等以下學校教師涉有第十四條至第十六條或第十八條規定之情形，學校教師評審委員會未依規定召開、審議或決議，主管機關認有違法之虞時，應敘明理由交回學校審議或復議；屆期未依法審議或復議者，主管機關得敘明理由

逕行提交教師專業審查會審議，並得追究學校相關人員責任。

前項教師專業審查會之決議，應依該案件性質，以學校教師評審委員會原應經之委員出席比率及表決比率審議通過；其決議視同學校教師評審委員會之決議。

專科以上學校教師涉有第十四條至第十六條或第十八條規定之情形，學校教師評審委員會未依規定召開、審議或決議，主管機關認有違法之虞時，應敘明理由交回學校審議或復議；屆期未依法審議或復議者，主管機關得追究學校相關人員責任。

教師解聘、不續聘或終局停聘案尚在處理程序中，其聘約期限屆滿者，學校應予暫時繼續聘任。

第27條　教師有下列各款情事之一者，應經教師評審委員會審議通過，並報主管機關核准後，得予以資遣：

一、因系、所、科、組、課程調整或學校減班、停辦、解散時，現職已無工作又無其他適當工作可以調任。

二、現職工作不適任且無其他工作可調任；或經中央衛生主管機關評鑑合格之醫院證明身體衰弱不能勝任工作。

三、受監護宣告或輔助宣告，尚未撤銷。

符合退休資格之教師有前項各款情形之一，經核准資遣者，得於資遣確定之日起一個月內依規定申請辦理退休，並以原核准資遣生效日為退休生效日。

第28條　學校於知悉教師涉有第十四條第一項或第十五條第一項所定情形之日起，不得同意其退休或資遣。

教師離職後，學校始知悉該教師於聘任期間涉有第十四條第一項或第十五條第一項所定之情形者，學校仍應予以解聘，並依第二十條規定辦理通報。

第29條　高級中等以下學校依本法所為教師之解聘、不續聘、停聘或資遣程序及相關事項之辦法，由中央主管機關定之。

第30條　高級中等以下學校現職教師，有下列各款情形之一者，不得申請介聘：

一、有第十四條第一項、第十五條第一項或第十六條第一項各款情形之一，尚在調查、解聘或不續聘處理程序中。

二、有第十八條第一項、第二十一條、第二十二條第一項或第二項情形，尚在調查、停聘處理程序中或停聘期間。

三、有第二十七條第一項第二款或第三款情形，尚在調查、資遣處理程序中。

第五章　權利義務

第31條　教師接受聘任後，依有關法令及學校章則之規定，享有下列權利：

一、對學校教學及行政事項提供興革意見。

二、享有待遇、福利、退休、撫卹、資遣、保險等權益及保障。

三、參加在職進修、研究及學術交流活動。

四、參加教師組織，並參與其他依法令規定所舉辦之活動。

五、對主管機關或學校有關其個人之措施，認為違法或不當致損害其權益者，得依法提出申訴。

六、教師之教學及對學生之輔導依法令及學校章則享有專業自主。

七、除法令另有規定者外，教師得拒絕參與主管機關或學校所指派與教學無關之工作或活動。

八、教師依法執行職務涉訟時，其服務學校應輔助其延聘律師為其辯護及提供法律上之協助。

九、其他依本法或其他法律應享有之權利。

前項第八款情形，教師因公涉訟輔助辦法，由中央主管機關定之；另其涉訟係因教師之故意或重大過失所致者，應不予輔助；如服務學校已支付涉訟輔助費用者，應以書面限期命其繳還。

第 32 條　教師除應遵守法令履行聘約外，並負有下列義務：

一、遵守聘約規定，維護校譽。

二、積極維護學生受教之權益。

三、依有關法令及學校安排之課程，實施適性教學活動。

四、輔導或管教學生，導引其適性發展，並培養其健全人格。

五、從事與教學有關之研究、進修。

六、嚴守職分，本於良知，發揚師道及專業精神。

七、依有關法令參與學校學術、行政工作及社會教育活動。

八、非依法律規定不得洩漏學生個人或其家庭資料。

九、擔任導師。

十、其他依本法或其他法律規定應盡之義務。

前項第四款及第九款之辦法，由各校校務會議定之。

第 33 條　各級學校教師在職期間應主動積極進修、研究與其教學有關之知能。

教師在職進修得享有帶職帶薪或留職停薪之保障；其進修、研究之經費得由學校或所屬主管機關編列預算支應。

為提升教育品質，鼓勵各級學校教師進修、研究，中央主管機關應規劃多元之教師進修、研究等專業發展制度，其方式、獎勵相關事項之辦法，由中央主管機關定之。

高級中等以下學校各主管機關應建立教師諮商輔導支持體系，協助教師諮商輔導；其辦法由各該主管機關定之。

第 34 條　教師違反第三十二條第一項各款之規定者，各聘任學校應交教師評審委員會評議後，由學校依有關法令規定處理。

第 35 條　教師因婚、喪、疾病、分娩或其他正當事由，得依規定請假；其基於法定義務出席作證性侵害、性騷擾及霸凌事件，應給予公假。

前項教師請假之假別、日數、請假程序、核定權責與違反之處理及其他相關事

項之規則，由中央主管機關定之。

第36條 教師之待遇，另以法律定之。

第37條 公私立學校教師互轉時，其未核給退休、撫卹、離職及資遣給與之任職年資應合併計算。

第38條 教師之退休、撫卹、離職、資遣及保險，另以法律定之。

第六章 教師組織

第39條 教師組織分為三級：在學校為學校教師會；在直轄市及縣（市）為地方教師會；在中央為全國教師會。

學校班級數少於二十班時，得跨區（鄉、鎮）合併成立學校教師會。

各級教師組織之設立，應依人民團體法規定向該管主管機關申請辦理。

地方教師會應有行政區內半數以上學校教師會加入，始得設立。全國教師會應有半數以上之地方教師會加入，始得成立。

第40條 各級教師組織之基本任務如下：

一、維護教師專業尊嚴與專業自主權。

二、與各級機關協議教師聘約及聘約準則。

三、研究並協助解決各項教育問題。

四、監督離職給付儲金機構之管理、營運、給付等事宜。

五、派出代表參與教師聘任、申訴及其他與教師有關之法定組織。

六、制定教師自律公約。

第41條 學校不得限制教師參加教師組織或擔任教師組織職務。

學校不得因教師參加教師組織、擔任教師組織職務或參與活動，拒絕聘用、解聘或為其他不利之待遇。

第七章 申訴及救濟

第42條 教師對學校或主管機關有關其個人之措施，認為違法或不當，致損害其權益者，得向各級教師申訴評議委員會提起申訴、再申訴。

教師因學校或主管機關對其依法申請之案件，於法定期間內應作為而不作為，認為損害其權益者，亦得提起申訴；法令未規定應作為之期間者，其期間自學校或主管機關受理申請之日起為二個月。

申訴之提起，應於收受或知悉措施之次日起三十日內以書面為之；再申訴應於申訴評議書達到之次日起三十日內以書面為之。

前項期間，以申訴評議委員會收受申訴書或再申訴書之日期為準。

第43條 教師申訴評議委員會委員，由教師、社會公正人士、學者專家、該地區教師組織代表，及組成教師申訴評議委員會之主管機關或學校代表擔任之；其中未兼

行政職務之教師人數不得少於委員總數三分之二。

前項教師組織代表在直轄市、縣（市）由直轄市、縣（市）教師會推薦；在專科以上學校由該校教師會推薦，其無教師會者，由該學校教育階段相當或直轄市、縣（市）教師會推薦；在中央教師申訴評議委員會由全國教師會推薦。

教師申訴評議委員會之組織、迴避、評議程序與方式及其他相關事項之準則，由中央主管機關定之；軍警校院及矯正學校適用之規定，得由各該主管機關另定之。

各級教師申訴評議委員會組織與第一項及第二項規定不符者，應於本法中華民國一百零八年五月十日修正之條文施行之日起一年內完成修正。

第44條　教師申訴之程序分為申訴及再申訴二級如下：
一、專科以上學校分學校及中央二級。
二、高級中等以下學校分直轄市、縣（市）及中央二級。但中央主管機關所屬學校為中央一級，其提起之申訴，以再申訴論。

教師不服申訴決定者，得提起再申訴；學校及主管機關不服申訴決定者，亦同。

教師依本法提起申訴、再申訴後，不得復依訴願法提起訴願；於申訴、再申訴程序終結前提起訴願者，受理訴願機關應於十日內，將該事件移送應受理之教師申訴評議委員會，並通知教師；同時提起訴願者，亦同。

教師依訴願法提起訴願後，復依本法提起申訴者，受理之教師申訴評議委員會應停止評議，並於教師撤回訴願或訴願決定確定後繼續評議；原措施屬行政處分者，應為申訴不受理之決定。

本法中華民國一百零八年五月十日修正之條文施行前，尚未終結之事件，其以後之程序，依修正施行後之本法規定終結之。

原措施性質屬行政處分者，其再申訴決定視同訴願決定；不服再申訴決定者，得依法提起行政訴訟。

第45條　評議決定確定後，就其事件，有拘束各關係機關、學校之效力；原措施之學校或主管機關應依評議決定執行，主管機關並應依法監督其確實執行。

學校未依前項規定辦理，主管機關得依相關法規追究責任，並作為扣減或停止部分或全部學校獎勵、補助或其他措施之依據。

第46條　直轄市、縣（市）及中央教師申訴評議委員會之評議書應主動公開。但其他法律另有規定者，依其規定。

前項公開，應不包括自然人姓名以外之自然人國民身分證統一編號、護照號碼及其他足資識別該個人之資料。

第八章　附則

第47條　各級學校兼任教師之資格檢定與審定，依本法之規定辦理。

兼任、代課及代理教師之權利、義務、資格、聘任、終止聘約、停止聘約之執

行與其通報、資訊之蒐集、查詢及其他相關事項之辦法，由中央主管機關定之。
各級學校專業、技術科目教師及擔任健康與護理課程之護理教師，其資格均依
教育人員任用條例之規定辦理。

第 48 條　前條第三項之護理教師，其解職、申訴、進修、待遇、福利、退休、資遣、撫
卹事項，準用教師相關法令規定。

經主管機關介派之護理教師具有健康與護理科合格教師資格者，主管機關得辦
理介聘為健康與護理科教師；其介聘辦法，由中央主管機關定之。

第 49 條　本法各相關條文之規定，於下列幼兒園教師準用之：

一、公立幼兒園教師，其聘任、解聘、不續聘、停聘、資遣、教師組織、申
　　訴、救濟及其他管理相關事項。

二、中華民國一百年十二月三十一日以前已準用本法之私立幼兒園教師，其聘
　　任、進修、研究、離職、資遣、教師組織及申訴相關事項。

第 50 條　各級學校校長，得準用教師申訴之規定提起申訴。

第 51 條　本法授權中央主管機關訂定之各項法規命令，中央主管機關應邀請全國教師組
織代表參與訂定。

第 52 條　本法施行細則，由中央主管機關定之。

第 53 條　本法施行日期，由行政院定之。

參考文獻

一、中文部分

人之（1982 年 1 月 27 日）。原諒這一次。**中國時報**，第 22 版。

中華民國全國教師會（無日期）。**全國教師自律公約**。http://www.nta.org.tw/w130/cadre/orgine/890201.doc

中華書局辭海編輯委員會（1986）。**辭海（下）**。中華。

內政統計月報（無日期）。現住人口出生、死亡、結婚、離婚登記。http://www.moi.gov.tw/files/site_stuff/321/1/month/month.html

內政部戶政司（2020）。**民國 108 年重要人口指標**。

方志賢（2015 年 1 月 19 日）。師翻垃圾桶查菸 學生翻桌嗆滾。**自由時報**。https://news.ltn.com.tw/news/life/paper/848689

尹玫君（1992）。電腦與人性。**初等教育學報，5**，24。

方炳林（1976）。**小學課程發展**。正中。

方炳林（1988）。**普通教學法**。三民。

方祖燊輯（1995）。**教育家的智慧─劉眞先生語粹**。遠流。

毛連塭等（1991）。**我國各級學校生活教育內涵及改進途徑之研究**。教育部訓育委員會委託研究。

毛禮銳、邵鶴亭和瞿菊農（1989）。**中國教育史**。五南。

王文科（1988）。**課程論**。五南。

王承緒（主編）（2000）。**英國教育**。吉林教育出版社。

王家通（1990）。學校制度。載於黃光雄主編：**教育概論**。師大書苑。

王義高（2000）。**蘇俄教育**。吉林教育出版社。

王道俊和王又瀾（1992）。**教育學**。人民教育出版社。

王鳳喈（1986）。**中國教育史**。正中。

司琦編（1989）。**劉眞先生文集（第一冊）**。臺灣商務印書館。

甘治湘主編（1997）。**教育學**。湖南師範大學出版社。

田培林（1981）。**教育史**。正中。

石佩臣主編（1996）。**教育學基礎理論**。東北師範大學出版社。

朱匯森（1991）。專業精神是優良教師必備的條件。載於梁尚勇編：**樹立教師的新形象**。臺灣書店。

朱敬先（1987）。**教學心理學**。五南。

行政院教育改革審議委員會（1996）。**教育改革總諮議報告書**。作者。

何英奇（1992）。教學評量的基本原則。載於國立臺灣師範大學學術研究委員會主編：**教學評量研究**。五南。

余書麟（1960）。中國教育史。國立臺灣師範大學出版組。

吳文侃（1992）。蘇聯教育。載於吳文侃和楊漢清主編：比較教育學。五南。

吳明清（1992）。教育研究：基本觀念與方法之分析。五南。

吳武典等著（1990）。輔導原理。心理。

吳俊升（1985）。教育哲學大綱。臺灣商務印書館。

吳清山（1984）。學校效能研究。五南。

吳清山（1989）。國民小學管理模式與學校效能關係之研究。國立政治大學教育研究所（未出版博士論文），臺北市。

吳清山（1989）。課程決定的理論探討。教育與心理研究，**12**，199-229。

吳清山（1994）。美國教育組織與行政。五南。

吳清山（1996）。教育改革與教育發展。心理。

吳清山（2002）。初等教育。五南。

吳清山（2003）。教育法規：理論與實務。心理。

吳清山（2003）。學校效能研究：理念與應用。臺灣教育，**619**，2-13。

吳清山（2012）。差異化教學與學生學習。國家教育研究院電子報，https://epaper.naer.edu.tw/index.php?edm_no=38

吳清山（2012）。邁向公義和永續新教育。師友，**536**，1-4。

吳清山（2016）。教育的正向力量。高等教育。

吳清山（2020）。教育 **V** 辭書。高等教育。

吳清山、林天祐（2001）。課程領導。教育資料與研究，**38**，47。

吳清山、林天祐（2003）。教育小辭書。五南。

吳清山、林天祐（2014）。教育 **U** 辭書。高等教育。

吳清山、黃美芳、徐緯平（2002）。教育績效責任研究。高等教育。

吳清山、劉春榮、陳明終、黃旭鈞、吳明珏、陳賢舜、王令宜、林慈、李昆穎（2010）。**2010 年國民教育政策與問題調查報告**。國立教育資料館。

吳清山、蔡菁芝（2002）。國民中小學學校社區化的重要理念與實施策略，教育資料集刊，**27**，157-170。

李其龍（主編）（2000）。**德國教育**。吉林教育出版社。

李坤崇（2004）。修訂 Bloom 認知分類及命題實例。教育研究，**122**，98-127。

李宗憲（2019 年 7 月 4 日）。台灣多元文化：小學多語教學引發對英語教育衝擊的擔心。https://www.bbc.com/zhongwen/trad/chinese-news-48798125

李滄浪（1992 年 8 月 15 日）。不要打我，要再教我。中國時報，第 38 版。

杜作潤主編（1999）。中華人民共和國教育制度。三聯書店。

邢克超（1992）。法國教育。載於吳文侃和楊漢清主編：比較教育。五南。

邢克超、李興業（主編）（2000）。**法國教育**。吉林教育出版社。

林天祐（1996）。學校家長關係。載於國立教育資料館編：有效能學校。國立教育資料館。

林天祐、吳清山、張德銳、湯志民、丁一顧、周崇儒、蔡菁芝（2003）。教育行政學。心

理。

林玉体（1980）。西洋教育史。文景。

林生傳（1986）。個別化教學的認識與展望。載於中國教育學會主編：有效教學研究。臺灣書店。

林生傳（2003）。教育研究法。心理。

林秀姿、洪欣慈（2020 年 7 月 13 日）。108 課綱調查／上路周年 逾 6 成沒聽過新課綱。聯合新聞網，https://udn.com/news/story/12401/4696586

林清江（1986）。教育的未來導向。臺灣書店。

林貴美（1991）。法國教育制度。國立編譯館。

林雍智（2021）。教育學門論文寫作格式指引：APA 格式第七版之應用。心理。

林樂健（1992）。校園美化之理念與技巧。載於臺北市教師研習中心編：校園綠化美化。臺北市教師研習中心。

林寶山（1988）。教學原理。五南。

林寶山（1991）。美國教育制度及改革動向。五南。

林寶山譯，杜威原著（1990）。民主主義與教育。五南。

邱璽臣（2020 年 2 月 17 日）。發展綠電惹爭議　陳椒華：不應以砍樹為前提。匯流新聞網，https://cnews.com.tw/181200713a08/

邵珊（1992）。德國教育。載於吳文侃和楊漢清主編：比較教育。五南。

洪麗瑜（1995）。從校園暴力談整合多學門合作的輔導模式。學生輔導，**37**，36-43。

胡鍊輝（2003 年 8 月 3 日）。多給學生一次機會。聯合報，B8。

范榮達（2020 年 2 月 17 日）。國小種電砍樹？校長喊冤。聯合報，https://udn.com/news/story/7324/4351564

凌德麟（1992）。淺談校園的規劃與設計。載於臺北市教師研習中心編：學校營繕工程實務。臺北市教師研習中心。

孫邦正（1989）。教育概論。臺灣商務印書館。

浦薛鳳（1979）。西洋近代政治思潮。臺灣商務印書館。

秦玉梅（1996）。談學校性教育。現代教育論壇研討會。臺北市立師範學院，5 月 1 日。

秦夢群（1997）。教育行政─理論部分。五南。

秦夢群（2003）。教育行政─實務部分。五南。

高金桂（1995）。暴力行為之法律上的意義及其違法性。學生輔導，**37**，21-27。

國家圖書館（2004）。國家圖書館簡介。http://www.ncl.edu.tw/

張玉成（1984）。迎向二十一世紀國民小學教師應具備之基本能力和素養。教育部人文及社會學科教育指導委員會。

張玉成（1993）。思考技巧與教學。心理。

張春興（1984）。教育心理學。東華。

張春興（1990）。現代心理學。東華。

張春興（1994）。教育心理學三化取向的理論與實踐。東華。

張美惠譯，丹尼爾・高曼著（1996）。**EQ**。時報文化。

張茵倩、楊俊鴻（2019）。從校訂到校本：校長課程領導的行動策略。課程研究，14(2)，49-65。

張德永（2002）。學校社區化的社會學理論基礎。教育資料集刊，**27**，11-34。

張德銳、邱惜玄、高紅瑛、陳淑茗、管淑華和蕭福生（2002）。**協同教學—理論與實務**。五南。

教育部（1993）。**國民小學課程標準**。作者。

教育部（1995）。**中華民國身心障礙教育報告書—充分就學適性發展**。作者。

教育部（2004）。**中華民國教育統計指標**。作者。

教育部（2016）。**中華民國教師專業標準指引**。作者。

教育部（2017）。**十二年國民基本教育實施計畫**。作者。

教育部（2018）。**中華民國教師專業素養指引—師資職前教育階段暨師資職前教育課程基準修正規定**。作者。

教育部（2020）。**中小學國際教育白皮書 2.0**。作者。

教育部訓育委員會、臺灣省政府教育廳、臺北市政府教育局和高雄市政府教育局（1986）。**國民小學訓導工作手冊**。作者。

教育部教育年鑑編纂委員會（1985）。**第五次中華民國教育年鑑**。正中。

教育部統計處（無日期）。**學生平均身高、體重、體適能**。https://depart.moe.edu.tw/ed4500/cp.aspx?n=DCD2BE18CFAF30D0

許春金和周文勇（1996）。**男性與女性少年偏差行為及成因差異之實證研究**。解構青春少年時：1996 年臺灣青少年犯罪與矯治問題研討會。臺北市立師範學院，9 月 21 日。

郭生玉（1990）。**心理與教育測驗**。精華。

郭生玉（2012）。**心理與教育研究法：量化、質性與混合研究方法**。精華。

陳伯璋（1985）。**潛在課程研究**。五南。

陳伯璋、陳伯達合譯，布魯納著（1975）。**教育的過程**。世界文物。

陳東原（1980）。**中國教育史**。臺灣商務印書館。

陳青之（1963）。**中國教育史**。臺灣商務印書館。

陳奎憙（1991）。**教育社會學**。師大書苑。

陳奎憙（1991）。**教育社會學研究**。師大書苑。

陳昭珍、林珊如、蘇諼、林麗娟（2000）。**資訊資源管理**。空大。

陳迺臣（1990）。**教育哲學**。心理。

陳迺臣（1996）。教育的目的與功能。載於王家通主編：**教育導論**。麗文。

陳龍安（1993）。創造思考教學法。載於臺北市教師研習中心編：**尖端教學法**。臺北市教師研習中心。

陳麗欣（1996）。從校園暴行之迷思談校園危機處理。校園危機處理的問題與對策學術研討會，臺北市立師範學院，1 月 23 日。

湯志民（1994）。學校建築的人文教育環境規劃。初等教育學刊，**3**，254。

湯志民（1997）。學校環境規劃。載於吳清山等著：有效能的學校。國立教育資料館。

湯志民（2003）。學效綠建築規劃之探析。載於中華民國學校建築研究學會主編：永續發展的學校建築。中華民國學校建築研究學會。

雲五社會科學大辭典編輯委員會。教育學（第八冊）（1970）。臺灣商務印書館。

馮觀富（1996）。輔導原理與實務。心理。

黃世孟（1995）。教育改革中之最大教具：國民小學學校建築之轉型。載於中華民國學校建築研究學會：第四屆優良學校建築規劃評介臺灣地區高職篇。臺灣書店。

黃旭鈞（2003）。課程領導：理論與實務。心理。

黃秀文（1996）。從傳統到變通：教學評量的省思。國民教育研究學報，2，1-26。

黃坤謨（1984）。作業批改經驗分享。康橋教研學會雜誌，15，30。

黃昆輝（1993）。教育行政學。東華。

黃政傑（1985）。教育與進步。文景。

黃政傑（1987）。課程評鑑。師大書苑。

黃政傑（1991）。課程設計。東華。

楊思偉（2020）。比較教育（第2版）。心理。

楊亮功主編（1989）。教育學。臺灣商務印書館。

楊亮功譯，克伯萊著（1980）。西洋教育史（上冊）。協志。

楊桂杰（1992）。賦予教師懲戒權之探討制定教師法爭議問題研究。立法諮詢中心專題研究報告。立法院。

楊國德（2002）。成人教育在學校社區化的角色與功能。教育資料集刊，27，73-92。

楊國賜（1977）。現代教育思潮。黎明。

楊漢清（1992）。英國教育，載於吳文侃和楊漢清主編，比較教育。五南。

楊懋春（1985）。社會學。臺灣商務印書館。

溫世頌（1978）。教育心理學。三民。

葉學志（1985）。教育哲學。三民。

詹火生和楊瑩（1989）。英國高等教育制度現況及發展趨勢。國立教育資料館。

詹棟樑（1992）。教育專業人員的道德責任與專業精神。載於中華民國師範教育學會主編：教育專業。師大書苑。

雷通群（1980）。西洋教育史。臺灣商務印書館。

臺灣中華書局編輯部（1984）。西洋教育史。臺灣中華。

臺灣中華書局辭海編輯委員會（1985）。辭海。臺灣中華。

臺灣省國民學校教師研習會・國民小學教師基本能力研究委員會（1976）。國民小學教師基本能力研究報告。臺灣省國民學校教師研習會。

劉伯驥（1979）。西洋教育史。臺灣中華。

劉真（1979）。教育與師道（下冊）。正中。

劉焜輝（1984）。從輔導的角度談偏差行為。教師天地，69，5-8。

歐用生（1990）。課程發展的基本原理。復文。

歐陽教（1973）。**教育哲學**。文景。

歐陽教（1986）。教學的觀念分析。載於中國教育學會主編：**有效教學研究**。臺灣書店。

歐陽教（1988）。教學的觀念分析。載於中國教育學會主編：**現代教育思潮**。師大書苑。

潘姿羽（2020 年 8 月 18 日）。台灣人口提前進入負成長　2025 年邁向超高齡社會。**中央社**。https://www.cna.com.tw/news/firstnews/202008180215.aspx

潘慧玲（2004）。**教育論文格式**。雙葉。

蔡保田（1977）。**學校建築學**。國立編譯館。

鄭石岩（1994）。**教師的大愛**。遠流。

鄭金洲（2000）。**教育通論**。華東師範大學出版社。

鄭重信（1985）。西德教育。載於林清江主編：**比較教育**。五南。

盧美杏（1992 年 5 月 27 日）。情願一死證明人間有大愛。**中國時報**，第 17 版。

謝文全（2003）。**教育行政學**。高等教育。

謝高橋（1985）。**社會學**。巨流。

謝雅惠（2002）。**教育資訊資源整合之研究—以臺北市國民小學為例**。臺北市立師範學院國民教育研究所（未出版碩士論文），臺北市。

謝瑞智（1992）。**教育法學**。文笙。

簡茂發（1986）。教學評量原理與方法。載於中國教育學會主編：**有效教學研究**。臺灣書店。

簡茂發（1996）。評量。載於黃政傑主編：**教學評量**。師大書苑。

嚴翼長（1986）。歐洲學制的比較。載於李恩國等著：**歐洲各國教育制度**。幼獅文化。

龔寶善（1971）。構成優良教師因素的分析。載於中國教育學會主編：**教師素質研究**。臺灣商務印書館。

二、英文部分

American Psychological Association (2020). *Publication manual of American Psychological Association* (6th ed.). Author.

Gove, P. B. (Ed.) (1986). *Webster's third new international dictionary*. Merrian-Webster.

Griffin, R. W. (1990). *Management*. Houghton Miffin.

Haselkorn, D., & Calkins, A. (1993). *Careers in teaching handbook*. Recruiting New Teachers.

Hoy, C., & Gregg, N. (1994). *Assessment: The special educator's role*. Brooks/Cole.

Jacobsen, D., Eggen, P., & Kauchak, D. (1993). *Methods for teaching*. Merrill.

Jarolimek, J., & Foster, C. D., Sr. (1991). *Teaching & learning in the elementary school*. Macmillan.

Johnson, J. A., Dupuis, V. L., Musial, D., & Hall, G. E. (2002). *Introduction to the foundation of American education*. Allyn & Bacon.

Kerr, J. (Ed.) (1968). *Changing the curriculum*. University of London Press.

McCutcheon, G. (1995). Curriculum theory and practice for the 1990s. In A. C. Ornstein & L. S. Behar (ed.). *Contemporary issues in curriculum*. Allyn & Bacon.

Notterman, J. M., & Drewry, H. N. (1993). *Psychology and education*. Plenum.

Rich, J. M. (1992). *Foundations of education: Perspectives on American education*. Macnoillan.

Robbins, S. P. T. & Coulter, M. (2002). *Management*. Prentice-Hall.

Sadovnik, A. R., Cookson, P.W., Jr., & Semel, S. F. (1994). *Exploring education: An introduction to the foundations of education*. Allyn & Bacon.

Schofield, H. (1990). *The philosophy of education: An introduction*. Unwin Hyman.

Senge, P. M. (1990). *The fifth discipline: The art & practice of learning organization*. Currency Doubleday.

Wiles, J., & Bondi, J. (1993). *Curriculum development*. Merrill.

三、日文部分

玉置忠夫（1995）。**95 日本語教育機關總覽**。日本東京教育公論。

索　引

APA 格式　365

Bloom 認知分類　232

BMI（Body Mass Index）　079

M 型化　394

二劃

七藝　064

九年一貫課程暫行綱要　196

人力資源（human resources）　328, 334

人力資源管理（human resource management）　337

人文主義（humanism）　035

人本心理學（humanistic psychology）　040, 041

十二年國民基本教育實施計畫　317

十二年國民基本教育課程總綱　196

十二銅表法典　063

三劃

三級輔導　250

口腔期（oral stage）　092

大學法　015, 098

四劃

中介變項　357

中央集權制　269

中等教育（secondary education）　005

中華民國憲法　013

中學（又稱主幹學校，hauptschule）　296

五教　056

介入性輔導　251

內省法（introspective method）　040

內學生　064

公立學校（政府補助學校，maintained sec-tor）　292

公務員服務法　133

公學（public school）　294, 296

六行　057

六德　057

六學　059

六藝　057

分析哲學（analytic philosophy）　034

分科課程　189

壬子學制　308, 313

壬戌學制　308

壬寅學制　305, 313

太學　058, 060

心理分析理論（psychoanalytic theory）　091

心理發展危機（developmental crisis）　093

心智模式（mental models）　335

心靈空白說　031

文化學校（culture school）　064

文藝復興（Renaissance）　065

比馬龍效應（Pygmalion effect）　223

五劃

功能論（functionalism）　040, 043

史金納箱（Skinner Box）　040

司徒　056

四姓小侯學　058

四門學　060

四學制　058

外學生　064

平衡（equilibration）　085

幼兒教育及照顧法　014, 308

本我（id）　091

正規教育（formal education）　006

民主與教育（Democracy and Education）

012, 028

永恆主義（perennialism） 035

永續教育 408

永續發展 394

生活預備說 013

六劃

全人教育 196

全國教育會議 395

全國教師自律公約 126

全球化（globalization） 393

再建構（reconstruction） 150

再製（reproduction） 150

再調整（readjustment） 150

合自願性（voluntariness） 007

合科課程 189

合認知性（congitiveness） 007

合價值性（worthwhileness） 007

同化（assimilation） 085

因材施教 016

在家自行教育（home schooling） 005, 019, 403

地方分權制 269

地方制度法 273, 280

多元文化教育（multicultural education） 048

多元智能（learning styles and multiple intelligences） 220

存在主義（existentialism） 029

存在先於本質（existence precedes essence） 033

宇宙論（cosmology） 026

安全教育 241

有效能學校（effective school） 171

自我（ego） 091

自我超越（personal mastery） 335

自我應驗的預言（self-fulfilling prophecy）

223

自變項 357

行為主義（behaviorism） 035, 040

行為目標（behavioral objective） 221

行為論（behaviorism） 040

行動研究（action research） 355

行會 065

七劃

告德意志國民書 067

均權制 270

完全中學（gymnasium） 296

完形心理學（gestalt psychology） 040, 041

形上學（metaphysics） 026

形式運思期（formal operational stage） 086

形成性評量 228

改變技術（behavior modification） 041

村塾 061

私立學校（independent sector） 292

私立學校法 267

私學 057

系統思考（systems thinking） 335

肛門期（anal stage） 092

言論自由權（freedom of expression） 099

八劃

事後回溯法（causal-comparative） 354

依變項 357

兒童權利公約 401

兩性期（genital stage） 093

具體運思期（concrete operational stage） 086

典樂 056

初等教育（elementary education） 005

受教權 097

宗學 060

官塾 061

官學　057

性教育　083

性器期（phallic stage）　092

物理資源（physical resources）　328

知識經濟（knowledge-based economy）　012

知識論（epistemology）　026

社區學院（community college）　291

社會化（socialization）　045

社會教育　004

社學　061

空無課程（the null curriculum）　189

非正式教育（informal education）　006

非正規教育（non-formal education）　006

九劃

奏定學堂章程　061

建立共享願景（building shared vision）　335

建構主義（constructivism）　035

後現代主義（post-modernism）　037

後設認知（metacognition）　042

活動課程　190

癸卯學制　308, 313

相關課程　190

研究計畫（research proposal 或 research plan）　361

研究倫理　359

美國心理學會（American Psychological Association）　365

美學（esthetics）　027

重建主義（reconstructionism）　035

修院學校　064

倫理學（ethics）　027

兼辦行政能力　116

宮廷學校　065

家長志工制度　337

家庭教育　004

家塾　061

差異化教學（differentiate instruction）　220

差異化教學（differentiated instruction）　205

十劃

個別化教學（individualized instruction）　041, 176

個性化學習（personalized learning）　205, 220

弱勢族群教育　400

效能（effectiveness）　280

效率（efficiency）　280

書院　060

書館　058

校訂課程　198

校務發展基金　331

校園安全　241

校園霸凌　240

核心素養　196

核心課程　190

特別權力關係　138

特殊教育（special education）　005, 006

特殊教育法　251, 273

班級經營知識　116

班級經營能力　116

真實性評量（authentic assessment）　220, 230

能力本位師資教育（competency-based teacher education）　118

討論法（discussion method）　218

財政資源（financial resources）　328

高級中等教育法　014, 098, 151, 155

高等教育（higher education）　005, 006

十一劃

偏差行為 248

參與校務權 098

唯樂原則（pleasure principle） 091

啟蒙運動時期 066

國子監 059

國子學 058

國民教育法 014, 098, 151

國民教育法施行細則 109, 155

國家年度教師（national teachers of the year） 147

國家教育研究院 343

國家圖書館 344

國際教育 407

國學 057

基本能力 224

基本學力 224

基模（schema） 085

基礎研究（basic research） 353

基礎學校法 296

專門高中（specialized high schools） 291

專科學校法 015

專業精神（professionalism） 121

專業學習社群（professional learning community） 136

常模參照評量 228

情緒智力（emotional intelligence） 096

探究式教學法（Inquiry teaching） 219

敘述研究（descriptive research） 354

教育人員信條 124

教育行政 262

教育改革審議委員會 282

教育的功能（the function of education） 015

教育研究 352

教育基本法 013, 099, 267, 270

教育基礎知識 117

教育專業標準 123

教育部組織法 271

教育愛 139

教育經費編列與管理法 330

教育資訊資源（educational information resources） 342

教育機會均等 047, 405

教育機會均等報告書（Equality of Educational Opportunity） 171

教育選擇權（school choice） 049, 403

教育優先區 399

教師自律守則 127

教師法 128

教師效能 175

教師專業守則 127

教師專業自主 402

教師專業素養 124

教師期望（teacher expectation） 222

教師進修研究等專業發展辦法 135

教學 212

教學基本模式（the general model of instruction） 216

族塾 061

現實原則（reality principle） 091

理想主義（idealism） 029

產婆法（maieutic） 218

畢業會考（baccalaureat） 297

符號互動論（symbolic interactionism） 043

終身學習（lifelong learning） 012

終身學習法 315

處理行政知識 117

處遇性輔導 251

部定課程 198

十二劃

創造性教學法（creative teaching 或 innovative teaching） 219

創造思考教學法（teaching for creativity）
　　219

單軌制　068

普通教育（general education）　005, 006

普通鄉村學校法　067

智力商數（intelligence quotient）　087

欽定學堂章程　061

無障礙校園環境　170

發展性輔導　250

發現式教學法（discovery teaching）　218

評量　225

評鑑研究（evaluation research）　353

超我（super-ego）　091

進步主義（progressivism）　035

進步主義教育（progressive education）　032

鄉學　057

量的研究（quantitative research）　353

開放教育（open education）　041

十三劃

愛彌兒　358

感覺動作期（sensorimotor stage）　085

準備運思期（preoperational stage）　086

義務教育法（Compulsory School Attendance
　　Law）　291

義塾　061

腦力研究（brain-based research）　220

腦力激盪法（brainstorming）　219

資訊通訊科技（information and communica-
　　tions technology, ICT）　393

資訊資源（information resources）　328

辟雍　060

運作（operation）　085

道德兩難法　246

道德循規前期（preconventional level）　088

道德循規後期（postconventional level）
　　089

道德循規期（conventional level）　088

電腦處理個人資料保護法　099

十四劃

團隊學習（team learning）　335

實用主義（pragmatism）　029

實在主義（realism）　029

實作評量（performance assessment）　230

實科中學（realschule）　296

實證主義（positivism）　035

實驗主義　011

實驗研究（experimental research）　354

演化論（evolution）　043

種族優越感教育（ethnocentric education）
　　049

管理（management）　265

精神分析論（psychoanalysis）　040

精粹主義（essentialism）　035

精熟學習（mastery learning）　041

綜合中學（comprehensive high school）
　　022

綜合中學（gesamtschule）　296

綜合高中（comprehensive high schools）
　　291

認知心理學（cognitive psychology）　040,
　　041

認知發展（cognitive development）　084

語文分析（linguistic analysis）運動　034

輔導學生知識　116

輔導學生能力　116

遠距教學　206

領導（leadership）　265

增強理論（theory of reinforcement）　041

廣文館　060

廣域課程　190

數位學習機會（digital learning opportunity）
　　400

標準參照評量　228

潛伏期（latent stage）　093

潛在課程（hidden curriculum）　186

潛在課程（implicit or latent curriculum）
　187

十五劃

線上學習　206

編序教學（programmed instruction）　041

衝突論（conflict）　043

課程（curriculum）　184

課程決定（curriculum decision-making）
　193

課程建構（curriculum construction）　185

課程架構　198

課程計畫（curriculum planning）　185, 202

課程設計（curriculum design）　185

課程發展（curriculum development）　186

課程評鑑（curriculum evaluation）　188, 202

課程實施　202

課程實踐　202

課程領導（curriculum leadership）　191

課程標準　196

課程編製（curriculum making）　185

調解變項　357

調適（accommodation）　085

質的研究（qualitative research）　354

適性教學　016

適應（adaptation）　085

十六劃

學生中心教育（learner-centered education）
　041

學科內容知識　116

學科教學知識　116

學科教學能力　116

學校本位管理（school-based management,

SBM）　279

學校本位課程（school-based curriculum）
　186

學校自我管理（self-managing school）　279

學校制度　288

學校社區化　341

學校建築　164

學校教育　004

學校教育法　299

學校課程計畫　204

學習型組織（learning organization）　335

學習科學（Learning Sciences）　042

學習風格　220

學習動機（motivation to learn）　222

學習檔案評量（portfolio assessment）　230

操作制約理論（operant conditional theory）
　040

操作性定義（operational definition）　358

融合式（inclusion）　251

親職教育　243, 255

閹割恐懼（fear of castration）　092

十七劃

應用研究（applied research）　353

總結性評量　228

績效責任（accountability）　281

績效報告（accountability card）　281

聯合國教科文組織　315

聯結論（associatioism）　040

螺旋式課程（Spiral Curriculum）　191

講述法（lecture）　217

鴻都門學　058

十八劃

歸納法（inductive）　031

職業、技藝、專門高中（vocational or tech-
nical schools）　291

職業教育（vocational education） 005, 006
雙軌制 068
雙語教學 406

二十一劃
屬性列舉法（attribute listing） 219

二十三劃
戀父情結（electra complex） 092
戀母情結（oedipus complex） 092
變通性評量（alternative assessment） 230
變項（variable） 357
邏輯實證主義（logical positivism） 029
顯著課程（explicit curriculum or overt cur-
　　riculum） 187
體適能（physical fitness） 082

國家圖書館出版品預行編目資料

教育概論／吳清山著. -- 六版. -- 臺北市：
五南圖書出版股份有限公司，2021.03
　　面；　公分
　　ISBN 978-986-522-429-5（平裝）

1.教育

520　　　　　　　　　109022177

1INV

教育概論

作　　者 ― 吳清山（63）

發 行 人 ― 楊榮川

總 經 理 ― 楊士清

總 編 輯 ― 楊秀麗

副總編輯 ― 黃文瓊

責任編輯 ― 許宸瑞、李敏華

封面設計 ― 姚孝慈

出 版 者 ― 五南圖書出版股份有限公司

地　　址：106台北市大安區和平東路二段339號4樓

電　　話：(02)2705-5066　　傳　　真：(02)2706-6100

網　　址：https://www.wunan.com.tw

電子郵件：wunan@wunan.com.tw

劃撥帳號：01068953

戶　　名：五南圖書出版股份有限公司

法律顧問　林勝安律師

出版日期　2004年10月初版一刷
　　　　　2006年 4 月二版一刷（共十二刷）
　　　　　2012年10月三版一刷（共四刷）
　　　　　2014年 9 月四版一刷（共二刷）
　　　　　2015年 9 月五版一刷（共十刷）
　　　　　2021年 3 月六版一刷
　　　　　2023年 9 月六版四刷

定　　價　新臺幣550元

經典永恆·名著常在

五十週年的獻禮——經典名著文庫

五南，五十年了，半個世紀，人生旅程的一大半，走過來了。

思索著，邁向百年的未來歷程，能為知識界、文化學術界作些什麼？

在速食文化的生態下，有什麼值得讓人雋永品味的？

歷代經典·當今名著，經過時間的洗禮，千錘百鍊，流傳至今，光芒耀人；

不僅使我們能領悟前人的智慧，同時也增深加廣我們思考的深度與視野。

我們決心投入巨資，有計畫的系統梳選，成立「經典名著文庫」，

希望收入古今中外思想性的、充滿睿智與獨見的經典、名著。

這是一項理想性的、永續性的巨大出版工程。

不在意讀者的眾寡，只考慮它的學術價值，力求完整展現先哲思想的軌跡；

為知識界開啟一片智慧之窗，營造一座百花綻放的世界文明公園，

任君遨遊、取菁吸蜜、嘉惠學子！